Gerda Weiler • Ich brauche die Göttin

aktuelle frauenforschung

Gerda Weiler

Ich brauche die Göttin

Zur Kulturgeschichte eines Symbols

ULRIKE HELMER VERLAG

Ich danke Christa Mulack, Heide Pasquay, meiner Schwiegertochter Elke und meinem Mann für die kritische Durchsicht des Manuskripts. Bei meinem Sohn Adrian bedanke ich mich für die sorgfältige Herstellung des Layouts.
G. Weiler

Der Verlag dankt Herrn Michael Weiler für die Erweiterung und Korrektur der Quellenangaben anhand von Notizen und Büchern aus dem Nachlaß seiner Mutter.

Die Deutsche Bibliothek – CIP-Einheitsaufnahme

Weiler, Gerda:
Ich brauche die Göttin : zur Kulturgeschichte eines Symbols / Gerda Weiler. – Königstein/Taunus : Helmer, 1997
(Aktuelle Frauenforschung)
ISBN 3-927164-01-1

Umschlagabbildung: Aphrodite, auf einem Ziegenbock durch die Lüfte reitend, Außenseite eines Klappspiegels, um 350 v. u. Z. Louvre, Paris
Druck und Bindung: Difo-Druck, Bamberg
Satz der vorliegenden Ausgabe: Ulrike Helmer Verlag
Printed in Germany

Für meine Freundin
Heide Pasquay

Inhalt

Juda – Ein patriarchaler Mythos verrät sich durch seine Widersprüche

Ich bin Tamar – Weder Ehefrau noch Hure, weder Heilige noch Hexe, die Göttin bin ich

III Das Ur-Bild

Reise in die Vergangenheit

Metapatriarchale Erinnerung

Anhang

Einleitung

Die Thealogie der Wiedergeburt spiegelt eine fundamentale weibliche Erfahrung: Frauen setzen dem Tod das Leben entgegen, sie sind fähig zu gebären. Die Geschlechter unterscheiden sich darin, daß Männer diese Erfahrung nicht machen können.

Priester, Könige und Philosophen haben Mythen erdacht, die einem Vatergott die ausschließliche schöpferische Potenz bescheinigen:

– Ins 4. Jahrtausend v. u. Z. zurück reicht die theologische Spekulation, der ägyptische Gott Atum habe das erste Götterpaar durch Selbstzeugung hervorgebracht.

Der Name des alten ägyptischen Gottes Atum – t.m. – heißt »Alles«. Zugleich bedeutet der Gottesname t.m. »Nichts«. Die Polaritäten »Alles« und »Nichts« sind in einem umfassenden Begriff gegenwärtig. Atum ist der aus dem Nichts Entstandene; er wird Alles, um schließlich wieder ins Nichts zurückzusinken. Noch ist es die Göttin, die ihn aus allen Toden wieder zum Leben gebiert.

Im Lauf der Entwicklung zum dualistischen Denken spaltet der Anspruch des Gottes, »Alles« zu sein, das »Nichts« ab. Der Gott ist nicht mehr sterblich. Er bedarf zu seiner Wiedergeburt des Weiblichen nicht mehr. Die Göttin wird zum »Nichts«, sie wird im Schatten männlicher Allmacht unsichtbar – wie im Himmel, so auf Erden. Die Geschlechterdifferenz wird aufgehoben: Der Mann unterscheidet sich nicht mehr von der Frau aufgrund seiner Unfähigkeit, Leben hervorzubringen. Geburt wird bedeutungslos.

– Der Ortsgott von Memphis, Ptah, der durch den »Zaum seiner Zähne« und die Macht seines gesprochenen Wortes Leben her-

vorbringt, stammt aus dem 3. Jahrtausend v. u. Z.; er beanspruchte, der Herrscher der Welt zu sein.
- Chnum, der altafrikanische Mondgott, der »Wanderer«, der seine Geschöpfe auf der Töpferscheibe herstellt, wurde schon im Alten Reich in Ägypten verehrt.

Aton, der Sonnengott Echnatons, war Vater und Mutter zugleich. Der »gebärende Gott« profanisiert die Geburt aus der Frau.

Alle diese theologischen Spekulationen versuchen auf ihre Weise, die schöpferische Potenz des Weiblichen durch den hervorbringenden Vatergott zu überschatten.

Andere philosophisch-theologische Systeme zeugen vom Mißtrauen der Männer gegen das Wiedergeburtsversprechen der Göttin:
- Sie mißtrauen der Thealogie des ewigen Kreislaufs, wie ein »Lebensmüder« schon in altägyptischen Texten klagt.
- Sie mißtrauen dem Sohn. Sie fürchten, der Nachgeborene werde sie töten und ihrer Herrschaft berauben. Darüber erzählen die Mythen von Uranos und Kronos, von Paris, Ödipus und anderen.

Aber noch stand die Göttin den alten patriarchalen Göttern gegenüber ... Nur in einem Kampf, der sich über Jahrtausende hinzog, konnte die todbesiegende Thealogie der Göttin verdrängt werden, um der patriarchalen, vom Tod gezeichneten Kultur Platz zu machen. Der Weg von der Göttin zur Hexe geht Hand in Hand mit der Überwindung matriarchaler Glaubens- und Gesellschaftspraxis durch patriarchale Machtanmaßung.

Derartige Prozesse werden von modernen Wissenschaftlern gern auf eine Weise dargestellt, als verliefen sie gewissermaßen »von selbst«. Die Überwindung matriarchaler Kulturen durch patriarchale wird beschrieben, als lösten sie – einem Naturphänomen vergleichbar – einander ab wie der Tag die Nacht. In Wirklichkeit sollte der patriarchale Gott die Machtergreifung der Männer auf Erden rechtfertigen. Für die patriarchale Redaktion ursprünglich matriarchaler Mythen, für die Usurpation weiblicher Symbole durch männliche Weltdeutung und schließlich für die Verdrängung matriarchaler Religionen sind weltweit Männer verantwortlich – auch wenn wir nur noch wenige ihrer Namen kennen.

Dieses Buch zeigt an der »Göttin mit dem Steinbock«, wie der Charakter des Weiblichen auf männliche Bedürfnisse reduziert und wie weibliche Kraft zersplittert, unterworfen und vernichtet worden ist. Es verfolgt die Kulturgeschichte dieses zeitlosen Symbols, das im Verlauf der christlich-abendländischen Bewußtseinsentwicklung zum Inbegriff des sogenannten »Bösen«, zur »Hexe mit ihrem Teufel«, verkommt. Auch für die Perversion der Göttin zur Hexe sind einzelne Männer verantwortlich, welche die patriarchale Machtergreifung legitimierten: patriarchale Mythendichter wie Hesiod, Homer und viele andere, welche die Himmelskönigin herabgestuft, ihren Charakter in Aspekte zerlegt und auf männliche Bedürfnisse zugestutzt haben, Männer, die sich die Macht angemaßt haben zu definieren, was das »Gute« und was das »Böse« sei – von Augustin über eine Kette mittelalterlicher und frühneuzeitlicher Päpste bis hin zu den Inquisitoren Sprenger und Institoris und ihren Gesinnungsfreunden in ganz Europa.

I

Das Gegenbild

Kollektivpsychologische Wirkungen des patriarchalen Menschenbildes

Die Heilige und die Sünderin – irrationale Frauenbilder

Spätestens wenn unsere kleinen Töchter dem Märchenalter entwachsen sind und die Zeit der spannenden Lektüre von Kinderbüchern hinter sich gelassen haben, begegnen sie den Geschichten der Bibel. Falls die Eltern sie nicht vermitteln, übernimmt der Schulunterricht diese Aufgabe. Auch wenn die Eltern keine praktizierenden Christen sind und ihnen die christliche Erziehung der Tochter wenig wichtig ist, beeinflussen die Vorbilder der Frauen in der Bibel die Persönlichkeitsentwicklung unserer Töchter. Eva, die gemäß christlicher Dogmatik den Opfertod Christi am Kreuz verschuldet, Maria, die ohne Sexualität den göttlichen Sohn geboren hat, bedrücken als irrationale »Ideal«-Bilder des Weiblichen die Seele jeder heranwachsenden Frau.

Mit dem Eintritt der Pubertät suchen junge Frauen nach Identifikationsmustern, die für die Entwicklung ihrer Persönlichkeit unverzichtbar sind. Frauen sind jedoch aus der Geschichtsschreibung nahezu völlig ausgeblendet worden. So müssen sie sich die weiblichen Charaktere aus Mythen und Märchen und aus der Literatur zum Vorbild nehmen. Und da es vorwiegend Männer gewesen sind, welche die uns heute verfügbaren Texte geschrieben haben, sind junge Frauen auf die Phantasiebilder angewiesen, die sich Männer vom Weiblichen geschaffen haben: auf das Zerrbild irrationaler Reinheit einerseits und das verführerischer, bedrohlicher Weiblichkeit andererseits. Selbst wenn Frauen schreiben, so unterliegt ihr Denken häufig noch immer der männlichen Kontrolle.

Ich betrachte nicht nur das Bild der »Furchtbaren Mutter« und der »verführerischen Frau«, sondern auch das der »Guten Mutter« und der »inspirierenden Geliebten« als *Negativ-Bilder*. Denn sie stehen weiblicher Selbstfindung im Wege.

Die Texte der hebräischen Bibel sind von christlichen Theologen und Philosophen, die das christlich-abendländische Weltbild entscheidend geformt haben, oft dazu mißbraucht worden, das patriarchale Schwarzweißgemälde menschlicher Charaktere in unerträglicher Weise zu verschärfen: Das Dunkle und Böse wird dem Weiblichen, das Lichte und Gute dem Männlichen zugeordnet. Unantastbar treten die Frauengestalten der Bibel vor das kindliche Gemüt und werden als Grundmuster von Weiblichkeit vermittelt. Die Frage, ob die Frauencharaktere der Bibel durch patriarchale Gesellschaftspraxis bedingt sein könnten, ist tabu. Tatsächlich ist es aber die Predigt, die jene »Archetypen des Weiblichen« in stereotypen Wiederholungen dem kollektiven Unbewußten als nicht hinterfragbare Bilder einprägt.

Dabei spielt es keine Rolle, daß biblische Geschichten ganz offensichtlich fiktiv sind, daß sie der Prüfung auf geschichtliche Realität nicht standhalten. Im Gegenteil:

»Die Selbstverständlichkeit von bestimmten Auffassungen, die in einer Geschichte augenscheinlich eine untergeordnete Rolle spielen, tatsächlich aber wichtige Bedeutungsträger sind, macht sie zu Ideologien: gerade bei fiktionalen Geschichten, von denen man nicht glaubt, daß sie tatsächlich passiert sind, bei denen aber den zugrunde liegenden Gedanken schon Glauben geschenkt wird.«

So heißt es in dem Buch »Und Sara lachte ...«, und weiter:

»Ideologien sind zwar unvermeidlich, aber nicht unschuldig. Sie steuern unsere Sichtweise bezüglich der Welt und der Gesellschaft.« (Bal, van Dijk Hemmes und van Ginneken 1988, 14f.)

Und so ist es eine unvermeidliche Tatsache, daß die Ideologien über das Weibliche durch die Bibel – in ihrer durch das Christentum angeeigneten Form – die Befindlichkeit unserer Töchter steuern. Christliche Theologen sind nicht unschuldig daran. Die Dogmatik vermittelt unseren Töchtern Denkmuster, sowohl über transzendente Weiblichkeit wie über das Weibliche in der Welt.

Die Ideologie, die einem Kind durch die christliche Lehre über *transzendente Weiblichkeit* aufgezwungen wird, macht den Verlust offenbar: Die Göttin ist im Himmel nicht präsent.

Allerdings haben jüdische Frauen weniger Schwierigkeiten, ein weibliches Gottesbild zu entwerfen und das herrschende Weltbild zu verändern. In einem Interview mit der »Schlangenbrut« berichtet Susannah Heschel von einer feministischen jüdischen Frauengruppe in Philadelphia:

»Wir haben unser eigenes Gebetbuch ... Ein Wort, das wir für Gott benutzen, ist $El^{i}lah$. Es ist ein neues Wort, das von kalifornischen Frauen geschaffen wurde. Das Wort hat seine Wurzel in El = Gott. Für Frauen ist diese Wortschöpfung ein politisches Statement, denn $El^{i}lah$ ist ein kleiner, fremder Gott. Im Patriarchat symbolisiert dieses Wort die Göttin, die als klein und fremd angesehen wird. Wir versuchen, eine andere jüdische Gemeinde zu schaffen, eine jüdisch-feministische Gemeinde.« (Heschel 1987, 6)

Männer (und patriarchale Frauen) reagieren auf die Kritik, daß alle Götter der patriarchalen Hochreligionen männlich seien, oft mit dem Überlegenheit vortäuschenden Hinweis, daß eine reife Gottesvorstellung Gott weder männlich noch weiblich begreifen könne. Angeblich soll das Gebot »Du sollst dir kein Bildnis machen!« bereits zum Ausdruck bringen, wir sollten uns Gott nicht in geschlechtlichen Bezügen vorstellen, Gott trüge keine männlichen Züge. In einer Diskussion zu diesem Thema, so berichtete Susannah Heschel anläßlich eines Vortrages in Freiburg, habe ein Mann aufgebracht argumentiert: »Gott ist weder Mann noch Frau. ER steht über dem Geschlechtlichen!«

Wie hier eine Behauptung, die der hauchdünnen, oberflächlichen Bewußtseinsschicht entstammt, durch die Übermacht des Unbewußten Lügen gestraft wird, liegt auf der Hand. Es heißt *der* Gott, und das Personalpronomen lautet *er.* Man spricht von *Gott, dem Herrn,* von *Gott, dem König, dem Weltenherrscher,* und von *Gott, dem Vater.* Die Sprache verrät das männliche Geschlecht Gottes. Und es kann kein Zweifel daran sein, daß ein Kind in der christlichen Kultur lernt, den Einen Vatergott zu verehren und damit das Männliche absolut zu setzen. Die Theologie des göttlichen Sohnes und des männlichen Heiligen Geistes verstärkt diese Tendenz.

Die Männlichkeit Gottes und seines Sohnes ist im christlichen Denken durch Dogmen verfestigt, die vorläufig noch allen Bemühungen feministischer Theologie widerstreben. Den christlichen Theologinnen werden von der kirchlichen Lehrmeinung Grenzen gesetzt, die sie nicht überschreiten dürfen, wenn sie ihre berufliche Laufbahn nicht gefährden wollen. Wenn katholische Frauen die Dogmen der kirchlichen Lehre hinterfragen, werden sie exkommuniziert, Theologinnen wird der Lehrauftrag entzogen (Kühn 1987, 45). Die evangelische Kirche geht nicht anders mit feministischen Theologinnen um, die der männlichen Kirche die Einseitigkeit ihrer Lehre vorhalten: Entfernung der Theologin Elga Sorge aus dem kirchlichen Dienst.

Jüdische Feministinnen dagegen suchen getrost nach eigenen Auslegungen der Bibel, *sie* sind an keine Dogmatik gebunden. Alice Bloch schreibt:

»Es ist möglich, Ex-Katholikin oder Ex-Baptistin zu sein, aber es ist wirklich nicht möglich, Ex-Jüdin zu sein. Eine Jüdin ist nicht verpflichtet, an eine bestimmte Lehre zu glauben. Sie *ist* rechtmäßige Jüdin.« (Bloch 1983, 174 – Übersetzung G.W.)

Jüdinnen schaffen sich eine neue Identität, indem sie Gebete und Gesetze, die ihnen frauenfeindlich erscheinen, neu interpretieren, wie Alice Bloch unter dem Motto: »forging a new identity« schreibt:

»Wir haßten die erzwungene Passivität der Frauen in der Synagoge. Und wir entwickelten die Idee, einen Frauen-Minyan* zu gründen, eine Gruppe von Frauen, die zusammen beten und studieren würden, ohne Männer, und die jeden Teil des jüdischen Gottesdienstes verändern würden.« (Bloch 1983, 173 – Übersetzung G.W.)

Eine Frau kann sich auf Gott, den Herrn, nicht unmittelbar transzendieren. Da sie sich mit dem Männlichen nicht identifizieren kann, *bedarf* sie der Vermittlung des Mannes für den psychischen Zugang zum männlich Göttlichen. Darüber habe ich an anderer Stelle ausführlich geschrieben. (Weiler 1985, 238 ff.) Wenn Gott männlich ist, ist der Mann ein Gott. Das männliche Gottesbild

* Die mit * gekennzeichneten Wörter werden im Glossar erklärt.

macht die Frau vom Mann abhängig. Von daher betrachtet, ist es konsequent, wenn Paulus im Neuen Testament fordert: Die Frauen sollen ihren Männern untertan sein; »denn der Mann ist des Weibes Haupt, wie Jesus Christus das Haupt der Gemeinde ist.« (Brief an die Epheser, 5.22 f.)

Die Ideologie, die einem Kind von seiner Umwelt über *das Weibliche in der Welt* vermittelt wird, ist nicht weniger niederschmetternd als die Auskunft über die Existenz einer Göttin: Frauen sind auch auf Erden nicht präsent. Wie im Himmel, also auch auf Erden: Genausowenig wie Frauen ihr Ich in Richtung auf einen männlichen Himmel zu überschreiten vermögen, können sie es in Richtung auf eine männlich geprägte Welt. Der Psychologe Eduard Spranger hat in seiner »Psychologie des Jugendalters« gesagt, eine Frau erlebe die Welt immer durch eine geliebte Person hindurch (Spranger 1924). Gegenüber der patriarchalen Welt trifft das ohne Abstriche zu. Frauen können ohne die Hilfe von Männern weder die von Männern erdachte Weltordnung verstehen oder sich im Dschungel patriarchaler Institutionen zurechtfinden, noch am Kampf um einen Platz innerhalb der patriarchalen Hierarchie angemessen teilhaben. Die Männerwelt bleibt Frauen fremd. Die Frau kann das Männliche lieben, identifizieren kann sie sich mit ihm nicht.

Die patriarchale Geschichtsschreibung des christlichen Abendlandes berichtet nur von den Leistungen der Männer. Und damit Frauen erst gar nicht »Geschichte machen«, werden sie aus der Öffentlichkeit verdrängt. Ihr Leben hat sich in den Häusern hinter verschlossenen Türen abzuspielen. Zwar kann ein weibliches Kind im patriarchalen Umfeld als Kleinkind und im frühen Schulalter noch aktiv, voller Unternehmungslust und Lebensfreude sein, voller Pläne und Zuversicht. Doch auch heute noch – im Zeitalter der sogenannten »Emanzipation der Frau« – werden heranwachsende junge Frauen kaum ermutigt, die gesetzlichen Möglichkeiten der »Gleichberechtigung« tatsächlich auszuschöpfen. Und wenn Frauen aktiv und selbständig an der Gestaltung der Welt, in der sie leben, teilnehmen, sich beruflich entwikkeln, vielleicht sogar politisch tätig werden wollen, dann zwingt man ihnen die Entscheidung zwischen Liebe und »Karriere« auf, fordert einen Verzicht von ihnen, der einem Mann niemals abverlangt würde. In einer Welt, die dem äußeren Anschein nach ohne Frauen auskommt, müssen Frauen notgedrungen Männer nachahmen, wenn sie sich durchsetzen wollen.

Die Frauenbilder, die im christlich-abendländischen Kulturbereich durch Kunst und Literatur, in den Schulbüchern, Illustrierten, im Fernsehen und Radio vermittelt werden, tragen Charakterzüge, die – von der verführerischen Eva bis zur unbefleckten Maria – vom biblischen Mythos christlicher Prägung beeinflußt sind. Wenn viele Frauen – auf der Suche nach Befreiung von den herkömmlichen Weiblichkeitsbildern – meinen, es genüge, der Kirche den Rücken zu kehren und biblische Frauenbilder zu ignorieren, so vergessen sie, daß dieses Verhalten dem psychischen Mechanismus der Verdrängung gleichkommt. Es genügt nicht, einfach nicht hinzusehen. Durch die kulturelle Vermittlung werden die Frauengestalten der Bibel nach wie vor zu prägenden Mustern für die weibliche Psyche.

Die Emanzipation der Frau bleibt oberflächlich, nicht mehr als ein Kurieren am Symptom, solange wir nicht nach den Wurzeln unserer Kultur fragen und Frauenbilder entdecken, die nicht von Männern, sondern von Frauen selbst entworfen sind. Auf der Suche nach gleichgeschlechtlichen Vorbildern bleibt es nicht aus, daß die Psyche heranwachsender Frauen sich mit den angebotenen Vorbildern identifiziert. Unsere Töchter lernen Eva kennen, die dem Adam den Apfel reicht, Sarah, die treu und unverbrüchlich dem Abraham, ihrem Gatten, in ferne Länder folgt, Rebekka, die dem Isaak zugeführt wird und ihn tröstet, weil er um seine Mutter trauert. Im Schulunterricht hören unsere Töchter von den Frauen Jakobs, von Lea, der ungeliebten, von Rahel, der geliebten, und von deren Mägden, mit denen Jakob geschlafen hat, während seine Ehefrauen unfruchtbar waren.

Unterschwellig werden mit diesen Geschichten wichtige Informationen vermittelt. Frauen hätten ihren Männern überallhin zu folgen wie die Sarah ihrem Abraham. Sie sollten sich passiv verhalten. Sie seien dem Mann Trost in seiner Not und sollten ihm die Mutter ersetzen. Ihre eigene Heimatlosigkeit, ihre Trennung von der Mutter sei dagegen eine Selbstverständlichkeit, die des Trostes nicht bedürfe. Frauen seien für die Harmonie in der Familie verantwortlich. Die Verheiratung der Schwestern Lea und Rahel mitsamt ihren Mägden an den gleichen Ehemann suggeriert eine sehr unterschiedliche Auffassung von ehelicher Treue. Männern steht ein ganzer Harem von Frauen zur Verfügung. Ehebruch bedeutet für den Mann nur den Zugriff auf die Frau eines *anderen,* auf dessen *Besitz.* Wenn der eigene Mann sie verletzt, ihren Bedürfnissen nicht genügt oder ihnen keine Kinder zeugt, können sich Frauen keinen Zweitmann leisten. Lea und Rahel klagen beide zeitweilig über Kinderlosigkeit. Die Schande trifft nicht den Mann. Der zeugt derweil mit den Mägden seiner Ehefrauen. Betroffen ist immer nur die Frau. Die Schicksale der biblischen Frauen vermitteln unseren Töchtern, daß Kinderlosigkeit eine Schande ist, und es gibt kaum eine moderne kinderlose Frau, die nicht gelegentlich ihr Schicksal als Mangel empfinden würde.

Derartige Nachrichten aus dem antiken Patriarchat deprimieren unsere Töchter und nehmen ihnen jeden Rest von Hoffnung auf ein selbstbestimmtes Leben. Die Rollenmuster von weiblicher Abhängigkeit und Unterworfenheit unter den Mann wirken sich auf die weibliche Psyche hemmend und einengend aus und verstümmeln unterschwellig und deshalb um so nachhaltiger das Selbstwertgefühl von Frauen.

Wenn Frauen heute matriarchale Mythologien wieder lebendig machen, wenn sie ihre Geschichte aufarbeiten und die kulturellen Leistungen von Frauen aus dem Schatten der Vergessenheit ins Licht des Bewußtseins rücken, geben sie dem Weiblichen seinen ihm zukommenden Stellenwert wieder zurück. Es geht nicht darum, daß Frauen ihr Recht auf Weltdeutung und partnerschaftliche Teilhabe an der Gestaltung der menschlichen Umwelt durch den Rückgriff auf matriarchale Gesellschaften *legitimieren* müßten. Es geht nicht um die Legitimierung weiblichen Machtanspruchs durch die Entdeckung von Gesellschaften, in denen Frauen »die Macht« innegehabt hätten. Denn Matriarchate sind keine seitenverkehrten Patriarchate, sie sind keine Gesellschaften, in denen Frauen angemaßte Macht ausgeübt hätten. Frauenmacht und Matriarchat – wenn uns schon keine anderen Worte zur Verfügung stehen in unserer von patriarchaler Begrifflichkeit verderbten Sprache – erinnern an weibliche Würde. Sie erinnern uns an Gesellschaften, in denen Frauen frei über sich selbst verfügt und ihr Selbstverständnis und ihre Bestätigung aus dem Bewußtsein von innewohnender Kraft und aus besonderer Befähigung hergeleitet haben. Eine derartige »Macht« kann eine Frau nicht *haben*, sie kann sie nur verkörpern, kann sie *sein*. Ich nenne diese Daseinsqualität *Seins*-Macht im Gegensatz zu patriarchalem Macht-*Haber*-tum.

Es geht darum, den matriarchalen Umgang mit »Macht«, matriarchales Selbstverständnis von *Seins-Macht*, wieder bewußt zu machen. Es geht darum, daß Frauen wieder fähig werden, ein gesundes Eigenmachtgefühl zu entwickeln. Und es geht um Selbstfindung, wenn Frauen in Mythologie und Geschichte nach Vorbildern und Identifikationsmöglichkeiten suchen.

Die Psychologie spricht vom »Eigenmachtgefühl«, wenn es um eine unbewußte Selbstsicherheit geht, die einer noch tieferen Schicht angehört als Selbstwertgefühl und Selbstbewußtsein. Die Gründe für Minderwertigkeits- oder Selbstwertgefühle sind dem Bewußtsein einigermaßen zugänglich. Aber *das Eigenmachtgefühl, das über unsere Grundbefindlichkeit in der Welt entscheidet, ist bewußtseinsfern. Es ist der verborgene Hintergrund, von dem das Bild unserer Seele sich abhebt.* Ob dieser Hintergrund licht oder grau, farbig oder eintönig ist, erleben wir nur als Tendenz zu Hochstimmung oder Depression, zu Aktivität oder Lähmung.

Texte, die zum Selbstbild von Frauen beitragen, sollten deshalb mit Recht auf ihre Aussagen über den Wert des Weiblichen überprüft werden. Es war für mich eine Befreiung zu entdecken, daß die Weiblichkeitsbilder des patriarchalen Mythos, sei er christlicher oder antiker Herkunft, keine »Archetypen« sind, sondern typisch patriarchale Projektionsmuster männlicher Ängste und Wünsche auf die Frau (Weiler 1985, passim).

Die Besinnung auf matriarchale Bedeutungszusammenhänge gibt Frauen die Möglichkeit, ihren Standort in dieser Welt selbst zu bestimmen. Die Erinnerung an matriarchale Göttinnen stellt die Verbindung der Frau zu ihrer kosmischen Dimension wieder her. Wenn ich biblische Erzählungen auf matriarchale Kulttexte zurückführe, stelle ich verlorene und vergessene Symbole für Frauenkraft und weibliches Selbstbewußtsein wieder zur Verfügung.

Die Vorstellung eines patriarchalen Urmonotheismus wird relativiert. Der Eine Vatergott wird vordergründig. Seine Gestalt hebt sich ab vom Hintergrund matriarchaler Kulturen, und das matriarchale Bewußtsein steht als Alternative zum patriarchalen Selbstverständnis zur Diskussion. *Gleichberechtigung zwischen Frauen und Männern ist erst dann verwirklicht, wenn Frauen das gleiche Recht auf Weltdeutung haben wie Männer. Dabei reicht es nicht aus, daß Frauen sich ein Recht auf eigene Weltdeutung nehmen, sondern Männer müssen weibliche Weltdeutung ernst nehmen und ihr einen ebenbürtigen Stellenwert zuerkennen in Philosophie, Theologie und in den allgemeinen Wissenschaften. Erst dann können Frauen der Patriarchatskultur eine eigenständige weibliche Kultur als Alternative entgegensetzen.*

Um von der Integration von Männlichem und Weiblichem in der Kultur auch nur zu *sprechen*, muß das »Weibliche« zuerst zu einem Faktor werden. Frauen müssen

- weibliche Geschichte erforschen, die bislang unterschlagen worden ist,
- weibliche Spiritualität neu entdecken, der vorläufig noch kein Eigenrecht zugestanden wird,
- eine eigenständige weibliche Kunst entwickeln, die sich erst durchsetzen muß,
- gegenüber einer Arbeitswelt, die bislang den männlichen Normen gehorcht, vom Leben entfremdet und durch »Sachzwänge« taktiert wird, eine Arbeitswelt fordern, die an weiblichen Lebenszusammenhängen orientiert ist, und
- eine weibliche Politik anstreben, die vorläufig noch nicht einmal denkbar ist.

Erst wenn Frauen weibliche Symbole und Vorbilder für sich zurückgewonnen haben, kann sich ihre Befindlichkeit in dieser Welt ändern, können sie aus dem Schatten des Männlichen heraustreten und aufhören, »Le deuxième sexe« zu sein.

Kulturbringer, Helden, Könige und Propheten – das irrationale Bild vom überragenden Mann

Wenn unsere Töchter nach Vorbildern suchen, kann es geschehen, daß sie sich in naiver Selbstverständlichkeit mit den Helden der Patriarchatskultur identifizieren. Doch eines Tages realisieren sie, daß sie sich bestenfalls die unbedeutenden Töchter, Schwestern, Ehefrauen, die Huren oder Mätressen großer Männer zum Vorbild wählen dürfen. Es besteht kein Zweifel, daß die Psyche einer heranwachsenden jungen Frau durch solche Erkenntnis schwer verletzt wird.

Es kann daher für Frauen nicht unwichtig sein, den kollektivpsychologischen Mechanismen auf die Spur zu kommen, die zur Bildung des Mythos vom überragenden Mann geführt haben. Sowie wir diesen Mythos durchschauen, verliert das imaginär überhöhte Männlichkeitsbild seine Attraktion und kann nicht mehr dazu beitragen, Frauen herabzusetzen und seelisch zu beschädigen.

Ich setze mich im folgenden mit der Psychologie des »Großen Einzelnen« auseinander, wie sie von der Schule C.G. Jungs vertreten wird, um zu zeigen, daß der »überragende Mann« lediglich ein *patriarchaler Mythos* ist.

Erich Neumann, ein Psychologe in der Nachfolge C.G. Jungs, hat sich in seiner Arbeit über die »Ursprungsgeschichte des Bewußtseins« eingehend mit der Erscheinung des herausragenden Mannes befaßt, den er den »Großen Einzelnen« oder den »Helden« nennt (Neumann 1974, 299). Ein solcher Mann sei ein Außenseiter, er sei der »Held, der das Neue bringt und das Netzgefüge der alten Werte« zertrümmere (Neumann 1974, 300). Er sei der Genius der Gesellschaft, der die kulturelle Entwicklung vorantriebe. Für ihn gelte »das Gesetz des Außergewöhnlichen«, und obwohl er im Konflikt zur Tradition lebe, bedürfe das Kollektiv seiner, um sich zu erneuern. Die umstürzlerischen Gedanken eines Großen der Menschheit – und das kann für patriarchales Denken immer nur ein Mann sein – würden zu dessen Lebenszeit selten anerkannt. Wenn er als der Besondere gefeiert werde, geschehe dies meist, »nachdem er vorher vom Kollektiv umgebracht worden« sei (Neumann 1974, 299).

Neumann zieht *Beispiele aus der Mythologie und Religion* heran, um seine Thesen über den »Großen Einzelnen« *in der Gesellschaft* zu stützen. Es wird daher interessant sein, seine Theorie zu überprüfen und nach den gesellschaftlichen und kollektivpsychologischen Voraussetzungen zu fragen, die das Bild vom überragenden Mann begünstigen. Dabei stellt sich heraus, daß die mythische Überhöhung des Männlichen zum patriarchalen Vatergott den »Großen Einzelnen« in der Gesellschaft erst möglich macht.

Der Prototyp des »Großen Einzelnen« – der älteste herausragende Mann der menschlichen Kultur – ist ein Ägypter, Imhotep. Seine Gestalt taucht aus den ungewissen Anfängen der ägyptischen Frühzeit auf. Bis vor kurzem lag seine geschichtliche Persönlichkeit so völlig im dunkeln, daß unklar war, ob er tatsächlich gelebt habe. Inzwischen hat die Forschung nachgewiesen, daß Imhotep der Erbauer der Stufenpyramide König Djosers (um 2650 v. u. Z.) gewesen ist.

Mehr als tausend Jahre nach seinem Tod, in der Zeit des Neuen Reiches (1552 – 1306 v. u. Z.) entsteht um Imhotep ein Mythos, der nachweisbar auf eine Schreiberfamilie am Hofe des Pharao zurückgeht. Es wird erzählt, Imhotep sei der erste Gelehrte der Schrift gewesen.

Intelligente und ehrgeizige Männer, die womöglich die Begabung zu führenden Funktionen im Staat gehabt hätten, suchen ihre Ohnmacht gegenüber dem übermächtigen Königs- und Priestertum in Ägypten dadurch zu kompensieren, daß sie sich eine Identifikationsfigur von legendärer Größe schaffen. Sie entwikkeln allmählich einen organisierten und institutionalisierten Imhotep-Kult.

Im Lauf der Jahrhunderte wird Imhotep von der Legende zum persönlichen Ratgeber seines Königs aufgewertet, der sich durch seine Treue verdient macht. Der Mythos entwirft das Persönlichkeitsbild eines Mannes, der aus dem sozialen Nichts aufgrund seiner intellektuellen und moralischen Qualitäten vom König in höchste Einflußbereiche emporgehoben wird. Dabei bewahrt er die Beziehung zu seiner Familie und zu seiner sozialen Umwelt, zu dem Milieu, aus dem er kommt. Durch seine Sonderstellung hebt er das Ansehen seiner niedrigen sozialen Gruppe.

Imhotep wird bald als Weiser verehrt, der aus dem Quell der Traditionen schöpft. Die Tatsache, daß er Architekt war, wird symbolisch überhöht. Er wird zum großen Ordner und überwindet das Chaos, er setzt Maßstäbe, er wird zum Gelehrten der Schrift: »Der Schriftgelehrte wird zum Weisheitsgott und Zauberer, zum Astrologen und Alchimisten; der Einblick in die Zukunft macht ihn zum Wahrsager und Orakelspender.« (Wildung 1973, 299)

Die Verwandtschaft zu der Gestalt des biblischen Joseph, der, als Sklave nach Ägypten verkauft, zum zweiten Mann am Hof der Pharaonen wird, ist offensichtlich. Viele kollektivpsychologische Züge einer großen Einzelpersönlichkeit hat Joseph von Imhotep übernommen. Auch Joseph deutet Träume und sagt die Zukunft voraus. Joseph wird die Erfindung der Vorratswirtschaft nachgesagt, einer Weisheit, die uralt ist und sich bis zurück in archaische Frühzeiten matriarchaler Gesellschaften nachweisen läßt.

Im Laufe weiterer Jahrhunderte wird Imhotep vom Weisen zum Gott und ist verantwortlich für alle Lebensbereiche, für die Regelmäßigkeit der Nilflut, den Lauf der Gestirne, für die Harmonie des Diesseits (Gesundheit) und des Jenseits (ewiges Leben und stete Verjüngung), und er gewährleistet Kindersegen (Wildung 1973, 299). Sogar den König bringt der Mythos in seine Abhängigkeit; denn schließlich ist es der König selbst, »der sich als von Imhotep wie von einem Großen des Pantheons erwählt bezeichnet.« (Wildung 1973, 46)

Die griechische Fremdherrrschaft über Ägypten fördert nur um so stärker die Idealisierung eines Großen aus dem eigenen Volk. Zur Zeit der Herrschaft der Ptolemäer, der mazedonischen Herrscher in der Nachfolge Alexanders, setzt sich das Bild des Imhotep aus Traditionen zusammen, die zweieinhalb Jahrtausende zurückreichen.

Auch das Anliegen, weibliche Macht zu brechen, gehört zum Image des »Großen Einzelnen«: Aus dem dritten Jahrhundert *unserer Zeitrechnung* (!) stammt die Erzählung vom Kampf des Königs Djoser (um 2650 v. u. Z.) gegen eine Amazonenkönigin. Imhotep, so wird erzählt, habe dem König durch seine Zauberkraft zum Sieg verholfen. Für König Djoser habe er göttliche Hilfstruppen herbeigeschafft, die für ihn die Schlacht gewonnen hätten (Wildung 1973, 131).

Die Entwicklung der Städte und einer breiten bürgerlichen Intelligenzschicht fördert die Tendenz, immer neue Sagen an die einzelne herausragende Persönlichkeit anzuheften, weitere charakterliche Vorzüge der Gestalt des »Großen Einzelnen« anzulagern und immer mehr Ämter und Fähigkeiten auf sie zu konzentrieren. Denn das gesteigerte Selbstbewußtsein der Männer der bürgerlichen Bevölkerungsschicht schafft das Bedürfnis, »Symbolfiguren zu entwerfen, auf die man Sehnsüchte, Wünsche und Anliegen projizieren kann.« (Wildung 1973, 188)

Imhotep zieht die Geschichte seines Volkes in beispielhafter Weise auf sich. Er wird zum Träger jahrtausendelanger historischer Entwicklungen und vereint alle Ämter, Würden und Werte der Ägypter auf sich. Das Interesse einzelner ehrgeiziger Gruppen, einen Mann ihres Standes zur herausragenden Persönlichkeit hochzustilisieren, hat zur Entwicklung des Imhotep-Kultes Erhebliches beigetragen: ein kollektivpsychologischer Prozeß wird durchschaubar.

Erich Neumann führt einen weiteren Gesichtspunkt in die Psychologie des »Großen Einzelnen« ein, wenn er den prophetischen Gestalten der jüdischen Antike eine deutlichere Bewußtseinsnähe zuschreibt als dem – wie er formuliert – »muttergefangenen Sehertyp« der benachbarten Kulturen. Ein »wesentliches Merkmal« des jüdischen Propheten sei »die Zugehörigkeit zur Gott-Vaterfigur und die Erhaltung und Steigerung des Bewußtseins durch diese Zugehörigkeit« (Neumann 1974, 303). Und weiter:

> »Der Höhegrad der Prophetie ist abhängig vom Höhegrad des Bewußtseins, und als größter Prophet gilt Moscheh, der Gott am Tag und von Angesicht zu Angesicht gesehen hat.« (Neumann 1974, 303)

Moses ist eine Identifikationsfigur, die alle Merkmale der Projektion aufweist. Er trägt die Kulturgeschichte seines Volkes auf den Schultern, wie sie sich in etwa tausend Jahren entwickelt haben mag (Weiler 1989, 151 ff.).

Wenn Neumann »Tag«, »Vatergott« und »Bewußtsein« miteinander verknüpft, setzt er seine patriarchale Weltsicht absolut.

Mit dem Hinweis, der Höhegrad der Prophetie sei abhängig vom Höhegrad eines Bewußtseins, *das sich auf den Vatergott bezieht*, entwertet er das Bedürfnis matriarchaler Männer und Frauen, sich auf eine Göttin zu transzendieren.

Das religiöse Empfinden gehört zur Tiefenschicht von Frauen und Männern. Nur eine Psychologie, die davon ausgeht, daß mit dem patriarchalen Bewußtsein *das* Bewußtsein schlechthin definiert sei, kann die Beziehung zu einem Vatergott als *bewußtseinsnäher* auffassen als die Beziehung zur Muttergöttin. Die Analytische Psychologie verfestigt mit derartigen Auffassungen die unhaltbaren Ideologien, daß »die matriarchale Menschheitsstufe« gegenüber der patriarchalen bewußtseinstrüb und chaotisch gewesen und die matriarchalen Kulte an Sümpfe und unterweltlich dunkle Orte gebunden gewesen sei. Sie ist damit keinen Schritt über die Vorurteile von Bachofen, Morgan, Levy-Strauß u.a. hinausgekommen.

Der männliche Hochgott ist denn auch die oberste Instanz des »Großen Einzelnen« bei Erich Neumann. Der göttliche Sohn wird groß durch sein Leiden, »durch seine Kreuztragung«. Durch ihn wird das Leiden des Mannes im Patriarchat erträglich gemacht. Der Mann wird aufgewertet, weil Jesus ein Mann war. Im Dienst des »Großen Einzelnen« zu stehen, macht Gehorsam und Unterwerfung des Mannes bis hin zum Verzicht auf Sexualität psychologisch erträglich; denn die Gehorsamen werden die Auserwählten Gottes sein. Selbst der Verzicht auf Persönlichkeitsentfaltung kann von ihren geistigen Führern gefordert werden. Hier findet sich eine Parallele zum Phänomen des »zweiten Mannes« im Staat. Weil er hervorragende Leistungen erbringen muß, deren Ruhm der oberste in der Hierarchie für sich beansprucht, rächt er sich durch das Bewußtsein, daß der »Große Einzelne« von ihm abhängig sei. Und wie die Könige schließlich den »Großen Einzelnen« ihre Erwählung verdanken, so verdankt sich der christliche Gott seinen Anhängern. In dem Bestreben, die Macht der Kirche zur Weltmacht zu entwickeln, fordern die Kirchenfürsten, Andersgläubige auszurotten und die Zahl der Gläubigen durch weltweite Missionierung ständig zu vergrößern.

Bei der Analyse der Psychologie des »Großen Einzelnen«

stellt sich heraus, daß kein Mann eine solche Fülle hervorragender Eigenschaften auf sich vereinigen kann, wie sie das kollektive Bedürfnis nach der idealen Persönlichkeit in der patriarchalen Gesellschaft auf ihn konzentriert. Es ist auch nicht richtig, daß ein patriarchaler »Held« grundsätzlich schöpferisch im Sinne gesellschaftlicher Veränderungen gewesen sein müsse, wie Neumann voraussetzt. Der »Große Einzelne« braucht keine wirkliche Leistung erbracht zu haben. Gerade deshalb *müssen* die Großen des patriarchalen Bewußtseins zum Zeitpunkt ihrer Idealisierung zu überragenden Persönlichkeiten längst tot sein – falls sie überhaupt je gelebt haben.

Erich Neumann verknüpft die Psychologie des »Großen Einzelnen« mit dem Motiv von Opfer und Leiden; er sieht

»das Leben vieler, wenn nicht aller Helden ... als Leben der mühseligen Werke und schweren Taten ... wie bei Mithras* als Stiertragung und Stieropfer, bei Jesus als Kreuztragung und Kreuzigung oder bei Prometheus als Angeschmiedetsein an den Kaukasus.« (Neumann 1974, 301)

Mithras und Prometheus sind *mythologische Gestalten.* Auch das Bild Jesu ist – in seiner überlieferten Form – mythologisch. Und darin besteht denn auch das wesentliche Merkmal der Psychologie des »Großen Einzelnen«: Er ist immer *eine Schöpfung des patriarchalen Mythos.* Das Bild des »Helden« entsteht aus dem kollektiven Bedürfnis nach einem Vorbild. Die Werte, die zum Selbstverständnis des jeweiligen Volkes gehören, werden auf die mythologische Gestalt projiziert. Auf diese Weise wird das Männliche überhöht. Alle Helden, Kulturschöpfer und Heiligen dienen der Verherrlichung des Mannes. Die meisten *geschichtlichen Gestalten*, die das patriarchale Bewußtsein zu herausragenden Männern gemacht hat, kommen ohne heroisches Leiden aus.

Wenn Leiden zur Größe prädestinieren würde, stellte sich zwangsläufig die Frage: Warum kennt das christlich-abendländische Bewußtsein keine *Frauen*, die durch Leiden und Tod zur Größe gelangt sind, warum spricht niemand von *Frauen*, welche die kollektive Entwicklung vorantreiben, warum gibt es nicht DIE Revolutionärin, DIE »Große Einzelne«, DIE herausragende Frauenpersönlichkeit? Denn auch Frauen sind Leidende und führen ein Leben voller »mühseliger Werke«. Über die Leidenserfahrung von Frauen kann es keinen Zweifel geben. Frauen sind in Kriegen hingemetzelt worden wie Männer, Frauen haben sich für Revolutionen eingesetzt und sind erwürgt, erhängt und verbrannt worden oder auf dem Schafott gestorben. Trotzdem gehen sie nicht als schöpferische, die kulturelle Entwicklung vorantreibende »Große Einzelne Frauen« in die Geschichte ein.

Frauen werden nach verlorenen Kriegen die Vergewaltigungsopfer der Sieger. Die Leiden und Demütigungen, die Männer in Krieggefangenschaft als Folge verlorener Kriege erdulden müssen, unterscheiden sich vom Schicksal der Frauen dadurch, daß die patriarchale Ideologie den Frauen suggeriert, sie hätten sich der erlittenen Vergewaltigung dazu noch zu schämen.

In der Regel wird nur das Leiden der Männer glorifiziert. Frauen dagegen sollen in der Stille leiden, ergeben und stumm. Keine heilige Stätte erinnert an Frauen, die als Hexen verbrannt wurden, kein Denkmal würdigt das Leiden von Frauen, welche durch die Kriege der Männer zu Witwen, Verstümmelten und seelisch Zerstörten gemacht worden sind. Dagegen hat selbst die kleinste Gemeinde ein Denkmal oder wenigstens Gedenktafeln für gefallene Männer errichtet. Männer, die sich die Macht dazu anmaßen, erhöhen das männliche Leiden und umgeben männliche Leistung mit Ruhm und Ehre. Es sind auch nicht »archetypische« sondern typisch patriarchale Werte, die geschätzt und geachtet werden.

Mit den »Großen Einzelnen«, den herausragenden Helden des patriarchalen Bewußtseins, haben viele Frauen das Außenseitertum gemeinsam. Jedoch Frauen, die sich z.B. an Revolutionen beteiligen, werden abgewertet und als gesellschaftlich untragbar eingestuft; sie haben sich »unweiblich« verhalten: »Da werden Weiber zu Hyänen und treiben mit Entsetzen Scherz!« empört sich Schiller im »Lied von der Glocke« und gibt damit der kollektiven Denknorm Ausdruck. Frauen bleiben die namenlosen, verachteten Außenseiterinnen, während der Mann gerade durch seine Außenseiterposition zum Helden werden kann.

Die hebräische Bibel hat zumindest die Leistung *einer »Großen Einzelnen Frau«* überliefert: den Einsatz der Debora für ihr Volk. Debora wird Prophetin genannt, obwohl die gesellschaftliche Norm späterer Generationen das Prophetenamt für Frauen ausschließt. Debora zeichnet sich aus durch einen Heldenmut, den das patriarchale Bewußtsein einer Frau abzusprechen pflegt. Und Debora steht dem Mann *gegenüber*: Sie ist nicht Dienerin des Mannes, sondern sie fordert den Mann heraus.

Dagegen finden Leistungen von *selbständigen, ihrer selbst bewußten* Frauen im christlich-abendländischen Bewußtsein keine Anerkennung. Im Gegenteil: sie werden durch die männlichen Wertvorstellungen in den Schatten des Bewußtseins verdrängt. Sie sind Trägerinnen aller Unwerte und Schwachstellen, mit denen das männliche Bewußtsein sich nicht identifizieren will.

Die Illusion von der geschichtlichen Wirklichkeit überragender Männer »und das Beispielhafte ihrer Karriere sprechen im besonderen die an, die sich in Positionen befinden, die generell einen Nachvollzug solcher Karrieren nicht ausschließen.« (Wildung 1973, 300) Für diejenigen, denen trotz ihrer Begabung die abhängigen Stellungen aufgezwungen werden, bietet die Idee des »Großen Einzelnen« den seelischen Ausgleich für den gesellschaftlichen Verzicht, den sie erbringen müssen. Deshalb muß die Überzeugung gewahrt bleiben, daß »überragende Männlichkeit« eine geschichtliche Realität sei, und die Analytische Psychologie, die den Anspruch erhebt, Kulturpsychologie zu sein, stabilisiert diese Vorstellung.

Der Mythos vom überragenden Mann wirkt lediglich pseudotherapeutisch. Er heilt die Verletzungen nicht, die das patriarchale System dem einzelnen Mann abverlangt. Er erleichtert nur deren Verdrängung. Die Psyche der Unterdrückten ist gespalten. Sie lebt einerseits in der Traumwelt phantasierter Größe und andererseits in der Realität ihrer Minderwertigkeit.

Der »Große Einzelne« tröstet den patriarchalen Mann über seine menschliche Mittelmäßigkeit. Gleichzeitig ist er die Leitfigur, durch die das männliche Selbstbewußtsein erhoben, gestärkt und bestätigt wird. Den Frauen bleibt noch nicht einmal dieser zweifelhafte Trost; die Depression bietet denn auch den einzigen Fluchtweg, der ihnen in der Patriarchatskultur zum Schicksal wird.

Die Göttin und der Bock – zur Kulturgeschichte eines Symbols

Im Zeichen des Steinbocks

»Du bist im Zeichen des Steinbocks geboren!« sagen wir, wenn ein Kind in der Zeit der allmählich länger werdenden Tage, zwischen dem 21. Dezember und dem 20. Januar das Licht der Welt erblickt. Sein Charakter wird dieser dunklen Zeit entsprechen, die um das werdende Licht ringt: Es wird seine Lebensaufgaben tatkräftig in die Hand nehmen, es wird ernsthaft sein, erdgebunden, verantwortungsbewußt und treu.

Eine solche Aussage gründet auf Erfahrung: Die kosmischen Rhythmen beeinflussen das Leben der Menschen in jedem Augenblick. Unsere Befindlichkeit in der Welt ändert sich mit dem Jahreslauf. Im Frühjahr haben wir Lust auf neue Aufgaben und Werke, auf die Liebe, auf das Du. Wir fühlen uns im Sommer anders als im Winter. Wir sind wach bei Tag und ruhen in der Nacht. Dies alles ist uns so selbstverständlich, daß wir wenig an die kosmischen Einflüsse denken, die auf uns einwirken.

Archaische Menschen spürten sich mit dem Kosmos inniger verbunden. Auf Erfahrung gründete ihre Weisheit, und diese Weisheit war die Basis aller Religion. Im Einssein von Göttinnen, Göttern und Menschen geschah wirklich re-ligio*. In einer hellen Vollmondnacht stand der Mondgott selbst am Himmel und rührte die Seelen an. In den dunklen Schwarzmondnächten durchwanderte er die Unterwelt. Er war tot und würde am dritten Tage wiedergeboren werden von den Toten.

In den Gestirnen sind die kosmischen Kräfte personhaft gegenwärtig und lenken unser Schicksal. Und nicht nur das – alle Menschen verwandeln sich nach ihrem Tode und werden zu Sternen. Sie ziehen am Himmel ihre ewige Bahn und können mit den Lebenden auf der Erde sprechen, auf sie einwirken, ihnen raten und helfen.

»O heilige Nut, mache mich zu einem deiner Sterne,
Auf daß ich niemals sterbe«,

hat die ägyptische Königin Hatschepsut in ihren Sargdeckel schreiben lassen. Nicht nur Königinnen und Könige, alle Menschen sind eingebunden in das kosmische Geschehen, alle werden sie einst als Sterne am Himmel stehen und der kosmischen Ordnung gehorchen, wie sie es hier auf Erden getan haben.

Archaische Menschen beobachteten das Kommen und Gehen des Mondes, den Wandel der Planeten, die Rhythmen der Jahreszeiten; sie haben ihr Wissen als Mysterium gehütet und in Ritualen gefeiert. Kalenderwissen war Religion, die dem Leben diente, dem Ackerbau, der Orientierung in der Welt.

Seit Menschen denken, haben sie das Sonnenjahr berechnet. Sie orientierten sich am nächtlichen Himmel mit seinen festen Zeichen. Am Firmament erkannten sie ihre Tiergötter wieder. Auf den Gürtel des Zodiak* projizierten sie die Sternbilder, die sie für Fixpunkte des Kosmos hielten.

Im Zeichen des Widders, dem Frühlingspunkt, beginnt die Sonne ihren Siegeslauf. Sie erstarkt im Sternzeichen des Stiers. Wenn sie den nördlichen Wendekreis erreicht hat und ins Zeichen des Krebses eintritt, nehmen die Tage wieder ab. Die Sonne scheint sich rückwärts zu wenden. Im Zeichen des Löwen bäumt sie sich noch einmal auf zu glühender, unbarmherzig sengender Kraft.

Seit der Steinzeit gilt der Steinbock im vorderen Orient als Sinnbild des Mondes. Seine ausladenden Hörner haben die Form der Mondsichel. Sein Bild findet sich an den Bergwänden des judäischen Negev. Er ist das totemistische* Kulttier der Himmelsgöttin, das durch die Nacht wandert und die Zeit in Monate unterteilt.

So anschaulich die Mondphasen den Rhythmus der Zeit be-

Abbildung 1
Galoppierender Steinbock
Ostjordanland, Jungsteinzeit
Tief in Stein geritzt, wirkt dieses Detail fast wie ein Relief

stimmten, so mußte doch das Mondjahr mit dem Sonnenjahr immer wieder in Einklang gebracht werden. Ein Mondmonat dauert 29 1/2 Tage, und die zwölf Monate des Mondjahres zählen 354 Tage. Der Mondkalender hinkt dem Sonnenumlauf jährlich um durchschnittlich 11 Tage nach; im Schaltjahr sind es 12 Tage. Die elf dunklen Nächte der Percht* erinnern daran, daß die Menschen aller Kulturkreise den Mondkalender mit dem Sonnenjahr ausgeglichen haben. Denn sie durften Aussaat und Ernte nicht Jahr für Jahr um elf Tage verschieben.

Zwölfmal im Jahr zieht der Steinbock-Mond seine Bahn über den nächtlichen Himmel. Zwölfmal begegnet er der Sonne an den Neumondtagen, und die Menschen nähern sich diesem Mysterium im Ritual, das sie an jedem Neumond feiern. Aber der Mondgott hat am Himmel auch eine feste Wohnung tief im Süden, im Sternbild des Steinbocks. Am kürzesten Tag des Jahres, zur Wintersonnenwende, tritt die Sonne in das Sternbild des Steinbocks ein. Dort ruht die Sonne aus. Inniger ist die Vereinigung der beiden Gottheiten als bei ihrer allmonatlichen Begegnung. Fast scheint sie am unteren Punkt ihrer Bahn zu sterben. Denn während sie ihren tiefsten Kulminationspunkt durchläuft, bevor sie sich endlich nach Norden wendet, nimmt die Tageslänge kaum wahrnehmbar zu.

Die Sonne geht morgens im Bild des Steinbocks am Horizont auf; mit seinen Hörnern trägt sie der Steinbock über das Firmament. Indem er die Himmelsmeridiane durchwandert, zieht auch die Sonne ihren Weg. Sie steht mit ihm zur Mittagsstunde im Zenith und geht mit ihm am Abend unter. Fast dreißig Tage bleibt die Sonne dem Steinbock treu, bevor sie weiterwandert.

Die »Sonne im Steinbock« fordert die Menschen heraus, das Mondjahr mit dem Sonnenjahr auszugleichen. Unser moderner Kalender schiebt zwischen den Tag, an dem – astrologisch – die »Sonne in das Tierkreiszeichen des Steinbocks« eintritt, elf Tage ein, bevor das neue Jahr beginnt, und tradiert damit uralte Weisheit, das Geheimnis der re-ligio der Menschen, in die kosmische Ordnung.

Wenn die Sonne während der Winternächte »in der Unterwelt weilt«, steigt am nächtlichen Osthimmel das Sternbild der Jungfrau empor. Die Jungfrau zieht zum Zenith empor, wo ihr Bild vor der aufkommenden Morgendämmerung langsam erlischt. Daß die Jungfrau, das astrologische Symbol der Großen Göttin, spät am Winterhimmel aufgeht, daß sie »inmitten der Nacht«, das heißt, einige Stunden nach Mitternacht, im Zenith steht, daß sie den Steinbock mit seiner Sonne gewissermaßen zu neuer Geburt vom Horizont heraufzieht, ist gewiß kein Zufall.

Der Himmel selbst ist einst die Große Göttin, die Herrin des Steinbocks gewesen. Dieser Gedanke ist von der modernen Astrologie ausgeblendet worden. Aber von der Steinzeit bis in die Antike ist der Steinbock das Kulttier der Himmelsgöttin. Die Göttin wendet den Lauf der Sonne, wenn sie rittlings auf ihrem Steinbock sitzt (Abb. 10). Als Lebenssymbol bleibt sie mit dem Steinbock durch die Jahrtausende hin verbunden.

Auf geschmiedeten Vasen aus Gold oder Silber tauchen Steinbock und Göttin als gestalterisches Motiv in künstlerischer Hochform auf. Auf dieser Vase vom Schwarzen Meer bilden zwei stilisierte Steinböcke die Henkel. In den Lotosblumen und

Abbildung 2
Trankopfergefäß aus Silber
5. Jahrhundert v. u. Z.
Fundort: Schwarzes Meer, zwischen Sinope und Troperos

Palm-Emblemen, die den Bauch der Vase zieren, begegnen uns Sinnbilder der lebenspendenden Göttin.

Seit der Bronzezeit deuten Menschen die Sternbilder am Himmelsgürtel als »Tierkreis«, den die Sonne während des Jahres durchläuft. Das wissen wir, weil das vermeintliche Firmament, von unserem Beobachtungsort Erde aus, gar nicht »fest« steht: Durch die allmähliche Änderung der Lage unserer Erdachse im Raum wandert der Frühlingspunkt und mit ihm alle Bezugspunkte im Tierkreis im Lauf von etwa 2150 Jahren von einem Sternbild zum nächsten.

Solange der Frühlingspunkt im »Widder« lag, war der »Steinbock« das Sternbild der Wintersonnenwende. *Astronomisch* traf das zu, als der akkadische König Sargon I. (2350 – 2294 v. u. Z.) im Zweistromland seine Herrschaft begründete. Abschriften aus seiner Bibliothek sind fast 2000 Jahre später im Palast Assurbanipals (668 – 626 v. u. Z.) gefunden worden. Diese »Erleuchtungen oder Augen des Bel« vermitteln uns die frühesten »astrologischen« Kenntnisse, das Geheimwissen um die Bindung der Menschen an den Kosmos, an die Götter, die am Himmel stehen, an den Einfluß der Jahreszeiten auf die Seele.

Die Aussage, Steinbockmenschen seien ernsthaft, erdverbunden, verantwortungsbewußt und treu, könnte so alt sein wie die Geheimschrift aus der Zeit Sargons I., als die Menschen das kosmische Geschehen täglich als göttingegeben erfahren, immer wieder neu berechnet und im Kult gefeiert haben. Alle archaischen Religionen waren astro-logisch, kalendarisch berechenbar an kosmische Ordnungen gebunden.

Etwa während der Jahre 2400 bis kurz vor der Zeitenwende begleitete das Sternbild des Steinbocks die Sonne durch die dunkelste Jahreszeit. Seit ungefähr 2000 Jahren tritt die Sonne zur Wintersonnenwende *astronomisch* nicht mehr in das Sternbild des Steinbocks ein. *Mythologisch und astrologisch* sprechen wir aber noch immer vom »Steinbock« als dem Sternbild der Wintersonnenwende; denn nicht ein fernes Sternbild aus anderen Himmelswelten wirkt auf uns ein, sondern die Neigung der Erde zur Sonne. Winterzeit ist Steinbockzeit: lange Nächte und kurze Tage, Zeit der Ruhe für die Natur und die Menschen.

Um das tägliche Leben zu bewältigen, haben sich die Menschen seit altersher bemüht, den Lauf der Sonne zu beobachten und den Wechsel der Jahreszeiten genau zu bestimmen. Dafür zeugen auch die »Maidenhills« in England. Sie haben gegenüber dem Breitengrad, an dem sie errichtet sind, die gleichen Höhenverhältnisse und gegenüber dem Sonnenstand den gleichen Neigungswinkel wie die ägyptischen Pyramiden: Sie »schlucken« bei Tag- und Nachtgleiche den Schatten der Mittagssonne. Überall auf der Erde haben die Menschen Kultbauten errichtet, um den Sonnenlauf zu beobachten und aus der Länge des Schattens die wichtigsten Daten des Sonnenkalenders zu berechnen.

In der Jungsteinzeit entwickelten die Megalith-Kulturen eindruckvolle Denkmäler, von denen wichtige Daten des Sonnenjahres abgelesen werden konnten. Am Steinkreis von Stonehenge ist eines der Steintore genau auf den Ostnordostpunkt ausgerichtet, an dem die Sonne am Tag der Sommersonnenwende aufgeht (vgl. das eindrucksvolle Bild bei: Jung 1980, 109).

Patriarchales Denken hat die Astrologie aus Religion und Mythos abgespalten. Im engeren Sinn hat vielleicht erst Euripides den Charakter eines Menschen »aus den Sternen« gedeutet, ohne an die kosmische Göttinnenordnung zu denken. Die astrologischen Symbole, die wir heute kennen, sind alle verhältnismäßig jung. Die fünf Planeten, die in der Antike bekannt waren, tragen Namen römischer Götter. Die große Göttin ist auf das Liebessymbol der Venus reduziert und hat ihren umfassend kosmischen Charakter verloren. Statt ihrer ist der römische Gott Saturnus zum »Herrn des Steinbocks« geworden. Das Sternbild des »Steinbocks« wurde mit dem Planeten Saturn »besetzt«.

Der Saturnus war ein alter etruskischer Gott, der den Weinbau schützte und den Bauern heilig war. Er war als gnädiger, glückseliger Gott bekannt und galt als König des Goldenen Zeitalters. Seine Gemahlin war die Lua Saturni, die den Männern nach dem Kampf die geraubten Waffen abnahm, um sie zu verbrennnen. Seit die Römer ihm huldigten, ist er mit vielen Göttern synkretistisch* verschmolzen. Er war dem Kronos gleich, dem Sohn des griechischen Himmelsgottes Uranos. Er wurde als vornehmster der Götter mit dem Planeten Saturn verbunden, der als ferne nächtliche Sonne galt. Er verschmolz mit Mithras, dem persischen Sonnengott, dessen Kult für einige Zeit in Rom Staatsreligion war.

Im Kult des Mithras-Saturnus war dem jungen Christentum seinerzeit der überzeugendste und ernsthafteste Gegner entstanden. Deshalb bekämpfte die Kirche diese »heidnische« Sonnenreligion und dämonisierte den Charakter des Saturnus. Auf der etruskischen »Bronzeleber von Piazenza« steht Saturn in der linken Region. Das ist für die Etrusker wohl eine glückliche Position gewesen. Christen sehen das umgekehrt: Links wohnt das Unglück.

Während der Saturnalien, der römischen Festtage zu Ehren des Gottes Saturnus, wurde ein symbolischer »König« aus dem Volk gewählt, der dreißig Tage lang sein Leben genießen konnte und dem alle gehorchen mußten. Angeblich soll er von den Anhängern des Saturnus nach den Feiertagen geschlachtet worden sein. Doch auch dies ist wahrscheinlich eine apokryphe Schauergeschichte der Kirchenväter, die nichts mit der Religion des Sonnengottes zu tun hat.

Entgegen dem urprünglichen astrologischen Geheimwissen wurde Saturn – und mit ihm der Steinbock – zum Symbol des Dunklen, oft sogar des »Bösen«, verfremdet. Zum Dämon geworden, unterlag Saturn der Lichtgestalt des Christus. Christi »Geburtstag« wurde auf den 24. Dezember gelegt, auf den Tag nach der Wintersonnenwende, an dem der alte Sonnengott wiedergeboren worden war. Saturn, der Erstgeborene, der ein Sonnengott war wie Luzi-fer, der Licht-Bringer, blieb auf der Strekke und wurde zu »Luzifer«, dem Teufel, wie alle Sonnengötter der »heidnischen« Kulte.

Die Steinbocksymbolik, die ursprünglich jene Lebenskraft bedeutete, die aus dem Dunkel wieder ans Licht führte, wurde mit dem Dunkel selbst identifiziert. In der mittelalterlichen Astrologie treten die Charaktere von Ernst, Tiefe, Verantwortlichkeit und mitmenschlicher Bindungsfähigkeit in der Symbolik des Saturn zurück gegenüber den Angstvorstellungen vom Unglücksbringer Saturn, der Leid und Tod, Trennung, Knochenbrüche und Krankheit über die Menschen bringt.

Vom christlich-abendländischen Denken ist der »Steinbock«, das Symbol lebendigen Lebens, in sein Gegenbild verkehrt worden: Tod und Teufel soll er verkörpern. Die Göttin, seine kosmische Herrin, dürfen wir nicht mehr kennen. Diese Weltanschauung entfremdet uns Frauen von unseren Urbildern.

Der Steinbock mit der Teufelsmaske – die XV. Karte des Tarot

Die Karte XV des Tarot stellt den Teufel dar. Der Tarot ist – vordergründig betrachtet – »nichts als« ein Blatt von 78 Karten, aus dem die modernen Spielkarten abgeleitet worden sind. Genau wie in einem Blatt moderner Karten gibt es beim Tarot vier Farben. Allerdings besitzt der Tarot 22 »Trümpfe«, deren jeder seine eigene mystische Bedeutung hat. Obwohl der Ursprung des Tarot im dunkeln liegt, herrscht doch unter okkulten Gelehrten die Ansicht vor, daß der Tarot die altägyptischen Mysterien der Initiation und Thaumatologie* verschlüssele. Eliphas Levi, ein Philosoph, Künstler und tiefsinniger Symboliker, vertraut mit den Geheimlehren der Kabbala, hat um die Mitte des 19. Jahrhunderts einen neuen Kartensatz entworfen, der den Tarot als bildhafte Form des kabbalistischen Lebensbaumes sieht (Crowley 1985, 18). So stellt Eliphas Levi auch den Steinbock der Karte XV am Lebensbaum dar. »Die Wurzeln des Baumes sind durchsichtig dargestellt worden, ...der Stamm durchstößt die Himmel; darum ist der Ring der Nut angedeutet. Ähnlich führt der Schaft des Stabes nach unten ins Zentrum der Erde.« (Crowley 1985, 113) Dieser Ring – auch der shen-Ring genannt – symbolisiert die allumfassende Seins-Macht der Göttin. Darüber habe ich an anderer Stelle ausführlich geschrieben (Weiler 1985, 36 ff.). Kleine tanzende Gestalten deuten die steigenden Säfte an, die aus den Wurzeln nach oben drängen zur Wiedergeburt, zu neuem Leben. Trotzdem übernimmt Levi das negative Deutungsmuster des Bockes und bezeichnet seine XV. Trumpfkarte als »The de-

Abbildung 3
Der Teufel
gezeichnet von Frieda Harris nach Angaben von Eliphas Levi
entsprechend den geheimen Manuskripten
des hermetischen Ordens der Goldenen Dämmerung

vil«. Der positive Charakter des Bockes in seiner ursprünglichen lebenszugewandten Bedeutung wird durch diese Bezeichnung ebenso verdunkelt, wie wir es aus der Geschichte der astrologischen Symboldeutung kennen. Bereits in mittelalterlichen Geheimschriften, nach denen Levi gearbeitet hat, geht die Steinbocksymbolik im Teufelsbild auf.

Auch Doris Dinkelmann, die eine Anleitung zum Tarot für Frauen geschrieben hat, verfestigt – wie es viele Frauen entsprechend mit dem astrologischen Steinbock- und Saturnsymbol tun – das patriarchale Gegenbild. Sie sieht mit der Karte XV Zwiespalt, Trennung und Gefangenschaft angezeigt, die Last der Beziehung, die nicht mehr schöpferisch, sondern zerstörerisch wirke. Sie sieht die Menschen, die sich entwicklungsgeschichtlich ihrer Isoliertheit bewußt werden, sie sieht »Sünde«, den Sündenfall, der Symbol für die Bewußtwerdung des Einzelseins sei, für den Fall aus dem Paradies. Verhaftetsein an materielle Werte, deren Gesetz Zusammenziehen, Abkühlen und Verhärten sei, Angekettetsein an den falschen Glauben, an einengende unterdrückende Gewohnheiten gehören – ihrer Auffassung nach – zu diesem Symbol (Dinkelmann o. J. Tf. XV). Wenn diese Deutung den Steinbock in der Maske des Teufels zwar spiritualisiert, so ist der Einfluß christlich-abendländischer Philosophie dennoch unverkennbar. Ähnlich wie in der – ebenso vom christlichen Denken beeinflußten – modernen astrologischen Symbolik wird der saturnischen Energie ein dämonischer Aspekt unterlegt, der Trennung, Hemmung, Alleinsein, Traurigkeit, Dunkelheit, Gefühlskälte, Strenge, Sparsamkeit bis Geiz, mühseliges Arbeiten, erschwerte Kontaktfähigkeit, Alter und Tod mit dem Saturn, dem »Regenten« des Steinbocks verbindet. Der Bock ist zum Teufel geworden.

Aleister Crowly, der über den ägyptischen Tarot und über den Kartensatz Eliphas Levis gearbeitet hat, kritisiert die negative Auffassung des Steinbocksymbols: »Diese Karte... wurde in den dunklen Zeiten des Christentums vollkommen mißverstanden« (Crowley 1985, 112). Dagegen beschreibt er die ganzheitliche Lebenskraft, die im Bild des Steinbocks ausgedrückt wird:

»Diese Karte repräsentiert schöpferische Energie in ihrer materiellsten Form ... Der Steinbock ist unter allen Zeichen am meisten erhöht, es ist die mit Lust über die Gipfel der Erde springende Ziege. Das Zeichen wird von Saturn regiert, dem Prinzip der Individualität (Selbstheit) und ununterbrochenen Fortdauer... Die Karte repräsentiert Pan Pangenitor, den All-Erzeuger. Es ist der Lebensbaum auf dem Hintergrund von höchst feinen, komplexen und fantastischen Formen des Wahnsinns gesehen, dem göttlichen Wahnsinn des Frühlings, bereits vorhergesehen im meditativen Wahnsinn des Winters; denn im Moment des Eintretens in dieses Zeichen bewegt sich die Sonne nordwärts.« (Crowley 1985, 113)

Ich hebe besonders hervor, daß Eliphas Levi den »Teufel« als *Steinbock* auffaßt. Er zeigt ihn mit einem dritten Auge auf der Stirn, dem *Zeichen übersinnlicher Weisheit.* Die Parallele zu altorientalischen und ägyptischen Vorstellungen der Capriden* *am Lebensbaum* ist offensichtlich: Auch Levis »devil« steht vor dem Lebensbaum.

Abbildung 4
Rollsiegel, mitannisch

Altorientalische Siegel zeigen die Steinböcke am Lebensbaum. Auf einem mitannischen Rollsiegel wird die Identität von Göttin und Baum durch die Anordnung der Figuren nahegelegt: Die Steinböcke liegen derart zwischen der Göttin und dem Baum, »daß sie, sowohl mit dem Baum als auch mit der Frau als Mittelpunkt, eine antithetische Gruppe bilden« (Winter 1983, S. 175). Wenn wir uns das Bild als *Rollsiegel* vergegenwärtigen und das Hinterteil des Steinbocks auf der rechten Seite mit dem

Steinbock links im Bild zusammenbringen, wird die Doppelbedeutung deutlich: einmal flankieren die Steinböcke die Göttin, zum anderen den Baum.

Abbildung 5
Papyrus Nesi-pa-ka-schuti
19. Dynastie

Die Einheit der Göttin mit dem Baum wird auf einem ägyptischen Papyrus besonders deutlich, wo »das Schriftzeichen für ›Nut‹ sowohl auf dem Baumstamm als auch über dem Kopf der Göttin erscheinen.« (Winter 1983, 440) Das entspricht einer Thealogie, die bis in die Jungsteinzeit nachweisbar ist. In Elam ist die Dattelpalme, von zwei Steinböcken flankiert, seit dem 3. Jahrhundert v. u. Z. belegt (Winter 1983, 435, Anm. 1179). Eliphas Levi stellt den Steinbock zum Lebensbaum. Damit findet sich die Baumgöttin als Partnerin des Steinbocks auf der XV. Karte des Tarot wieder. Levi nimmt unbewußt ein Symbol wieder auf, das 4000 bis 5000 Jahre in der Vergangenheit verwurzelt ist. Er verdankt diese Zusammenschau seinem Geheimwissen. Aber er stellt keine Verbindung vom antiken Kult der Göttin mit dem Steinbock und der XV. Tarot-Karte her. Er gibt keine Quellen an, keine Schriften, die das Symbol der Antike ins Mittelalter transportieren. Es scheint sie nicht zu geben – vorläufig nicht. Ich selbst habe in die Forschung nach dieser Verbindung zwei Jahre Arbeit investiert. Ich habe die Kreuzfahrerliteratur durchgearbeitet, weil ich glaubte, die Kreuzfahrer müßten Literatur über die Göttin mit ihrem Steinbock nach Europa transportiert und dann negativ besetzt haben. Aber diese Forschungsarbeit war ergebnislos.

Auch der griechische Gott Pan repräsentiert männliche schöpferische Energie. Doch isoliert ist seine Kraft rücksichtslos. Ob Eliphas Levi um die zerstörerische Kraft des Männlichen, die nicht in die weibliche Lebensordnung eingebunden ist, weiß? Er gesteht dem Gott Pan zu:

»Du hast kein Recht, außer deinen Willen zu tun. Tue dies, und keiner soll nein sagen. Denn reiner Wille, ungetrübt durch Absicht, entbunden vom Gelüst nach Ergebnis, ist in jeder Weise vollkommen.« (zitiert bei Crowley 1985, 113)

Wenn männliche Potenz um ihrer selbst willen herrscht, eindimensional sich entfaltet, läuft sie Gefahr zu zerstören. Das wird deutlich, wenn man das Symbol des Steinbocks für sich betrachtet, ohne Einbindung in das Prinzip des Weiblichen, ohne Verpflichtung gegenüber dem Leben, das männliche Prinzip ohne die Weisheit der Göttin. So sieht es auch Crowley:

»Das Zeichen des Steinbocks ist rauh, herb, dunkel und sogar rücksichtslos; der Impuls zu erzeugen, nimmt keine Rücksicht auf Vernunft, Sitte, Gewohnheit oder Umsicht. Es ist von göttlicher Gewissenlosigkeit und bezüglich der Ergebnisse höchst gleichgültig.« (Crowley 1985, 113)

Eliphas Levi, der Neuschöpfer der Tarotkarten, hat die Hörner des Steinbocks betont spiralförmig gestaltet. Die Spirale ist die Bewegung der alles durchdringenden Energie. Durch die spiraligen Hörner ist der Steinbock mit seiner kosmischen Herrin, der Himmelsgöttin, verbunden und fügt seine männliche Willkür der Ordnung der Großen Göttin ein. Das Prinzip des Steinbocks, das die Erde, den Mond, die Veränderung, den Kreislauf der Schöpfung bedeutet, ist eingebunden in das Prinzip der ewig sich gleich bleibenden, unveränderlichen Weisheit, die durch die Göttin verkörpert ist. Pan lebt – wie die Steinbockgötter des vorderen Orient – auf den Höhen: »Wesentlich für ihre Symbolik ist die Umgebung – unfruchtbare Orte und im besonderen hochgelegene Plätze.« (Crowley 1985, 114) Wenn der Steinbock den Kopf hebt, küßt er die Göttin, wenn er den Kopf senkt, verbindet er sich der Erde. Die folgenden Worte sind dem ägyptischen Tarot entlehnt. Der Mondgott Toth soll sie gesagt haben. Jeder mondverbundene Steinbockgott könnte ebenso mit seiner kosmischen Himmelsherrin gesprochen haben:

»Erhebe ich mein Haupt, sind ich und meine Nut eins.
Senke ich mein Haupt und speie Gift,
dann ist es Wonne der Erde,
und ich und die Erde sind eins.« (Crowley 1985, 113)

Durch die Symbolforschung wird der Steinbock wieder in seine Rechte eingesetzt. Er kann die Teufelsmaske, in welche der christliche Dualismus ihn gezwängt hat, abwerfen und wieder zum Mondgott werden, zum Sohngeliebten der ewigen Göttin des Himmels, zum weißen Wildziegenbock, der über die Berge springt.

Damit ist dem männlichen Prinzip seine matriarchale Symbolkraft wiedergegeben. In seiner Zuordnung zum Mond begegnet uns das Männliche als Lebensprinzip, das bestrebt ist, sich der Natur anzupassen, nicht sie beherrschen zu wollen. Matriarchale Liebessymbolik gibt den Menschen jene Würde zurück, welche die ganzheitliche Persönlichkeit ausmacht, für die »Sexualität« ein Fremdwort ist, weil sie in das Liebe-Erleben integriert ist. Menschen, welche die Trennung von Körper, Seele und Geist überwunden haben, können ihrer Steinbockkraft vertrauen, von der Aleister Crowley sagt:

»Der Steinbock repräsentiert das Entdecken der Ekstase in jeder Erscheinung; er transzendiert alle Begrenzungen; er ist Pan; er ist Alles.« (Crowley 1985, 113)

Die Synagoge mit dem Ziegenbock

Auf dem Mont Sainte-Odile im Elsaß steht ein Frauenkloster. Dort befindet sich ein Werk mittelalterlicher Buchkunst, das heute unter dem Namen »Hortus deliciarum« für eine der kostbarsten Arbeiten gehalten wird, die während jener Zeit, die man das »Goldene Zeitalter der Hohenstaufen« nennt, entstanden sind. Es enthält eine Sammlung biblischer Geschichten und anderer religiöser Texte mit sorgfältig gemalten Miniaturen. Fast ein halbes Jahrhundert sollen die Nonnen an diesem Werk gearbeitet haben, von 1159 bis 1205. Sicher hat die Äbtissin Rélindis mit den Illustrationen zu den Texten begonnen. Aber Herrade von Landsberg, † 1195, ist durch den »Hortus deliciarum« berühmt geworden. Sie behauptet im Vorwort des Buches von sich, sie habe diese Arbeit, die sie den »Garten der Lüste« betitelt, selbst aufgrund göttlicher Inspirationen zusammengestellt; sie, die »kleine Biene«, habe mit dem Saft aus verschiedenen Blumen die Heilige Schrift und die Werke der großen Philosophen illustriert.

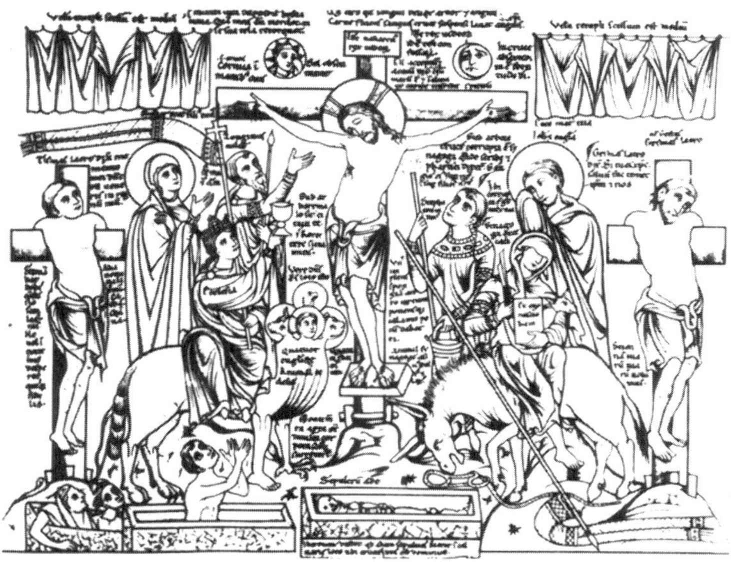

Abbildung 6
Kreuzigungsszene aus dem »Hortus deliciarum«

Die obige Kreuzigungsszene aus dem »Hortus deliciarum« interessiert mich wegen der »Synagoge mit dem Ziegenbock«. Triumphierend reitet die Ecclesia auf einem vierköpfigen Tier, das die Evangelisten der christlichen Botschaft symbolisiert, während die Synagoge auf einer Eselin daherkommt.

Obwohl die Eselin einst Maria auf der Flucht nach Äygypten und später den Heiland beim Einzug nach Jerusalem getragen haben soll, symbolisiert dieses Tier in der christlich-mittelalterlichen Allegorese* das jüdische Volk mit dessen »negativen Eigenschaften«, die christliche Überheblichkeit auf jüdische Menschen projiziert. Gérard Cames, der über die Symbole des »Hortus deliciarum« gearbeitet hat, schreibt, die ersten Kirchenväter und ihre Nachfolger hätten darin übereingestimmt, daß die

»Eselin als Attribut des jüdischen Volkes und der Synagoge zu betrachten sei, als Zeichen ihrer Dickköpfigkeit, Verständnislosigkeit und Dummheit« (Cames 1971, 46).

Im Hintergrund der Kreuzigungsszene zerreißt der Vorhang des Tempels, womit angedeutet wird, daß Gott um Jesu willen seinen Bund mit den Juden zerrissen habe. Es gelte nun ein Neuer Bund und ein Neues Testament. Im Vordergund des Bildes entsteigen die Toten ihren Gräbern. Die Ecclesia ist mit einer Krone geschmückt und hält der Synagoge triumphierend den Abendmahlskelch entgegen, der das Blut Jesu enthalten soll. Die Synagoge dagegen senkt zerknirscht ihr Haupt. Mit verhüllten Augen, »blind für das Heil, das in die Welt gekommen ist«, hält sie den Ziegenbock des jüdischen Versöhnungsfestes im Schoß. Und so wertet christlicher Dünkel den jüdischen Glauben ab.

Für die Kirche ist die Transsubstantiationslehre* ein durch Christus eingesetztes Mysterium, einmalig und ohne Vorbild. Doch der Glaube an die Verwandlung von Blut in Wein geht auf archaische matriarchale Kultpraxis und Spiritualität zurück. Der jüdische Glaube an die rettende Kraft des Steinbockblutes wurzelt ebenso im matriarchalen Grund wie die christliche Transsubstantiationslehre.

Gérard Cames sagt, daß im »Hortus deliciarum« Ecclesia und Synagoge zum ersten Mal auf Symboltieren reitend einander gegenübertreten. Diese Auffassung gehe auf keinerlei vorhergehende Ikonographie zurück. Wohl finde man die beiden Gestalten, Kirche und Synagoge, aufrecht unter dem Kreuz stehend, bereits in der Karolingischen Kunst. Aber nirgends seien diese Figuren auf Tieren reitend zu sehen (Cames 1971, 45).

Durch die Tiere, auf denen Ecclesia und Synagoge reiten, wird in typischer Weise der Gegensatz zwischen dem männlichen und dem weiblichen Prinzip hervorgehoben: Die Kirche reitet auf dem vierköpfig männlichen Tier, das die Evangelisten symbolisiert. Die Synagoge aber reitet auf der Eselin. So bringen die beiden Tiere auf dieser Miniatur des »Hortus deliciarum« die Aufwertung des männlichen gegenüber dem weiblichen Prinzip ins Bild. Die Eselin erinnert nicht mehr an das Kulttier, das die Könige Israels nach der Salbung für ihre triumphale Prozession geritten haben. Sie ist nur noch Symbol für Dummheit, Dickköpfigkeit und Verständnislosigkeit – und sagte man diese Eigenschaften nicht schon lange den Frauen nach? *Die* Juden werden durch derartige allegorische Zuweisungen mit Charakterzügen belegt, die das patriarchale Bewußtsein pauschal mit dem Weiblichen verbindet. Die Tierallegorese auf dem Kreuzigungsbild im »Hortus deliciarum« vermittelt: *Christen sind männlich und gut, Juden sind weibisch und schlecht.*

Die Typologie der mittelalterlichen Kunst, die Juden als »weibisch« verunglimpfte, bereitete den Prozeß vor, der Judenhaß in Frauenhaß umschlagen ließ. Den Künstlern kam eine Mittlerrolle zu zwischen den Interessen der Mächtigen an der Zentrierung ihrer Macht und der Bereitschaft der Masse, sich mit diesen Interessen zu identifizieren. Bilder stimulieren die Psyche des Volkes, sie sprechen auch zu denen, die nicht lesen und schreiben können. Die mittelalterlichen Künstler haben die Voraussetzung dafür geschaffen, daß der Kampf um christliche Machtdurchsetzung auch auf dem Rücken der Frauen ausgetragen werden konnte.

Es ist nicht ohne Bedeutung, daß Bildwerke, welche die Synagoge demütigen, herabwürdigen und diffamieren, nun in fast jeder Kirche geschaffen werden, zu einer Zeit, als die Inquisition in vielen christlichen Ländern aufflammt und Juden wie »Ketzer« vor das Tribunal zitiert.

Überall wird die Synagoge als erblindete Frau mit verbundenen Augen dargestellt. So steht sie am Südportal des Straßburger Münsters, demütig gebeugt vor der »Mater Ecclesia«, der stolz aufgerichteten Frauengestalt, welche die Kirche symbolisiert. Die Ecclesia bietet das Bild unberührter Mütterlichkeit: die reine Madonna als Gottesgebärerin, die den »wahren Glauben« zu verkörpern beansprucht.

Die christliche Kunst bringt den überheblichen Anspruch des Katholizismus, die alleinseligmachende Kirche zu sein, ins Bild, wenn sie die »Synagoge« mit verbundenen Augen zeigt. Die Synagoge ist zum Bild der Verworfenen geworden, die den rechten Glauben nicht erkennt: ein christliches Zerrbild für die Beziehung jüdischen und christlichen Glaubens zueinander.

Im Chor der Elisabethkirche zu Marburg entdeckte ich ein Glasfenster, dessen glühende Farben meinen Blick auf sich zogen. Eine Frau hält den Kopf eines Ziegenbocks in ihrer Hand, aus dessen Hals das Blut in leuchtend roter Farbe zu Boden strömt. Die Frau schaut mich nicht an, sie sieht nirgendwohin, sie nimmt nichts wahr; denn ihre Augen sind mit einem Tuch verbunden.

Auch auf dem Fenster im Chor der Marburger Elisabethkirche hebt die »Ecclesia« der »blinden« Synagoge mit dem blutigen Ziegenbockkopf in der Hand den Abendmahlskelch entgegen, als wolle sie sagen, daß sie allein im Besitz des richtigen Blutes sei, des Blutes, das der Menschheit das Heil bringe, während das Blut des Bockes in der Hand der Synagoge sinnlos verströmt.

Seit die christliche Kirche Staatsreligion wurde, sind ihre Grausamkeiten von der weltlichen Macht unterstützt worden. Eine einheitliche Religion lieferte die ideologische Basis für die Durchsetzung zentralisierter Staatsmacht. Von dieser Überlegung ist Kaiser Konstantin ausgegangen, als er – der sich erst auf dem Totenbett taufen ließ – das Toleranzedikt gegenüber den Christen verfügte. Die Pogrome gegen sogenannte »heidnische Kulte« und gegen Juden begannen unmittelbar nach der Proklamation des Christentums zur Staatsreligion im Jahre 380 u. Z. Über das Mittelalter hinaus bis in die Neuzeit

»... haben die weltlichen Herrscher, die überzeugte Christen waren, eine einheitliche Reichsreligion für ihre Herrschaft für nötig erachtet. Deswegen

Abbildung 7
Synagoge mit dem Kopf des geopferten Ziegenbocks
Glasmalerei im Chor der Marburger Elisabethkirche

waren sie bereit, gegen alle abweichenden Bewegungen radikal vorzugehen« (Grabner-Haider 1987, 49).

Anton Grabner-Haider, aus dessen Buch »Fanatismus und Massenwahn« dieses Zitat stammt, spricht von »einem imperialistischen Mißbrauch der Religion überhaupt« (Grabner-Haider 1987, 49). Ob die Macht von der Geistlichkeit oder vom Staat ausgeübt worden ist: Es geht um die Vereinheitlichung des Denkens im Dienste der Zentralisation der Macht. Es ist *das* Ziel patriarchalen Strebens, alle Macht auf Erden in den Händen weniger Männer zu sichern. Großreiche und Weltreligionen sind denn auch der patriarchalen Geschichtsschreibung liebste Kinder.

Das Leben Andersgläubiger wie der Juden konnte sich – ebenso wie das Leben der Frauen – nur dieser Macht und Herrlichkeit von Kirche und Staat untergeordnet abspielen, oder es mußte in der Subkultur verborgen bleiben. Und selbst aus diesem Untergrund heraus agierend, erschienen Juden und Frauen den Mächtigen viel zu gefährlich – sei es, daß noch immer kulturbildende Kräfte in ihren Händen lagen, sei es, daß die Angst und die Schuldgefühle derer, die sich die Macht angeeignet hatten, auf die Außenseiter der Gesellschaft projiziert worden sind.

Christus ist der »wahre Ziegenbock«

Jesus als der »wahre Ziegenbock« ist ein tausendjähriges Thema, das die Legende in verschiedenen Variationen von der römischen Frühzeit des Staats-Christentums unter Konstantin bis ins 18. Jahrhundert immer wieder neu abgewandelt hat. Die Wurzeln dieser Vorstellung sind sowohl »heidnisch« wie jüdisch.

Zur politischen Macht gelangte das Christentum in kluger Anpassung an römische Sitte. Die Christen verlegten ihren Wochenfeiertag auf den Sonntag, den Ehrentag des römischen Sonnengottes. Der Charakter Christi nahm Züge des Sonnengottes an, er wurde zum »Licht der Welt«, um den römischen Bürgern die Hinwendung zum neuen Glauben zu erleichtern. Die Lehre von der Gottessohnschaft Christi stand in scharfem Gegensatz zum jüdischen Messiasgedanken. Denn die Juden erwarteten in ihrem Messias keinen Gott, sondern einen gottgesandten Menschen.

Die assimilierte römische Glaubensvorstellung stand aber auch im Gegensatz zum Charakter des Mondgottes, den Jesus trug. Gemäß dem altorientalischen Gottesbild, das den Mann mit dem Mond identifizierte, der während der Schwarzmondphase drei Tage unsichtbar blieb, weilte Jesus drei Tage in der Unterwelt, um wiedergeboren zu werden. Und dieser Glaubenszug hat sich bis heute erhalten: Ohne sich der Wurzeln ihres Glaubens bewußt zu sein, bekennen die Christen von ihrem Gott, er sei »... niedergefahren zur Hölle, am *dritten Tage* wieder auferstanden von den Toten.« Dieses Bild folgt dem sinnfälligen Wandel des Mondes mit seiner dreitägigen Unterweltsfahrt. Selbst der Gott der Bibel ist im matriarchalen Gottesbild verwurzelt und seiner Herkunft nach ein Mondgott. Das wird bei den biblischen Propheten noch deutlich. Hosea verspricht dem abtrünnigen Volk: »Er wird uns am *dritten Tage* aufrichten, daß wir vor ihm leben werden.« (Hosea 6, 2) Von Jesaja wissen wir, daß das Neumondfest – der Tag der wiedererscheinenden Mondsichel – des biblischen Gottes heiliger Tag gewesen ist: »Alles Fleisch wird einen Neumond nach dem andern ... kommen, anzubeten vor mir, spricht der Herr.« (Jesaja 66, 23)

Bereits in der Bibel wird das kultische Symbol des wilden Steinbocks, der das heilige Mondtier der Göttin gewesen ist, zum »Ziegenbock« herabgestuft. Die göttliche Kraft des Kultsymbols wird damit überlagert und verdrängt.

In der Auseinandersetzung mit dem jüdischen Glauben wird Jesus zum »Bock«, der aller Welt Sünden trägt. *Sein* Bocksblut wird zum Sündopfer vergossen, nicht das Blut, das der Bock der Juden vergießt. Diese Allegorie nimmt Bezug auf das Ziegenbockopfer, von dem das 16. Kapitel des 3. Buches Mose erzählt. Danach hat das Volk Israel beim jährlichen Versöhnungsfest mit zwei Ziegenböcken das Sündopfer vollzogen, mit dem einen, der für des Volkes Sünden geopfert und geschlachtet, und dem anderen, der mit den Sünden des Volkes Israel beladen in die Wüste gejagt worden ist. Wenn die Göttin in diesem Mythos nicht –

oder nicht mehr – vorkommt, so hat die gotische Kunst sie in der Gestalt der »Synagoge« als Negativ-Figur wieder zum Leben erweckt – als Prototyp für die Hexe.

Die christliche Exegese, welche die Heiligen Schriften des Volkes Israel als sogenanntes »Altes Testament« betrachtet und damit als den Ort, an dem Jesus als der Christus verheißen wird, sieht in »dem Bock, der mit den Sünden der Kinder Israel beladen in die Wüste geschickt wird«, den personifizierten Antichrist (Stauch 1948, II, Sp. 963f). In den christlichen Bibelübersetzungen wird der Bock der Juden endgültig zum »Feldteufel«, der in der Wüste und in den Ruinen haust (vgl. 2. Chronik 11.15/ Jesaja 13.21 und 34.14). Dazu erklärt der Kommentar der Einheitsübersetzung:

»Unter kanaanäischem Einfluß war es zur Verehrung von Wetter- und Fruchtbarkeitsgeistern gekommen, unter ihnen bocksförmige Dämonen, deren Aufenthalt man in der Wüste und in Ruinen annahm.«

Unter Hinweis auf 2. Könige 23.8 glaubt der Theologe, daß König Josia (639 – 609 v. u. Z.) »Kultstätten der Bocksgeister« verunreinigt und abgeschafft habe. Interessant ist es, daß Beer-Sheba, die Oasenstadt in der Wüste, wo eine Palmengöttin und ihr Steinbock verehrt worden sind, als Zentrum des verdammungswürdigen Kultes hervorgehoben wird.

Solche Dämonisierung des jüdischen Glaubens wirkt sich bis in die Gegenwart in den Vorstellungen des Volkes aus. Emanuel Hurwitz erzählt, daß ihm einer seiner Mitschüler nicht glauben wollte, daß er Jude sei, da er weder »Bocksfuß, Schwanz, noch Hörner« trüge (Hurwitz 1986). Christus dagegen soll als der vollkommene Bock erschienen sein. Hildegard von Bingen betrachtet den *Steinbock* (capricornis) als Symbol für

»die zum Opfer ihres Bluts bereiten Märtyrer der Früh- und Endzeit der Kirche. Nach ihrer Vision hängt Paulus an die Gestalt der Gerechtigkeit ein Perlen und Edelsteine tragendes Kettchen von Gold, das an den Füßen der Gerechtigkeit, dem Ende der Zeiten, ausläuft in den sarder-roten* Kopf des Steinbocks rechts und den golden scheinenden Kopf des Leoparden links« (Ohly 1977, 72, Anm. 187).

Christel Meier sagt, daß Hildegards theologische Schriften keine Bibelexegese leisten, vielmehr vermittelten sie

»Visionen; an diese schließt sich aber immer ein Deutungsteil an, der das Auslegungsverfahren strenger Schriftexegese genau übernimmt, Zug um Zug der Vision also spirituell interpretiert.« (Meier 1972, 247)

In Hildegards Vision versinnbildlicht der Leopard den Antichrist, den es zu überwinden gilt. Das gelingt durch das Martyrium des Elias, der ihr im Bild des Steinbocks erscheint. Hildegard sieht in Elias den Überwinder. Er sei stark nach der Art des in die Höhe steigenden Steinbocks, wenn er im Glaubensbrand wie zu einem Festmahl zu dem Opfer seines Blutes eile, das in Strömen dahinfließe.

So stark ist die Kraft des Bocksblutes Jesu, daß es selbst Diamanten zu zertrümmern vermag, die härtesten Steine, die in der Natur vorkommen. Die Legende weiß zu erzählen, daß die Herzen der Sünder steinhart seien wie Diamanten.

Der alchemistische Glaube an das Übernatürliche, das sich in der Natur verbarg, begünstigte die Annahme, daß der Diamant, welcher als der »König der Edelsteine« betrachtet wurde, durch nichts zu zertrümmern wäre als allein durch das Blut des Bokkes – am sichersten durch das Blut eines Bockes, der etliche Monate lang Wein getrunken und Petersilie gefressen habe (Ohly, 1977, 9). Eine Weltanschauung, die Philosophie, Medizin und Naturwissenschaften in den Dienst der Religion gestellt hat, betreibt die Exegese des »Buches der Natur« ebenso, wie sie mit dem Buch der Bibel verfährt. So wird der Diamant zum Symbol für die Hölle, die Christi erhabenes Bocksblut überwindet.

Noch Martin Luther sah in Christus den Ziegenbock verkörpert: »Christus ist in der Passion der Antityp des Sündenbocks, der nach Luther sein *›wahres bocksblut‹* für die Sünden opfert.« (Ohly 1977, 72)

Durch sein Bocksblut überwindet Christus nicht nur Sünde und Hölle, sondern auch den verschlossenen Himmel und Gottes gerechten Zorn. Der Himmel wird allegorisch als Diamant gesehen, den das Bocksblut Christi für die Erlösten aufbricht. Schließlich heißt es, »der Fluch des zornigen Gottes des Alten Testaments« sei im Sinnbild des Diamanten versinnbildlicht, den Jesus durch sein Bocksblut besiegt (Ohly, 1977, 72).

»Alles durchdringend und zerbrechend, von nichts durchdrungen und zerbrochen, steht der Diamant für die harte und strenge, unwiderrufbare und unausweichliche Rache Gottes, (wobei) der Diamant durch Bocksblut seine Kraft verliert.« (Ohly 1977, 70)

Andere Legenden kehren die Symbolik des Diamanten um. Seine Härte steht für die Unbesiegbarkeit des Guten. Die Heiligen und die Apostel werden als Diamanten Christi betrachtet. Besonders Petrus, der Fels, sei der härteste aller Steine, der weder durch Verfolgung noch durch Tod besiegbar sei. So wird der Papst zum Symbol des Diamanten, »weshalb die Päpste noch heute ein Diamantkreuz tragen, damit es sie erinnere an die Stärke solcher Gottesmänner. Nur das warme Bocksblut der Libido hat die Macht, solche Diamanten aufzulösen.« (Ohly 1977, 70) Von hier ist nur noch ein Schritt, um den Steinbock als Teufel, als Widersacher Christi, als »das Böse« schlechthin zu betrachten. Vor ihm gilt es, sich zu hüten. Denn sein warmes Blut allein vermag Libido zu wecken, Sexualität zu entflammen. Es kann den heiligsten Gottesmann verführen. Die männliche Kraft des Bocks, die einst als Sinnbild universaler männlicher Schöpfungskraft galt, ist Symbol für die Sünde geworden.

Die Wollust und ihr Hurenknecht

An der Portalinnenseite des Münsters »Unser Lieben Frau« zu Freiburg im Breisgau befindet sich eine gotische Bildhauerarbeit, die eine nackte Frau darstellt. Sie trägt ein Tierfell um die Schultern, das in den Kopf eines Steinbocks ausläuft. Die Frau ist von außerordentlicher Schönheit. Ihr Körper erinnert mich an die nackte Gestalt einer archaischen Göttin. Sollte das Fell symbolisieren, daß der Steinbock, ihr totemistisches* Kulttier, tot ist? Trauert sie, weil ihr Geliebter in der Unterwelt weilt?

Die um ihren Sohngeliebten trauernde Göttin ist ein immer wiederkehrendes Motiv matriarchaler Religionen. Denn der »Sohn«, das Prinzip der Schöpfung, der ewigem Wandel unter-

Abbildung 8
Voluptas
13. Jahrhundert
Münster »Unser Lieben Frau« zu Freiburg im Breisgau

worfenen Natur, muß sterben, um wiedergeboren zu werden. Wie die Natur in jedem Jahr abstirbt und verdorrt, so auch das männliche matriarchale Kulttier. Es gibt viele Geschichten von der trauernden Göttin: Astarte weint um Adonis, Anat ist untröstlich über den Tod des Ba'al, Ischtar beklagt den Tod des Tammuz, und Rahel weint um ihre Kinder.

Wird die »nackte gotische Göttin« in die Unterwelt hinabsteigen, um ihren Släsohn, den totemistischen* Ziegenbockgott, zu neuem Leben zu erwecken? Die matriarchale Kunst hat diesen Augenblick des Todes niemals künstlerisch dargestellt. Der Akzent matriarchalen Glaubens liegt auf der Wiedergeburtshoffnung, und deshalb begegnet uns die Göttin der archaischen Kunst als Liebende, als gebärende und stillende Mutter oder als die ihren erwachsenen Sohn inthronisierende Mutter.

Wie sollte es möglich sein, daß die kosmische Göttin und ihr

Steinbock, Symbolgestalten aus der matriarchalen Urgeschichte der Menschheit, Eingang in die christliche Kunst gefunden haben? Zwar ist die Steinbocksymbolik durch Astrologie und Tarot – wie ich aufgezeigt habe – nicht verlorengegangen; aber die Erinnerung an matriarchale Göttinnen ist im Verlauf der christlich-abendländischen Geistesgeschichte nicht bewahrt, sondern verdrängt worden. Der »Baum« auf der Tarotkarte Eliphas Levis wird von dem Ziegenbock fast verdeckt. Selbst bei Aleister Crowley taucht die Göttin wie eine Projektion aus dem Unbewußten auf, während er im Ziegenbockgott das ganze Universum beschlossen sieht, wenn er sagt, der Steinbock repräsentiere das Entdecken der Ekstase in jeder Erscheinung, er transzendiere alle Begrenzungen, er sei Pan, er sei Alles. Vor dieser umfassenden Erfahrung männlicher Transzendenz verdrängt Crowley das Weibliche in den Schatten. Auch die Legende, die Christus als den »wahren Bock« verehrt, kommt ohne die Göttin aus.

Hat der Künstler des späten 13. Jahrhunderts die Göttin mit ihrem symbolischen Kulttier, dem Steinbock, aus den Tiefen des kollektiven Unbewußten gestaltet? Ist ihm das Bild einer antiken Göttin bekannt gewesen, nach dessen Vorbild er gearbeitet hat? Wäre es nicht lebensgefährlich gewesen, von der kirchlichen Dogmatik abzuweichen oder gar »heidnisches« Brauchtum und »heidnische« Rituale zu beleben? Die kosmische Göttin mit ihrem Steinbock steht – als gotische Plastik – so lebendig vor mir, als wolle sie sich aus dem Stein herauslösen und auf mich zukommen.

Diese »Göttin« hält ihren Kopf wie die trauernde Maria Michelangelos (Mulack, 1985, gegenüber 120). Auf dem Gesicht der beiden Frauengestalten steht derselbe Schmerz geschrieben. Hat der gotische Künstler die Bildgedanken der Renaissance vorweggenommen? Soll ich das Kunstwerk am Freiburger Münster als Pietà begreifen? Wie Christa Mulack zeigt, wird das Motiv, hinter dem sich der matriarchale Erlösungsgedanke verbirgt – die Hoffnung auf Wiedergeburt aus dem Schoß der Mutter – »im Neuen Testament ausgeklammert, doch von der Kunst nachgeschaffen: Die Schmerzensmutter, die den Leichnam ihres gekreuzigten Sohnes im Schoß hält, – ein Bild der Rückkehr zur Mutter im Tode, von der alle Religionen wissen.« (Mulack 1985, 120)

Aber anders als Maria, die als mater dolorosa über den Leichnam ihres Sohnes gebeugt ist, den sie nicht vom Tod erlösen kann, steigen die matriarchalen Göttinnen tapfer in die Unterwelt hinab, um ihre Sohngeliebten vom Tode zu erretten.

Ich will wissen, wer diese schöne Frauengestalt am Westportal des Münsters ist und was sie den mittelalterlichen Menschen vermittelt hat. Es stellt sich heraus, daß ich einige Mühe aufwenden muß, um dieser Welt der Bildhauerkunst des Freiburger Münsters näher zu kommen. Ich suche in der Freiburger Innenstadt nach einer Abbildung der Statue und erfahre schließlich, daß der Kartenverkauf der Kunstwerke des Münsters ein Privileg der Münsterverwaltung ist. Ausschließlich im Turm des Gotteshauses werden Bilder der Plastiken verkauft, und das nicht etwa in den unteren Stockwerken. Oben, auf dem letzten Treppenabsatz vor der Turmspitze, nachdem ich zweihundertzehn Stufen über die steinerne Wendeltreppe hinaufgestiegen bin, kann ich meine Wünsche äußern. Aber es gibt keine zufriedenstellende Abbildung, die beide zeigt, die Göttin und ihren Steinbock. So wähle ich einen der angebotenen Bildbände.

Mit dem Kunstführer in der Hand ergründe ich die Geheimnisse mittelalterlicher Symbolik. Links von der nackten Schönheit steht ein im Stil des 13. Jahrhunderts gekleideter Bürger, der seiner Nachbarin mit auffordernder Geste eine Rose anbietet. Er ist so vornehm und wohlanständig gekleidet, daß man in ihm nur einen Herrn der besten Kreise vermuten kann. Der Kommentar des Bildbandes fordert mich auf, den Mann von hinten zu betrachten, und bei genauerem Hinsehen zeigt sich, daß sein Rücken unbekleidet und von üblem Getier übersät und zerfressen ist. Kröten, Schnecken und Schlangen »charakterisieren seine Verderbtheit« (Gombert 1977, 15). Mit dieser Statue wollte der Bildhauer den »Fürsten der Welt mit dem Charme eines Kavaliers« symbolisieren, lasse ich mich belehren. Rechts neben dem Paar steht ein Engel, ein Spruchband tragend. »Ne intretis!« warnt sein Text: »Ihr sollt hier nicht weitergehen, nicht eintreten!« Denn die beiden Gestalten – der nur vordergründig wohlanständige Bürger und »meine Göttin mit dem Steinbock« – verkörpern die Sünde. Die schöne Gestalt ist keine Göttin, sondern »Voluptas«, die Wollust.

Mit dem Fell des toten Steinbocks, das sie um ihre Schultern trägt, ist nicht das heilige Kulttier der Göttin gemeint, sondern der Hurenknecht, Satan, dem die Wollust sich verschrieben hat.

Der nackte Körper der Frau, einst Symbol matriarchaler Göttinnenkraft, ist zum Symbol für die Sünde geworden. Der Steinbock, einst Symbol kosmischer männlicher Zeugungskraft, verkommt zum »Leibhaftigen«, dem nur noch der »Leib anhaftet« als Makel seiner Triebhaftigkeit. In keinem Begriff wird die Leibfeindlichkeit des Christentums so eindeutig auf den Punkt gebracht wie in dem Begriff »Der Leibhaftige«. Die patriarchalen Bildgedanken der gotischen Kunst befremden und verletzen mich.

Die »Wollust mit dem Bock« scheint ein beliebtes Motiv der gotischen Bildhauerkunst gewesen zu sein. An der Kathedrale in Auxerre befindet sich ein Kapitell mit der Darstellung eines springenden Böckchens, auf dem die »Wollust« reitet – ein Kind noch, das unbelehrte und unvoreingenommene Betrachter für einen Engel halten würden (Mâle 1986, Abb. 57).

Wurde das Bild der »Synagoge mit ihrem Bock« in der mittelalterlichen Allegorese* allmählich in das Symbol der »Wollust mit ihrem Hurenknecht« hinübergeführt? Theologisch ist die »Frau mit dem Bock« als Synagoge ebenso dämonisiert worden wie die »Voluptas«, die das Fell des Ziegenbocks um ihre Schultern trägt. Ikonographisch jedoch unterscheidet sich die »Voluptas« in ihrer göttlichen Nacktheit von der streng bekleideten Synagoge. In der nackten Frauengestalt scheint eher die Venus der Römer oder die Aphrodite der Griechen überlebt zu haben. Und schreibt man nicht dem Minnesänger Tannhäuser zu, er sei in den Venusberg eingegangen? Sieht man nicht Venus noch immer am Abendhimmel erstrahlen, obwohl die Göttin der Liebe vom Christentum geächtet wird? Verschenkt der Liebende nicht heute noch rote Rosen, die kultischen Blumen der Aphrodite, an die Frau, die er begehrt?

Die Geschichtsschreibung drückt dem Mittelalter mit dem Adjektiv »christlich« einen Stempel auf, dem die Wirklichkeit niemals entsprochen hat. Dieses Zeitalter ist nicht eindeutig christlich gewesen, wie die erbitterten Auseinandersetzungen mit häretischen* Bewegungen beweisen. Obwohl Aphrodite »auf Tausenden von Wandgemälden ... als Versuchung für den heiligen Christophorus, der das Jesuskind trägt« (Grigson 1978, 214), dargestellt wird, verehrt man sie im geheimen noch immer.

»Der römische Dichter Ovid wurde niemals vergessen oder verleugnet. Ovids Gedichte wurden während des gesamten Mittelalters gelesen.« (Grigson 1978, 214 f.)

In seiner Dichtung versichert Venus:

»In dieser Welt kann keine Kreatur ohne Liebe leben, Wert haben oder ausharren.« (Grigson 1978, 215)

Seit die Kirche über politische Macht verfügte, richtete sich ihr Kampf gegen die »heidnischen« Götter. Eusebios, der Bischof zur Zeit des »Großen« Konstantin, schreibt in seiner Biographie des Kaisers, man habe die Statuen der Götter nach Konstantinopel gebracht, sie an öffentlichen Plätzen aufgestellt, verhöhnt und verspottet. Wohl sind antike Bildwerke zerstört, zu Torsi entstellt und ins Meer geworfen oder als Fundamente für christliche Kirchen mißbraucht worden. Aber so umfassend, wie sich der christliche Bischof Eusebios die Vernichtung der alten Göttinnen und Götter gewünscht haben würde, ist sie in Wirklichkeit nicht gewesen. Bei einer Ausstellung in Konstantinopel konnte man zweihundert Jahre nach Konstantins Tod u.a. drei Statuen der Aphrodite bewundern. Der byzantinisch-ägyptische Dichter Christodoros, der 518 starb, hat sie beschrieben (Grigson 1978, 213).

Angesichts der Sexualfeindlichkeit des Christentums richtete sich der Kampf der Kirche besonders gegen die antike Göttin der Liebe.

»Es wurde ihr die Rolle der Großen ›Hure Babylon, der Mutter der Dirnen und Scheusale auf Erden‹ zugeteilt.« (Grigson 1978, 214)

Sie galt in den Augen der Kirchenväter als Anstifterin zum Geschlechtsverkehr und als die »Schamloseste der olympischen Dämonen«. Was Wunder, daß sie der christlichen Bildhauerkunst zum Vorbild wurde für die Luxuria, die Voluptas, zum Symbol für ein verderbliches Leben in Wollust. Ihr *nackter* Körper diente den Künstlern dazu, die Göttin der Liebe zu dämonisieren.

Die Frauengestalt mit dem Steinbock, wie sie die gotische Bildhauerkunst in vielen mittelalterlichen Kathedralen geschaffen hat, erinnert an Aphrodite, die *orientalischer Herkunft* ist und in Griechenland als Göttin mit dem Bock wieder auftaucht. Das bringt die Voluptas in die Nähe der Großen orientalischen Göttinnen, die seit dem dritten Jahrtausend v. u. Z. in der Gestalt der Baumgöttin, von Capriden* flankiert, verehrt worden sind (vgl. Abb. 4).

Der Bock ist einst auch der Begleiter der afrikanischen Athene gewesen, jener Athene, die von der Weisheitsgöttin Metis parthenogen geboren worden ist, nicht als Kopfgeburt des patriarchalen Zeus. Noch in der griechischen Kunst wird sie mit dem Ziegenbockfell bekleidet dargestellt. Theseus, der König von Athen, von dem die Sage erzählt, er habe mit Hilfe der Ariadne den kretischen Minotaurus getötet, führte die Landgemeinden um Athen

Abbildung 9
Aphrodite mit dem Ziegenbock
Griechisches Terrakottarelief
aus Gela an der Sizilianischen Küste, ca. 500 v. u. Z.

unter dem Kult der »Aphrodite mit dem Ziegenbock« zu einer Stadt zusammen. Er nannte die Göttin »Aphrodite Pandemos«, die Göttin, die alles Volk, pan demos, vereint. Dies war ein politischer Akt, und da er Erfolg gehabt hat, ist vorauszusetzen, daß »alles Volk« dieser Aphrodite hold gewesen ist.

»In der Zeit des Theseus scheint Athen überhaupt, wie aus den Quellen hervorgeht, einen Aufschwung des Aphroditekultes gesehen zu haben.« (Simon 1985, 250)

In Syrien und Palästina wurde Aphrodite als Ischtar oder Ascherat verehrt, sie war »die oberste Göttin der semitischen Völker des Vorderen Orients ..., die als ›Königin des Himmels‹ verehrt wurde. Ihr hatten sogar die Juden gehuldigt.« (Simon 1985, 230) Erika Simon sieht in der Göttin, von der beim Propheten Jeremia die Rede ist (Jeremia 44), niemand anderen als die Vorläuferin der Aphrodite. Sie trug, wie »die oberste Göttin der Phöniker, den Namen die Himmlische.« (Simon 1985, 231) Vom Propheten Jeremia weiß man, daß »die Himmelsgöttin den Weihrauch liebte und daß sie ihre Verehrer auch wehrhaft beschützte.« (Simon 1985, 231) Die Aphrodite war in ihrer phönizischen Heimat eine kosmische Göttin mit umfassenden Charakterzügen, wehrhaft, waffentragend, wenn sie sich für das Leben der Völker einsetzte, eine Liebesgöttin, die den Hetären beistand, Ehen stiftete oder Schwangeren und Gebärenden half; sie war Partnerin des Wettergottes, den sie unterstützte, wenn er dem ausgetrockneten Land den ersehnten Regen bringen sollte.

»Was die Religionswissenschaft ergründete, wußten bereits die Griechen, nämlich, daß Aphrodite aus dem Orient zu ihnen gekommen war. Herodot berichtet, der Tempel der Urania in Askalon in Syrien sei der älteste von allen Tempeln, welche die Göttin hat. Auch der Tempel auf Kypros ist von Askalon aus gegründet worden, wie man auf Kypros selber zugibt, und den Tempel in Kythera haben Phöniker, also Bewohner jenes syrischen Landes, errichtet.‹ (1, 105)« (Simon 1985, 231)

Das Heiligtum der Aphrodite auf Kythera, der südlichsten Insel des Peloponnes, sieht Pausanias als das älteste und vornehmste der Aphrodite in Griechenland an (Simon 1985, 231).

Die »weitherrschende Göttin, die sich aus dem Chaos erhob und auf dem Meer tanzte« (Ranke-Graves 1974, 11,1), wird bei der Wanderung aus ihrer orientalischen Heimat zur Tochter des Himmelsgottes Uranos. Hesiod erzählt: Kronos, einer der Titanensöhne, sei von Gaia, seiner Mutter, mit einer Sichel und einem Feuerstein bewaffnet worden, um an seinem Vater Uranos Rache zu nehmen, weil der Gott seinen Söhnen nach dem Leben trachtete. Kronos übermannte den Vater im Schlaf, faßte dessen Genitalien, schnitt sie ab und warf sie ins Meer. Der Schaum aus dem Phallus des Gottes mischte sich mit dem Meer, und Aphrodite Urania, die Schaumgeborene, entstieg den Fluten.

Homer hat Aphrodite zu einer Tochter des Zeus und der Dione herabgestuft. Während der Göttin als »Aphrodite Urania« noch die umfassenden Charakterzüge kosmischer Kraft eignen, reduziert Homer sie auf den Charakter einer »Liebesgöttin«, die ihr aggressives Potential ablegen soll: »Dies alles werden Athene und Ares, der schnelle, besorgen.« (Simon 1985, 231) Der Charakter Aphrodites wird auf *einen einzigen Aspekt* festgelegt. Gegenüber den kriegerischen Gottheiten Athene und Ares wird sie, die ursprünglich allumfassende kosmische Göttin, im Lauf der antiken Religionsgeschichte allmählich zu einer unbedeutenden Gottheit degradiert. Die christlich-abendländische Geistesgeschichte sorgt dafür, daß die Liebesgöttin zur »Hure Babylons« und schließlich zur Hexe wird.

Erika Simon ist der Ansicht, daß Homer die orientalischen Züge der Aphrodite bewußt unterdrückt habe:

»Die Aufnahme unter die Kinder des Zeus bedeutete für Aphrodite eine Einschränkung ihrer Macht.« (Simon 1985, 231)

Trotzdem behält Aphrodite in der darstellenden Kunst den Charakter einer »orientalischen Himmelsgöttin in all ihrer Macht« (Simon 1985, 245). Sie wird als Himmelskönigin dargestellt, fliegend auf Gänsen oder auf einem Schwan.

Auf dem Deckel eines Klappspiegels aus der Zeit um etwa 350 v. u. Z. reitet Aphrodite auf einem Bock durch die Lüfte. Aphrodite ist auf diesem Bild beides zugleich: Urania *und* Pandemos: Himmelskönigin, die durch die Lüfte reitet, und Aphrodite Pandemos, die von ihrem Bock begleitet wird. Sie ist die Himmelskönigin, deren Kult alles Volk vereint. Die Göttin sitzt rücklings auf ihrem Kulttier, worin ein astrologischer Sinn liegt: Sie, die

Abbildung 10
Aphrodite, auf einem Ziegenbock durch die Lüfte reitend
Außenseite eines Klappspiegels,
um 350 v. u. Z.

kosmische Göttin, wendet den Lauf der Sonne, wenn sie ihren »Steinbock« am Tage der Wintersonnenwende in das steigende Licht hinaufführt.

Fast 2000 Jahre später malt Albrecht Dürer das gleiche Motiv, das wir nun als »Hexe auf dem Teufel reitend« betrachten. Die Haare der Hexe fliegen in der falschen Richtung, entgegen der Bewegung des Steinbocks. Kleine Engel tanzen und springen am Boden. Wie Aphrodite, so sitzt auch die Hexe rücklings auf dem Tier. Alles wendet sich in sein Gegenteil. Selbst das Monogramm Dürers ist seitenverkehrt in die untere rechte Ecke des Bildes gesetzt.

Dürer will – so sieht es ein moderner Historiker – die »Hexenwelt entsprechend der Vorstellung vieler Dämonologen, als eine Antiwelt ausweisen, in der die christliche Weltordnung umgekehrte Vorzeichen erhält« (Dülmen 1987, 393). Seine Wanderschaften haben Dürer nach Straßburg und Basel gebracht. In den Jahren 1494 bis 1495 reiste er als Dreiundzwanzigjähriger zum ersten Mal nach Italien. Zehn Jahre später, von 1505 bis 1507,

Abbildung 11
Albrecht Dürer
Die Hexe, um 1500

bereiste er Italien ein weiteres Mal. Seine Zeichnung, die »Hexe auf dem Bock«, wird etwa auf das Jahr 1500 datiert. Während einer seiner Italienreisen wird Dürer vermutlich der Aphrodite begegnet sein. Seine durch die Lüfte reitende Hexe entspricht dem antiken Göttinnenbild genau. Dürer muß die auf dem Bock reitende Aphrodite gekannt haben; denn er hat das Motiv regelrecht kopiert und dabei die Göttin zur Hexe gemacht. Das Symbol des göttlichen Steinbocks verkommt bei Dürer zum Symbol des Teufels. Wir erinnern uns, daß 1487 der »Hexenhammer« erstmals erschienen ist. Damals war Dürer gerade 18 Jahre alt. Seine Kunst bringt – gemäß der Auffassung seiner Zeit – die Dämonisierung des Weiblichen ins Bild und trägt zur Verteufelung und Verfolgung von Frauen auf ihre Weise bei.

In der Cathédrale »Notre-Dame« in Chartres fand ich ein Paar, das die Pervertierung der »Göttin mit ihrem Bock« zum »Teufel mit der Hexe« noch drastischer zeigt. Niemand könnte bezweifeln, daß diese Plastik den Teufel meint, obwohl er eher die Gestalt einer schwangeren Frau hat, deren dicker Bauch ein Menschenantlitz trägt. Der Teufel hat eine Frau an den Beinen gefaßt, so daß sie mit dem Kopf nach unten über seinem Rücken hängt: Er hat die Göttin »auf den Kopf gestellt«. Wohin er sie schleppen wird, darüber kann es kein Mißverständnis geben ... Diese Skulptur ist etwa ein halbes Jahrhundert früher entstanden als die Bildwerke der »Voluptas« in Süddeutschland und in der Schweiz – und fast dreihundert Jahre vor dem Hexenbild Albrecht Dürers. Der Vernichtungsfeldzug gegen das Fremde, gegen die »anderen«, scheint sich in Frankreich früher auf die Frauen konzentriert zu haben.

Mit der Projektion des Bösen auf die Frau verschaffte sich männliche irrationale Angst vor Sexualität ein Ventil. Die Göttin der Liebe war zum Sünden-Symbol par excellence geworden, das alle anderen Erscheinungsweisen von »Sünde« einschließen sollte. Sexuelle Orgien wurden hinter den Ritualen anderer Glaubensgemeinschaften vermutet. Jeder fremde Kult galt als Teufelswerk. Allein die Frau galt als verantwortlich dafür, daß die Sünde in die Welt gebracht worden war. Die »orientalische Himmelskönigin in all ihrer Macht«, die auf ihrem Kulttier durch die Lüfte reitet, die den Rhythmus der Jahreszeiten bestimmt, von deren Bewegung »ruhiges Schweben, mächtiges Aufgehen und sich verbreitende, verklärte Stille« (Simon 1985, 247) ausgeht, scheint endgültig überwunden.

Doch die Göttin lebt. Immer wieder stellt das Bild der Venus herausfordernd das Marienbild in Frage. In den Jahren 1485-1490 hat Sandro Botticelli das unvergleichliche Bild »Die Geburt der Venus« gemalt. Tizian scheute sich nicht, die antiken Götterbilder zu beleben. Er, der 1545 als Gast des Papstes Paul III. in Rom weilte, schuf zahlreiche berühmte Werke, welche Venus zum Thema haben. Neben dem »Tempelgang Mariä« (Venedig, Akademie) malte er die »Venus von Urbino« (Florenz, Uffizien). Der Widerspruch zwischen Maria und Venus kennzeichnet sein künstlerisches Schaffen.

Es ist das Problem der christlich-abendländischen Kultur, daß sie diesen Widerspruch im Bild der Frau nicht auflösen kann. Denn beide Bilder des Weiblichen, das der Maria und das der Venus, sind unwirklich. Maria, die Reine, ist die Projektion eines irrationalen männlichen Wunschbildes. Matriarchale Jungfräulichkeit – ein Teilaspekt des Weiblichen – ist im Bild der Maria zu patriarchaler »Jungfräulichkeit« verfremdet. Auf Venus, die Sünderin, projiziert der Mann den dunklen Schatten seiner Vorstellung vom Weiblichen. Venus verlockt und ängstigt die männliche Seele. Auch sie, die Göttin, bleibt bei »der Wiederbelebung der Antike« auf den Teilaspekt des Weiblichen, den Charakter der Liebesgöttin beschränkt. Nicht die weibliche Autonomie wird mit Venus wiederbelebt, sondern ihre freiere sexuelle Verfügbarkeit. Männer haben sich jahrtausendelang gemüht, das Weibliche in Teile zu zerlegen, die dem patriarchalen Koloß leichter verdaulich sind.

Das *vollendete Menschentum der Frau* bleibt verdrängt. Die Flügel der kosmischen Himmelsgöttin sind gestutzt. Frauen arbeiten daran, ihren ursprünglich umfassenden Charakter zu erforschen und wieder bewußt zu machen. Der Gedanke an ganzheitliche Weiblichkeit mag auf Männer bedrohlich wirken. Doch es ist an ihnen, diese Herausforderung anzunehmen.

Hexen und Teufel

»Ähnlich dem Hilfsangebot der Kirchen, die Segnungen und Weihwasser gegen Krankheiten, Brandgefahr und zur Vertreibung böser Geister und Dämonen zur Verfügung stellten und die Verwendung von Kreuzen, gesegneten Kräutern oder das Tragen von Heiligenbildern gegen Behexungen propagierten, offerierte auch die Magie des Volkes Möglichkeiten der Lebensbewältigung.« (Lavoubie, 1987, 56)

Magierinnen und Magier, Heilerinnen und Heiler hat es zu allen Zeiten gegeben. Die Völker haben mit ihnen gelebt. Die Leute glaubten an heilsamen Zauber. Auf Schadenszauber wandten sie Gegenzauber an. Die Kirche sah sich bei ihrem Eroberungszug in Europa der althergebrachten Magie gegenüber, die in sogenannten heidnischen Kulten wurzelte. In der zweiten Hälfte des 1. Jahrtausends u. Z. hatten die Päpste versucht, Zauberinnen und Zauberer zu neutralisieren und durch Heilige zu ersetzen, die der

Abbildung 12
Teufel mit Hexe (ihm kopfüber auf dem Rücken hängend)
aus einer Szene des jüngsten Gerichts
Cathédrale von Chartres

Christ gegen Schadenszauber anrufen sollte. Als »Dummheit von armseligen Menschen« wurde die tradierte Magie abgewertet. Exkommunikation und Ausschluß aus der kirchlichen Gemeinschaft waren die Strafen, mit denen der alte Glaube ausgerottet werden sollte (vgl. Wisselinck 1986, 18 f.). Bis zur Jahrtausendwende versuchte die Kirche, »den Glauben an die Möglichkeit von Nachtfahrten ... als bare Einbildung ... zu bekämpfen« (Wisselinck 1986, 19) und Heilungen durch Kräuter, Magie und überkommenes Heilwissen zu purem Aberglauben abzuwerten, ohne gegen Zauberinnen oder Zauberer mit Pogromen vorzugehen.

Jedoch konnte die römisch-katholische Kirche den Glauben an die Kräfte der Magier und Magierinnen nicht aus der Welt schaffen. Es war nicht möglich – auch innerhalb mehrerer Jahrhunderte nicht –, das Vertrauen in die Wirkung der christlichen Magie zu stärken. Die meisten vertrauten nach wie vor der in Jahrtausenden gewachsenen Volksweisheit.

Im 13. Jahrhundert änderte die Kirche ihre Taktik. Hatten bisher an den Hochschulen von Salerno und Montpellier Juden, Moslems und Frauen studieren können – auch in der Lehre waren dort Frauen anzutreffen –, so bemächtigte sich die Kirche der Universitäten und legte eine neue verbindliche Studienordnung fest:

»Man mußte männlichen Geschlechts, streng katholisch und ›ehrbaren Herkommens‹ sein ... und bevor das eigentliche (medizinische) Studium aufgenommen werden durfte, standen Theologie, Philosophie, Latein und Logik auf dem Lehrplan.« (Bochnik 1985, 30)

1185 erklärte Papst Gregor VII. die freie Universität von Montpellier zu pästlichem Territorium. Während der kommenden Jahre verstärkte der Klerus seinen Einfluß auf alle Universitäten im Gebiet der römisch-katholischen Kirche. »Die Prüfer wurden vom Bischof aus dem Lehrkörper bestimmt.« Den ärztlichen Beruf durften nur Absolventen der Universitäten ausüben. Auf diese Weise wurden Frauen und Juden aus der Medizin verdrängt. Der Klerus erließ noch dazu ein Gesetz, das vorschrieb, von jedem Patienten die Beichte zu verlangen, bevor der Arzt, der zugleich Priester war, ihn behandeln durfte. Die Heilerin, Magierin oder Zauberin arbeitete von nun an illegal. Bochnik bemerkt dazu:

»Die Verquickung von Seelen-Heil und Körper-Heil machte es möglich, Abweichler wie jüdische Ärzte und heilkundige Frauen aus dem Berufsstand auszuschließen und damit unliebsame Ketzer zu entmachten.« (Bochnik 1985, 2)

Wie Erika Wisselinck zeigt, integrierte die scholastische Philosophie »bisher ausgegrenzte oder nur mangelhaft assimilierte subkulturelle Glaubensmuster« (Wisselinck 1986, 19). Was nicht integrierbar war, wurde bekämpft. Die »Zauberin« als Konkurrentin der männlichen Medizin wurde zur Feindin der Kirche. Ihre heilende Magie wurde ignoriert. Nur noch »Schadenszauber« wurde ihr nachgesagt. So versteht noch Martin Luther das Wesen der »Hexen«:

»Die Zauberer oder Hexen, das sind die bösen Teufelshuren, die da Milch stehlen, Wetter machen, auf Böcken und Besen reiten, auf Mänteln fahren, die Leute schießen, lähmen, verdorren, die Kinder in der Wiege martern, die ehelichen Gliedmaßen bezaubern ..., die da können Dingen eine andere Gestalt geben, daß eine Kuh oder Ochs scheinet, das in der Wahrheit ein Mensch ist, und die Leute zur Liebe und Buhlschaft zwingen, und des Teufels Dinge mehr.« (zitiert bei Behringer 1987, 32)

Keine »zauberkundige Frau« bedurfte der *Unterstützung* durch ein männliches Wesen. Denn ihre Erfahrung und ihr Wissen setzte eine Tradition weiblicher Unabhängigkeit und Stärke voraus. »Vorstellungen eines die Hexen begleitenden oder unterstützenden Teufels« spielten im Volksglauben an die magische Kraft mancher Frauen keine Rolle (Labouvie 1987, 88). Als die Zauberin zur »Hexe« dämonisiert wird, steigert sich die unheilvolle Entwicklung.

Dem »Teufel« beigesellt, wird sie selbst teuflisch. Und weil jede Frau verdächtigt werden kann, eine »Hexe« zu sein, werden die Frauen durch diese Ideologie aufs tiefste erniedrigt und bedroht. Aus den Werken der Theologen und Philosophen und aus den Aussagen, die Frauen und Männer unter der Folter zu Protokoll gegeben hatten, läßt sich das Wahnbild zusammensetzen, das in »der Zeit der Verzweiflung« (Bovenschen u.a. 1977) die kollektive Denknorm beherrschte:

In wildem Ritt stürmt die »Hexe« auf dem Rücken des Bocks durch die Lüfte. Alle kennen die beiden: Die »Hexe« reitet auf dem »Teufel« durch die dunkle Nacht. Und niemand zweifelt daran, daß sie ins Gebirge reiten, zum Hexentanzplatz, wo der Teufel eine heidnische Kultstätte hat und orgiastische Feste feiert.

»Für Licht sorgten einzelne Frauen, die sich mit gespreizten Beinen um die Lichtung stellten, mit dem Rücken zu den Anwesenden; sie beugten sich so mit dem Kopf nach unten, daß ihnen Kerzen in ihren Hintern gesteckt werden konnten. Wer sich weigerte, erhielt Prügel.« (Dülmen 1987, 122)

Die Hexen müssen dem Teufel das dreckige Hinterteil küssen, sie überreichen ihm Opfergaben, meist die Leichen ungetaufter Kinder. Zum Festmahl werden Scheußlichkeiten angeboten, die den Anwesenden köstlich munden: Fleisch von getöteten Kindern, von Hunden, Pferden, Raben, von Kröten und Ungeziefer.

Salz ist verboten. »Falls einer trotz des Verbots heimlich Salz mitbrachte, mußte er ebenfalls mit Prügel rechnen.« (Dülmen 1987, 123)

Nach dem Essen ertönt Höllenmusik, wilde Tänze erregen die Sinne. In haltloser Unzucht vermischt sich jede mit jedem, die Hexen mit den Ziegenböcken, die als Unterteufel fungieren, Männer treiben es mit Männern, Eltern mit Kindern, Frauen mit Frauen. Die größte Ehre wird der besten Hexe zuteil, die mit dem Oberteufel, dem Herrn der Unterwelt, kopuliert (vgl. Dülmen 1987, 123).

Zeitgenössische Bilder zeigen den »Teufel« oft mit kunstvoll gedrehten Hörnern, die den spiralförmigen Hörnern des Steinbocks gleichen. Sie sind ausladend geschwungen wie die Mondsichel, wenn sie über den Nachthimmel wandert. In Gestalt des Steinbocks sitzt der »Teufel« auf einem goldenen Sessel, dessen Glanz sich in Flammen auflöst. In vielen Beschreibungen gebärdet der »Teufel« sich feierlich wie ein Hoherpriester.

Die Vorstellung eines regelrechten Kultbetriebes, dem die angeblichen Anhänger des Teufels gedient haben sollen, evoziert die Frage, welche Überlieferungen hier transportiert werden. Philosophische und theologische Texte, Verfahrensprotokolle bei Hexenprozessen und nicht zuletzt die Welt der Bilder offenbaren, daß der Hexenwahn alle Züge den matriarchalen Religionen entleiht, sie umkehrt, verfälscht und dämonisiert.

Die allmähliche Herabstufung des Weiblichen geht bis auf die patriarchalen Mythendichter des Altertums zurück. Sie haben Inhalte der matriarchalen Kultur, ihre Symbole, Rituale und Glaubensüberzeugungen umgedeutet. Hesiod stuft die orientalische kosmische Himmelsgöttin zur Tochter des Gottes herab. Homer reduziert – wie ich gezeigt habe – ihren umfassenden Charakter auf einen einzelnen Aspekt. Die Heilige Hochzeit degeneriert zur Tempelprostitution. Die Liebe als daseinsumspannendes Agens, das den Menschen die Wiedergeburt zusagt, wird dämonisiert und verdrängt. Schließlich verlegt der christliche Auferstehungsglaube die Hoffnung der Menschen auf den »jüngsten Tag«. Sexualität wird abgespalten und verteufelt. Sie gilt nun als Sünde, die den Tod in die Welt gebracht habe. Nach christlicher Lehrmeinung ist »der Tod der Sünde Sold.«

Einst lenkte die Göttin ihr totemistisches Lieblingstier. Für die dämonologische Philosophie war es wichtig festzustellen, »daß eine Zauberin nicht aus eigener Kraft fliegen kann, sondern der Teufel ihr dabei hilft« (Dülmen 1987, 112). Aphrodite, die königliche Himmelsgöttin, wurde in ihrem ureigensten Bereich entmachtet und in Text und Bild zur Hexe.

Die »Hexe« als Gegenbild der Göttin wurde vom Männlichen in jeder Beziehung abhängig. Sie diente dem Teufel, sie küßte ihm den Hintern. Sie selbst war nicht primär die Schadensstifterin, sondern »Mitglied einer Teufelssekte« (Dülmen 1987, 119). Der Teufel wurde zum »Herrn«. Die »Hexen« hatten nur zu gehorchen. Obwohl die Schandtaten vom »Teufel« gefordert worden waren, richteten sich die Verfolgungen vorwiegend gegen die Frauen. Gegenüber der Souveränität, mit der matriarchale Weiblichkeit über sich selbst verfügte, war die »Hexe« unselbständig. Den Frauen wird mit dieser Ideologie suggeriert, die Treue zu den vorchristlichen Kulten nütze ihr nichts. Auch dort sei sie die Unterworfene, die Dienende.

In pervertierter Gestalt ahmt der »Hexenkult« angeblich die Ekstase der Heiligen Hochzeit nach. Hier wie dort wird die Liebe von Festmahl und Tanz, von Rausch und fröhlichem Gelage begleitet. Hier wie dort stehen Hohepriesterin und Hoherpriester als inkarnierte Gottheiten im Zentrum des Geschehens. Während das Hohelied mahnt: »Ich beschwöre euch, Töchter Jerusalems, daß ihr die Liebe nicht stört, bis es ihr selbst gefällt« (Hoheslied 8, 4), beobachtet beim Hexensabbat »der oberste Teufel alles Treiben« wohlgefällig (Dülmen 1987, 123). Die »Töchter Jerusalems« bitten um Ruhe für ihre Liebesfeier; im Hexenkult tobt »eine allgemeine Orgie« ..., bei der »es alle miteinander trieben.«

Glanz und feurige Flammen umgeben den »Teufel«. In Gestalt des Bocks trägt er – wie erwähnt – meist die geschwungenen und spiralförmigen Hörner des Wildziegenbocks, des sogenannten Steinbocks. Nicht irgendein Ziegenbock ist der »Hexe« beigesellt, sondern das totemistische* Kulttier der Göttin. Der Bock wird in der Vorstellung der Dämonologen zum Gegenbild Gottes. Unter der Folter gestanden »Hexen«, sie hätten den Teufel für einen Gott gehalten (Dülmen 1987, 119), er galt als »König« der

Unterwelt (Dülmen 1987, 123). »König« war seit altersher ein Attribut des matriarchalen Gottes.

Der Historiker Richard van Dülmen will den Bock »an sich als Sinnbild der fruchtbar zeugerischen Kraft« sehen, »die die Vermehrung der Herde« besorge (Dülmen 1987, 124). Bei Dülmen begegnen wir dem typischen Fehlurteil der »Wissenschaft«, das archaische Religionen zu »nichts als Fruchtbarkeitskulten« herabstuft – eine Meinung, die sich in nichts von der mittelalterlichen Dämonologie abhebt. Entsprechend dieser verengten Sicht lautet die stereotype Anklage gegen die »Hexen« auf Geschlechtsverkehr mit dem »Teufel«.

Das griechische Erbe lieferte der christlichen Kultur einen zusätzlichen Anlaß, den Bock als Symbol von Geilheit und Unzucht zu verdammen, da der Bock der Aphrodite und dem Dionysos als Reittier diente. In der griechischen Antike galt der Bock als Tier mit besonders starkem Geschlechtstrieb, ohne daß diese Eigenschaft negativ bewertet worden wäre. Pan ist in der Gestalt des Bocks anzutreffen – angesichts der sexualfeindlichen Haltung der Kirche Grund genug, daß der Bock zum Herrn des Teufelskultes verkommt, zur Personifikation des Satans. Gegenüber den antiken Kulten, welche die sexuelle Potenz als kosmische Kraft geehrt und den Steinbock als heiliges Kulttier betrachtet haben, sorgt der Teufelsglaube dafür, daß Sexualität zur Unzucht verkommt. Pan, der »Alles« bedeutet hat, wird zum lüsternen Gott der Antike, der seinen Charakter an Satan vererbt. Die »Hexe« wird zur Symbolgestalt, die der männlichen neurotischen Angst vor weiblicher Sexualität im christlichen Mittelalter zur Projektion dient. Ein männlich neurotisches Bewußtsein, das sich selbst als Norm setzt, sucht ein Ventil und schafft sich Abfuhr in der Projektion auf das so ganz andere, auf das Fremde, auf die Juden und auf die Frauen. Von der »Synagoge mit ihrem Ziegenbock« über die »Wollust und den Hurenbock« bis zur »Hexe, die auf dem Teufel reitet«, projiziert die Phantasie ihre krankhafte Sexualangst auf die Göttin mit ihrem einst totemistischen Kulttier. An dieser männlichen Angst vor Überwältigung durch die Liebe, vor Ekstase, vor der Hingabe an die Frau, vor weiblicher Emotionalität, die der

Mann nicht erwidern kann, hat sich nichts geändert. Sie führt heute zu therapeutischen Problemen.

Die Hexenpogrome richteten sich in dieser Phase gegen vorchristliche Kulte in Europa. Historiker blenden diese Tatsache meist aus, als sei das Christentum in ein Vakuum vorgestoßen, in ein Europa, das keine Religion gekannt und sehnsüchtig auf das Christentum gewartet habe.

Der Kampf gegen Ketzer und Juden verlief zunächst noch parallel zum Kampf gegen das »Heidentum«. In den Jahren 1209-1229 wurden die Katharer*, eine Gruppe der seit dem 11. Jahrhundert eingewanderten Neu-Manichäer*, ausgerottet. Aber auch den Juden und denjenigen kritischen Orden, die an das Armutsgebot Jesu mahnten und sich deshalb in die institutionalisierte Kirche mit ihrem Streben nach Macht und Reichtum nicht integrieren ließen, galt der Kampf.

Im beginnenden dreizehnten Jahrhundert richtet sich der Kampf der Kirche noch eher gegen Andersgläubige, in denen die Geistlichkeit sowohl aus Angst wie aus Intoleranz die »Feinde des Christentums« erblickt. Es ist die Zeit der päpstlich verordneten Verschärfung der Inquisition. Im Lauf weniger Jahrhunderte verlagerte die Inquisition den Schwerpunkt ihres Hasses in irrationaler Weise von den »Ketzern« auf die Frauen. Die »Zeit der Verzweiflung« zieht herauf. In dem Geschichtsbuch, das ich in der Schule benutzt habe, steht davon kein Wort. Statt dessen wird die Epoche, in welcher die Hexenverfolgungen ihren Höhepunkt erreicht haben, als »Humanismus« angeboten, als die Zeit, in der die Antike als Verkörperung *vollendeten Menschentums* wiederbelebt worden sei.

Im 14. Jahrhundert bekämpfte die Kirche die Waldenser*, denen sie »Satansverehrung und sexuelle Orgien unterstellte.« (Dülmen 1987, 119) Juden wurden beschuldigt, Hostien zu schänden und christliche Kinder zu töten, um mit deren Blut Kultbrote zu backen. Hier kommt die dämonische Phantasie von der »Synagoga Satanae« ins Spiel.

Im 17. Jahrhundert nahm der Hexenwahn eine neue ideologische Wende. Die Motive der Ketzer- und Judenverfolgungen wurden systematisch in den Hexenwahn integriert. Die Dämonologen des 17. Jahrhunderts leiteten das »Hexenwesen« von Ketzern und Juden her und gingen gegen »Hexen« und »Teufel« nach dem Vorbild der Ketzerprozesse in Südfrankreich im 13. Jahrhundert und entsprechend der Verfolgungsmethoden gegen die Juden vor. Die Inquisitoren deuteten den »Hexenkult« nun als *Perversion der christlichen Messe.*

Diese Ideologie löschte die Erinnerung an vorchristliche Kulte aus. Vergessen war das »Heidentum«, das die Kirche in Europa vorgefunden hatte. Die geschichtliche Wirklichkeit wurde umgekehrt, als habe sich das Heidentum aus dem Christentum erst entwickelt und kämpfe nun mit Widersachern und Teufelsanbetern gegen eine »von Anfang an« bestehende Kirche.

Die Inquisition spricht – anknüpfend an den Vorwurf der »Synagoga Satanae« – vom »Hexensabbat«. Sie unterstellt, die regelmäßigen Hexenzusammenkünfte hätten am wöchentlichen Feiertag der Juden stattgefunden. So suchen Männer ihren Frauenhaß, ihre uralte Abwehr gegen die menstruierende, gebärende, ihnen so fremde Frau, rational zu begründen. Ihr Widerwillen gegen weibliche Lebenszusammenhänge wird mit dem Haß auf jüdische Glaubensgemeinschaften verschmolzen und findet im Kampf gegen den »Hexensabbat« eine oberflächliche Begründung. Dabei haben die Theologen vergessen, daß der Sabbat bis weit ins 4. Jahrhundert u. Z. der gemeinsame Feiertag von Juden und Christen gewesen ist.

Auch der Vorwurf, der »Hexensabbat« würde auf Höhen und Bergen begangen, resultiert unmittelbar aus der Verschiebung des christlichen Judenhasses auf die Frauen; spricht doch die hebräische Bibel von Kultstätten »auf allen Bergen und unter allen grünen Bäumen«. Christliche Theologen werfen den Juden vor, sie hätten die Kulte auf den Bergen nicht abgeschafft, das Volk Israel habe sich niemals völlig Gott zugewandt, sondern stets auf den Höhen »andere Götter« angebetet.

Auch in Europa lagen die matriarchalen Kultstätten auf den Höhen und Bergen. In der Sprache der mittelalterlichen Dämonologen wurden sie »Hexentanzplätze« genannt. Diese Vorstellung wirkt bis auf den heutigen Tag. Jedes Gebirge kennt einen geheimnisvoll schauerlichen Ort, dessen Name an die »Zeit der Verzweiflung« erinnert.

Kultische Tänze sind schon aus dem alten Äygpten überliefert. Das Hohelied der Bibel weiß vom Tanz der Kultpriesterin. Tanz begleitet die kultischen Feiern im antiken Griechenland. Tanz ist Bestandteil der römischen Saturnalien. Die Kirche hat ihren Gläubigen das Tanzen untersagt. Als »Hexentanz« wurde jede Freude an tänzerischer Bewegung dämonisiert. Und dennoch hat im Karneval kultisches Brauchtum überlebt – auch der Tanz.

Läßt sich die Vorstellung vielschichtiger Rituale, welche die »Hexen und Teufel« auf den Bergen mit Tanz, Gelage und sexuellen Orgien begangen haben sollen, als Perversion überlieferter matriarchaler Religionen begreifen, so bekommt der angebliche Teufelskult mit dem Begriff »Hexensabbat« den Charakter antichristlicher Machenschaften.

»In Hexenprozessen erscheint diese Vorstellung einer antichristlich-teuflischen Sekte erst unter dem Einfluß der Dämonologen und Hexenjäger Martin Del Rio und Pierre de Lancre. In der älteren Traktatliteratur zum Hexenthema, auch im ›Hexenhammer‹, gab es bis dahin nur nächtliche Zusammenkünfte nach dem Muster eines Hexengelages.« (Dülmen 1987, 120)

Kirchliche liturgische Handlungen finden Eingang in die Teufelsphantasien. Der Teufelskult wird nun allgemein als Perversion der christlichen Messe interpretiert. Die Phantasie wird nicht mehr auf den »Hexenkult« als Gegenbild zum Göttinnenkult gerichtet, sondern auf den »Hexensabbat«, mit dem die christliche Messe verteufelt wird. Damit wird die Erinnerung an die einstigen Frauenkulte ausgelöscht. Sie sind noch nicht einmal mehr in pervertierter Gestalt greifbar.

Die »Hexen« werden beschuldigt, sie spuckten vor dem Teufel Hostien aus, die sie des Morgens in der Kirche empfangen und nicht geschluckt hätten, würfen sie auf den Boden, um sie zu zertreten und zu beschmutzen. »Die Umkehrung christlicher Liturgie wird symbolhaft ausgesprochen«, wenn alle niederknien und beten: »Satan unser, der du bist in der Hölle.« (Dülmen 1987, 122)

Beim Ritual des nächtlichen Teufelskultes, das vom »König der Unterwelt« spricht, der sich in einen Ziegenbock verwandle (Dülmen 1987, 123), dessen »Augen so hell strahlten, daß sein

Gesicht nicht zu sehen war« (Dülmen 1987, 122), ist der göttliche Ursprung Luzifers noch sehr deutlich. Dagegen verfremdet Pierre de Lancre den Bock zum Antichrist, entstellt ihn zum Widerwärtigen:

»Der Teufel, unumschränkter Gebieter der Versammlung, tritt auf als stinkender und bärtiger Bock, die schrecklichste und scheußlichste Gestalt, die er unter allen Tieren entlehnen kann, diejenige, mit welcher der Mensch den allergeringsten Umgang hat.« (de Lancre 1613, Neuaufl. 1912, 189)

Pierre de Lancre, der im Auftrag König Heinrichs IV. von Frankreich (1589-1610) »in kurzer Zeit eine große Anzahl von Hexen zur Strecke brachte, wobei er gegen hartnäckige Widerstände und den Aufruhr weiter Kreise zu kämpfen hatte« (Zacharias 1982[3], 93), konnte seine inquisitorische Wühlarbeit nur so lange betreiben, bis er eines Tages – auf der Suche nach den Ausübenden der abweichenden Kulte – konsequenterweise auf die Priester und Kirchenmänner selbst stieß. Als er »einige Geistliche verbrennen oder einkerkern ließ, wandte sich der Bischof von Bayonne gegen ihn, und die Hexenjagd mußte abgebrochen werden.« (Zacharias 1982[3], 93)

Pierre de Lancre ist einer der wirkmächtigsten Dämonologen, der die »Teufelskulte« als Gegenbild zur Messe betrachtet. Christliche Kulthandlungen werden angeblich nachgeahmt. Das Brot, das der Teufel bricht, sei eine dem christlichen Ritual nachgeäffte Hostie.

Brot und Kuchen sind seit altersher zu Ehren der Göttin gebacken und rituell verzehrt worden: »Wir wollen der Himmelskönigin Kuchen backen.« (Jeremia 44) Das Volk Israel will gegen die Mahnung des Propheten Jeremia weiter dem allgemeinen altorientalischen Kult dienen. Das Christentum hat dieses Ritual nicht gestiftet. Aber de Lancre ereifert sich:

»Der Dienst oder göttliche Kult, an dessen Nachäffung oder Abbildung der Teufel sich versucht, ist so wild und zuchtlos und außerhalb des gesunden Menschenverstandes, daß der falsche Opferpriester, der einen Altar zugerichtet hat, den Schein erweckt, dort eine Form von Messe zu lesen, um über die Christen zu spotten. Und er läßt dort eine – aus einer schmutzigen, schwarzen und rußfarbenen Materie gemachte – Hostie erscheinen, auf der er als Bock dargestellt ist, dieser falsche Priester ist mit dem Kopf nach unten und den Füßen nach oben und mit dem Rücken in schimpflicher Weise gegen den Altar gewandt.« (de Lancre 1912[3], 190)

Richard van Dülmen hat diese jüngste Sichtweise des Hexenwahns, die im »Hexensabbat« den Abklatsch der christlichen Messe sieht, als das einzig gültige Deutungsmuster für den Hexenwahn übernommen:

»Im Teufelskult des Hexensabbats aber wird unter Rezeption jüdisch-christlicher Vorstellungen der Bock zum Gegenbild des Göttlichen. Mit dem Bock als Symbol des Verworfenen gleicht der Hexensabbat einer diabolischen Parodie des Christentums.« (Dülmen 1987, 124)

Damit ignoriert Richard van Dülmen die allmähliche Entwicklung des Hexenwahns. Da er übersieht, daß sich das Christentum in Europa »heidnischen« Kulten gegenübersah, die es mit allen Mitteln bekämpft hat, schafft er eine historische »Lücke« zwischen den vorchristlichen Kulten und der Geschichte des Christentums. Die »Lücken« entstehen erst in Dülmens Gedankengebäude. So kann er dann mit monotoner Gleichförmigkeit mit den »Lücken« argumentieren, die zwischen »heidnischen« Kulten und der Zeit der Hexenverfolgungen lägen.

Tatsächlich trafen die Christen bei ihrem Eroberungszug durch Europa »heidnische« Glaubensvorstellungen und Kulte an, die ein bewährtes System der Lebensbewältigung praktizierten. Für die junge und fremde christliche Kirche war es daher nicht einfach, sich gegen den überkommenen Glauben durchzusetzen. Richard van Dülmen irrt in der Beurteilung des Hexenwahns, wenn er glaubt, es hätten »... kultische Elemente dabei kaum eine Rolle« gespielt, »nicht zuletzt, weil die Hexensabbatvorstellungen späteren Datums« gewesen seien (Dülmen 1987, 95). Was er mit dem verschwommenen Begriff »späteres Datum« sagen will, bleibt im dunkeln.

Richard van Dülmen hat in Saarbrücken die Ausstellung »Hexenwelten« maßgeblich organisiert. Erika Wisselinck, Luisa Francia und ich haben anläßlich dieser Ausstellung ein Podiumsgespräch geführt. In der anschließenden Diskussion wandte sich Dülmen gegen Erika Wisselinck, die über die Vertreibung der weisen Frauen aus der Medizin gesprochen hatte. Er sagte, die meisten Hexen seien doch »arme Geisteskranke« gewesen. Diese

Ignoranz von Frauenwissen und Frauenkultur hat mich tief empört.

Eine historische »Lücke« zwischen heidnischen Kulten und dem Christentum konstruiert van Dülmen, wenn er sagt, es seien »bildliche Darstellungen als vollständige Sabbatbilder erst aus dem frühen 17. Jahrhundert überliefert« (Dülmen 1987, 96). Dies ist ein regelrechter Zirkelschluß. Denn die *Sabbat-Dämonologie* schließt ideologisch an die Ketzer- und Judenverfolgungen an, während sich die Verfolgungen der vorangegangenen Jahrhunderte gegen die althergebrachten Kulte richteten und diese selbst dämonisierten. Erst im 17. Jahrhundert interpretiert die Inquisition das Hexenwesen *bewußt als Perversion der Messe.* Jetzt erst assimiliert der Hexenwahn Vorwürfe, die man einst Ketzern und Juden gemacht hat. Es handelt sich um zwei streng voneinander zu unterscheidende Züge der Frauenverfolgung: die frühere, bei der die »heidnischen« Kulte dämonisiert wurden, und die spätere, welche die »heidnischen« Kulte ignoriert und das Hexenwesen auf das antichristliche Ketzer- und Judentum zurückgeführt hat.

Es wäre Aufgabe der Historiker, die unterschiedlichen Stränge des Hexenwahns voneinander zu scheiden, um das Phänomen durchsichtiger zu machen. Wissenschaftler sollten sich dessen bewußt sein, daß »Lücken« durch eigenen Informationsmangel oder durch Forschungsrückstand bedingt sein könnten, statt sie als »wissenschaftliche Beweise« aufzuführen. Herauszufinden, durch welche Interessen die Göttin zum Verschwinden gebracht worden ist, ist kein Forschungsgegenstand für patriarchale Historiker.

Innerhalb seines eigenen Beitrags, den Richard van Dülmen zu dem von ihm herausgegebenen Buch »Hexenwelten« geliefert hat, veröffentlicht er zu den verschiedenen Ebenen des Hexenwahns sehr informative Darstellungen. Zunächst bildet er einen Holzschnitt von Hans Baldung Grien ab. Das Bild zeigt die rücklings auf dem Bock durch die Lüfte reitende »Hexe« und ist 1509 entstanden (Dülmen 1987, 113). Ebenso wie Dürer kopiert Grien das bekannte Aphrodite-Bild.

Wenige Seiten später veröffentlicht Dülmen ein Bild des »Hexen-Sabbats«, das Pierre de Lancre 1613 gemalt hat (Dülmen 1987, 120). Auf diesem Bild reitet der Teufel in Bocksgestalt auf dem Bock, womit das ursprüngliche Symbol der Göttin auf ihrem Kulttier ganz und gar unsichtbar gemacht ist. Der Teufel reitet wie ein christlicher Würdenträger unter einer Art Baldachin. Das Tier reitet rücksichtslos über Frauen und Kinder hinweg, die zu Boden gefallen, womöglich getötet worden sind. Der Teufel de Lancres sitzt rücklings auf seinem Reittier wie einst die Göttin. Aber für den Dämonologen ist dies nur ein weiteres Stilmittel, um zu zeigen, daß beim Hexensabbat »alles verkehrt« sei.

Der »Hexenhammer« – 1487 als Anweisung zur Durchführung von Hexenprozessen von den Dominikanern Institoris und Sprenger verfaßt – ist ein Dokument patriarchaler Sexualneurose. In irrwitzigem Wahn pervertiert männliche Sexualangst in mörderische Aggression. Frauen werden nicht nur bezichtigt, an der Impotenz der Männer schuld zu sein, der Hexenhammer behauptet allen Ernstes, die Hexen nähmen den Männern die Glieder weg, sammelten sie in Nestern und fütterten sie wie lebendige Vögel. (Hexenhammer, Teil II, 85)

Die beiden Dominikanermönche verfälschten Texte und Überlieferungen der Bibel, um ihren verbrecherischen Kampf gegen die Frauen zu begründen. Dies will ich daran aufzeigen, wie sie mit einem Spruch aus der Weisheitsliteratur verfahren sind. Sprenger und Institoris schreiben über die Frauen:

»Alles geschieht aus fleischlicher Begierde, die bei ihnen unersättlich ist. Sprüche Salomonis am Vorletzten: Dreierlei ist unersättlich … und das vierte, das niemals spricht: Es ist genug! nämlich die Öffnung der Gebärmutter. Darum haben sie mit den Dämonen zu schaffen, um ihre Begierde zu stillen.«

Und nachdem die Autoren glauben, hinreichend bewiesen zu haben, daß »mehr Weiber als Männer besudelt werden«, schließen sie mit dem Lobpreis und Freispruch für die Männer:

»Gepriesen sei der Höchste, der das männliche Geschlecht vor solcher Schändlichkeit so wohl bewahrte: Da er in demselben für uns geboren werden und leiden wollte, hat er es deshalb auch so bevorzugt.« (Institoris/Sprenger: Hexenhammer, Teil I, S. 106 f.)

Über das Wesen der »drei unersättlichen Dinge« schweigen sie und nennen das vierte die Öffnung der Gebärmutter, die offenbar das allerschlimmste ist, weil sie niemals genug bekommen kann. Damit können sie die unersättliche Begierde der Frauen und ihren Hang, es mit den Dämonen zu treiben, begründen. Verglichen mit der Lutherübersetzung erscheint der Unterschied zwischen Bibeltext und dessen Zitierung im »Hexenhammer« unerheblich. In der Lutherbibel heißt es:

»Drei Dinge sind nicht zu sättigen, und das vierte spricht nicht: Es ist genug: Die Hölle, der Frauen verschlossene Mutter, die Erde wird des Wassers nicht satt. Und das Feuer spricht niemals: Es ist genug!« (Sprüche Salomonis 30, 15 f., übersetzt nach Luther)

Dieser Text mutet frauenfeindlich genug an, bringt er doch den Frauenschoß in Zusammenhang mit der »Hölle« und liefert damit einigen Zündstoff, um dem Feuer des inquisitorischen Hasses gegen Frauen neue Nahrung zuzuführen.

Die Inquisitoren Institoris und Sprenger leiteten ihren Text aus antiken Bibelübersetzungen ab und verfälschten sie zum ideologischen Rüstzeug gegen die Frauen. Jene drei Dinge, die nach der biblischen Spruchweisheit unersättlich sind, ersetzen die beiden Dominikaner durch drei nichtssagende Pünktchen. Im Bibeltext ist es das Feuer, das niemals spricht: Es ist genug! Die Dominikaner setzen den Frauenschoß dafür ein.

Der fragliche Text in den Sprüchen Salomonis ist ein Weisheitstext. Ich halte die Weisheit für eine matriarchale Göttin, deren sanfte Mahnungen in der Spruchweisheit der Bibel erhalten sind. In ihren Texten sehe ich die heilige Ordnung noch durchschimmern, die der Schöpfung immanent ist. Zwar ist die Göttin in der Bibel weitgehend zur Herrin der Staatsordnung und zur Weisheit der Könige herabgestuft; dieser Charakter der Weisheit entspricht der Kulturstufe Israels zum Zeitpunkt der Bibelredaktion. Auch ist die Weisheit zur Tochter des Gottes geworden. Aber die Zusammenhänge mit dem matriarchalen Gedankengut in den Weisheitssprüchen lassen sich nicht verleugnen.

Ich will nun der matriarchalen Weisheit nachspüren, die im hebräischen Urtext erhalten ist: Von »Hölle« ist nicht die Rede, sondern von der Scheol, vom Totenreich. Das Reich der Toten ist wahrhaftig »unersättlich«. Täglich müssen Menschen sterben.

Aber die Natur läßt in ihrer Weisheit neues Leben entstehen, durch die Frauen und durch ihre Mutter, die Erde. Beide sind auf ihre Weise »unersättlich«: Die Frau fordert Liebe, um neues Leben zu gebären, und die Erde fordert Wasser, um Frucht hervorzubringen. Das wärmespendende Feuer im Herd schließlich spricht niemals: Es ist genug! Es muß beständig gehütet werden. Wenn es brennen soll, muß unermüdlich Holz oder Kohle nachgelegt werden. So betrachtet, will der Spruch Lebensweisheit vermitteln. Er zeigt die Voraussetzungen für das Leben in dieser Welt, die Ordnungen, in welche die Schöpfung das Leben der Menschen eingebettet hat und den Anteil, der den Menschen an der Aufrechterhaltung dieser Ordnung zukommt. Sie sollen den Tod akzeptieren, die Liebe heiligen, der Erde dienen und das Feuer tätig unterhalten. Der Spruch reflektiert die undogmatischen Regeln, denen matriarchale Völker sich selbstverständlich anvertraut haben. Sie haben den Tod annehmen können, weil sie von der Kraft der Wiedergeburt und der ewigen Fortdauer des Lebens überzeugt waren. Sie wollten ihren Auftrag im Wechselspiel der Natur erfüllen. Der Liebesfähigkeit der Frau kommt in diesem Wechsel von Tod und Leben, Sterben und Wiedergeburt *die* hervorragende und entscheidende Rolle zu. Ich kann mir gut vorstellen, daß die Urfassung dieses biblischen Weisheitsspruches von einer Frau verfaßt worden ist, der gewiß nichts ferner gelegen hat als der Gedanke an Unterdrückung und Gewalt gegen Frauen, den die Inquisitoren aus ihm ableiteten.

Nach christlicher Auffassung sind die matriarchalen Gottheiten Dämonen und Teufel, vor denen Paulus die Gläubigen warnt (1. Korintherbrief 10, 20 f.). Schlange und Drache werden zu Personifikationen des Bösen. Luzifer, der Lichtbringer und matriarchale Frühlingsgott, verkommt zum Feind Gottes, zum bösen Herrscher der Welt. Ba'al, der Brudergeliebte der Göttin Anat, ist zu Beelzebub geworden, zum Widersacher Gottes.

Die Verteufelung des Weiblichen scheint das Grundmuster abzugeben, nach dem alle »anderen« verächtlich gemacht werden. Die Projektion des Bösen auf die Frau bringt es mit sich, daß Andersgläubige, »ketzerische Sekten« und Juden mit dem Stigma des Weibischen belegt worden sind. Dadurch ist zugleich die kollektivpsychologische Voraussetzung dafür geschaffen, den Kampf gegen alles, was der Kirche fremd und feindlich erscheint, auf dem Rücken der Frauen auszutragen. Und indem Frauen beschuldigt werden, wie die Juden einer anderen Religion oder wie die »Ketzer« einer antikirchlichen »Sekte«, einem »Teufelsbund« anzugehören, wo sie ihre sexuellen Begierden befriedigen, richtet sich der inquisitorische Vernichtungswahn gegen alle Potenzen, über die Frauen verfügen: gegen weibliche Heilkunde, gegen das Wissen um den eigenen Körper, gegen Frauenzünfte und jede nur erdenkliche wirtschaftliche Selbständigkeit von Frauen.

Schadenszauber oder Geistheilung, Satansmesse oder Hexenflug – alle diese Anschuldigungen waren nur Vorwand, um den Frauen jeden Rest von gesellschaftlicher Macht und persönlicher Selbständigkeit zu nehmen. Nachdem *dieses* Ziel erreicht war, konnten Folter und Todesstrafe für die Frauen abgeschafft werden. Betrachten wir doch die gesellschaftliche Stellung der Frau im ausgehenden 18. Jahrhundert: Die mittelalterlichen Frauenzünfte waren zerschlagen. Das Heilwissen der Frauen war verloren. Die gesamte ärztliche Kunst lag in den Händen von Männern. Wirtschaftliche Selbständigkeit war den Frauen juristisch erschwert, von Ehemännern verwehrt und durch die kollektive Denknorm unmöglich gemacht. Besaß eine Frau Vermögen, wurde dies durch den Vater, den Bruder oder den Ehemann verwaltet. Frauen hatten keine Möglichkeit, politisch oder kulturell aktiv zu sein. Hatten einzelne bedeutende Äbtissinnen im Hochmittelalter noch wagen können, Bischöfen und Päpsten die Meinung zu sagen, seit der »Zeit der Verzweiflung« schwiegen die Klosterfrauen.

Und wie stand es um die seelische Befindlichkeit der Frauen in der »Aufklärungszeit«? Frauen waren ihres gesamtes Wissens über sich selbst, über ihre Sexualität und ihren Körper, beraubt worden. Von der ersten Menstruation über Schwangerschaften und Geburt bis hin zur Menopause wurden ihre körperlichen Vorgänge wie eine ewige Krankheit behandelt. Mit diesen »Frauenkrankheiten« waren sie der unablässigen Vormundschaft von Männern in ihren intimsten Angelegenheiten ausgeliefert. Mit der Sebstbestimmung war den Frauen auch eigenständige Sexualität ausgetrieben worden. Denn welche Frau wollte schon in den Verdacht kommen, daß »ihre Begierde unersättlich« sei, so daß sie der Buhlschaft mit dem Teufel verdächtigt werden konnte? Eine gute Mutter unterdrückte jede sexuelle Regung ihrer heranwachsenden Tochter. Das gehörte zum Überlebenstraining. Noch zu Beginn des 20. Jahrhunderts war »man« sich in der besseren Gesellschaft einig: Eine »anständige Frau« hat keine sexuellen Gefühle!

In der Zeit der Verzweiflung haben die Kirchen- und Staatsmänner patriarchale Weltanschauung und patriarchale Gesellschaftsform in ihrer Brutalität und Unmenschlichkeit auf die Spitze getrieben. Frauen haben im Patriarchat keine Heimat. Die dreitausendjährige Geschichte des Patriarchats ist die Geschichte von Männern. Frauen kommen in den Geschichtsbüchern nicht vor. Sie sind von ihrer Transzendenz abgeschnitten. Denn wo immer sie sich selbst überschreiten, werden sie mit dem Männlichen konfrontiert – in der Religion, Kunst und Literatur, in Wirtschaft, Handel und Handwerk – überall stehen sie den angewandten Gebieten des männlichen Geistes gegenüber. Frauen leben in einer Welt, aus der sie selbst ausgeklammert sind, in der sie nicht vorkommen. Sie sind von dem fundamentalen Lebensglück abgeschnitten, das Menschen zuteil werden kann: von dem Glück, aktiv und selbständig ihre Umwelt zu gestalten.

Historiker, die das Ende der Hexenverfolgungen mit dem »Geist der Aufklärung« begründen, verschleiern das ungeheure Unrecht, das den Frauen angetan wurde, und verhindern dessen Aufarbeitung. Georg Schwaiger, ordentlicher Professor für Kirchengeschichte des Mittelalters und der Neuzeit an der Katholisch-Theologischen Fakultät der Universität München schreibt:

»Aus dem Denken der Aufklärung erhob sich schließlich *das gewaltige Pathos der Freiheit für den einzelnen Menschen* (Hervorhebung G.W.), das seit über zweihundert Jahren Europa und die Welt in immer neuen Ansätzen bewegt. Zu den bedeutendsten Reformen des aufgeklärten Zeitalters gehörten die Abschaffung der Folter im Strafprozeß und der Verzicht auf die ausgedehnten, oft tagelangen Quälereien bei Hinrichtungen. Die Besinnung auf den Menschen als Vernunftwesen, auf die *Menschenwürde*, brachte auch das Ende der Hexenprozesse.« (Schwaiger 1987, 153)

»Das gewaltige Pathos der Freiheit« mag *für Männer* in der Zeit der Aufklärung manches bewegt haben. *Frauen* sind durch die grauenhaften Ängste vor Folter und Tod auf dem Scheiterhaufen seelisch so tiefgreifend und nachhaltig deformiert worden, daß nur wenige noch den Mut haben, sich gegen ihre massive Unterdrückung zu wehren. Vielleicht betrachtet Georg Schwaiger nur Männer als Menschen, wenn er sich gegenüber der unmenschlichen Unfreiheit von Frauen als derart zynisch und ignorant erweist.

Frauen sind in den Jahrhunderten der brennenden Scheiterhaufen endgültig aller Menschenwürde beraubt worden. Die Rechte, die den Frauen damals genommen wurden, gehören heute zu den Grundrechten des »Menschen« – für Frauen sind sie auch heute nur auf dem Papier gültig: das Recht auf körperliche Unversehrtheit und das Recht auf Selbstbestimmung über den eigenen Körper, das Recht auf sexuelle Unversehrtheit und eine eigenständige Sexualität, das Recht auf eine den persönlichen Fähigkeiten entsprechende Arbeit und das Recht auf Eigentum.

Der Hexenwahn diente nicht nur dem einzelnen dazu, seine eigene psychische Dunkelseite nach Außen zu projizieren. Auch die christliche Kirche hat sich in einem gigantischen Projektionsprozeß von den dunklen Aspekten der Welt zu reinigen versucht. Die Scheiterhaufen mit den Hexen mußten brennen, um die Kirche zum imaginären Ort einer irrationalen Reinheit, Vollkommenheit und Unfehlbarkeit aufzuwerten.

Alle Richtungen der Psychoanalyse (Freud) und der Analytischen Psychologie (Jung) bieten in vieler Hinsicht Religionsersatz, seit das Interesse an der Kirche abflaut. Jung definiert die »Hexe«, dieses Produkt krankhafter Phantasie, als einen »Archetyp«. Auf diese Weise wird ein psychisches Phänomen, das unter dem Einfluß der gesellschaftliche Bedingungen des Patriarchats entstanden ist, ontologisiert*. Eine männerdominierte Kultur, die Sexualität aus dem umfassenden weiblichen Liebe-Erleben abgespalten und den Körper der Frau zum Sitz des »Bösen« erklärt hat, muß zwangsläufig neurotische Ängste vor den Verlockungen der Liebe, vor der weiblichen Stärke und vor der Überwältigung durch Gefühle entwickeln.

Die Analytische Psychologie, die den Anspruch erhebt, Kulturpsychologie zu sein, »beweist« den »Archetyp des furchtbaren Weiblichen« mit »Mythen der Menschheit«, ohne zu berücksichtigen, daß die Literaturgattung, die sie zur Deutung heranzieht, bereits patriarchal redigiert ist. Tatsächlich kommen uns aus den Mythen und Märchen der patriarchalen Menschheit weibliche Unholdinnen in großer Zahl entgegen. Die Analyse der patriarchalen Mythen beweist, wie grundlegend sie die matriarchalen Urbilder des Weiblichen verformt und entstellt haben. Jungs »Analytische Psychologie« sieht im »Weiblichen« und im »matriarchalen Bewußtsein« »Das Unbewußte« schlechthin. Wir haben es hier aber nicht mit dem Unbewußten der »Menschheit« zu tun, sondern mit dem Unbewußten der *patriarchalen Männerpsyche.* Denn alle »weiblichen Gestaltungen« dieses Unbewußten tragen Züge irrationaler Wünsche und Ängste, die der Mann mit dem Weiblichen verbindet.

Zwar fordert Jungs Psychologie die Kommunikation mit dem Unbewußten, die Integration des Weiblichen in die Psyche des Mannes, um die Einseitigkeit patriarchaler Bewußtseinsentwicklung ins Gleichgewicht zu bringen. Er wertet damit die Gefühlskomponente des Seelischen und vorgeblich auch »Das Weibliche« auf.

Wodurch aber läßt sich »Das Weibliche«, das zu intregrieren für des Mannes Individuation so unerläßlich sei, tatsächlich definieren? Die unbewußten Bilder vom Weiblichen, die während der zurückliegenden dreitausendjährigen patriarchalen Gesellschaftsentwicklung geprägt worden sind, spiegeln *patriarchale Weiblichkeit.* Was Weiblichkeit – befreit von männlicher Definitionsanmaßung – tatsächlich ist, können wir überhaupt noch nicht wissen; denn Frauen passen sich – »freiwillig«, sofern sie unbewußt bleiben, und unfreiwillig, sofern sie Einsicht in den Mechanismus gewinnen – den männlichen Projektionen an. Dadurch transportieren sie Weiblichkeitsbilder, in die alle Eigenschaften eingeflossen sind, mit denen Männer sich nicht identifizieren möchten.

Wenn die Zurücknahme solcher Projektionen – dank einer Therapie – vielleicht im privaten Raum da und dort gelingt, geschieht doch in der Öffentlichkeit nichts Adäquates. Bisher habe ich z. B. noch keinen Regisseur erlebt, der bereit gewesen wäre, die erniedrigenden Weiblichkeitsbilder, die fast mit jedem traditionellen Theaterstück perpetuiert werden, zu de-maskieren oder wenigstens zu relativieren.

Was bliebe denn von dieser männerdefinierten »Weiblichkeit« übrig, wenn Frauen sich das Recht nähmen, über sich selbst zu verfügen, wenn Frauen ihr Selbstbild souverän entwürfen, ohne Anpassung an männliche Wünsche und Ängste und ohne die Bedrohung durch maskulinen Terror?

Wenn die Frau sich nicht nur in der persönlichen Beziehung, sondern auch kulturell, aus ihrer Gefangenschaft im Patriarchat befreien würde, könnte sie dem Mann als souveräne Persönlichkeit, die sich selbst bestimmt, *gegenüberstehen* und seine Macht aufheben.

Frauen können – wenn es ihnen gelingt, aus dem Schatten männlicher Projektionen herauszutreten – die Inhalte matriarchaler Spiritualität wieder bewußt machen, das matriarchale Bewußtsein aus seiner Verdrängung hervorholen und damit eine veränderte Kultur schaffen.

II

Das verborgene Urbild

Ein Drama von Liebe und Tod

Tamar und Juda – erzählt nach Genesis, Kapitel 38

Dies ist die Geschichte von Tamar, wie sie in der Bibel steht, genauer gesagt im 38. Kapitel der Genesis, die von manchen auch das erste Buch Mose genannt wird:

Juda, so wußte der Erzähler von Genesis 38 zu berichten, nahm seine Füße auf und zog hinab in kanaanäisches Land, in die Stadt Adullam. Das war eine alte Königsstadt. Dort schloß Juda sich einem Mann namens Chira an. Wenig später lernte Juda den Kanaaniter Schua kennen. Er verliebte sich in dessen schöne Tochter und nahm sie zum Weibe. Wie die junge Frau hieß, verschwieg der Berichterstatter. Die Tochter Schuas gebar drei Söhne und nannte sie Ger, Onan und Schela.

Als Ger, der älteste Sohn Judas, herangewachsen war, gab Juda ihm ein Weib. Die hieß Tamar. Da aber Judas Erstgeborener JHWH mißfiel, so ließ er ihn sterben. Tamar war noch jung, als sie Witwe wurde, und sie hatte keine Kinder. Da sprach Juda zu seinem zweiten Sohn Onan: »Gehe hin und wohne dem Weibe deines Bruders bei und vollziehe mit ihr die Schwagerehe, auf daß du deinem Bruder Nachkommen zeugst.« Da aber Onan wußte, daß die Kinder, die er mit Tamar zeugen würde, nicht als seine eigenen betrachtet werden würden, so ließ er den Samen, so oft er zu Tamar einging, auf den Boden fallen, um seinem Bruder keine Nachkommen zu erwecken. Das mißfiel Gott, und so ließ er auch ihn sterben.

Da schickte Juda seine Schwiegertochter zurück ins Haus ihres Vaters; denn er dachte, wenn er Tamar seinem jüngsten Sohn gäbe, so würde auch dieser sterben. Seiner Schwiegertochter aber sagte er: »Bleibe im Hause deines Vaters, bis Schela, mein jüngster Sohn, herangewachsen ist.« So ging Tamar hin und blieb im Hause ihres Vaters wohnen.

Nach langer Zeit starb die Tochter Schuas, das Weib Judas. Nachdem sich nun Juda getröstet hatte, ging er eines Tages hinauf nach Timna zur Schafschur, er und sein Freund Chira aus Adullam. Tamar aber ward die Nachricht überbracht: Dein Schwiegervater geht nach Timna hinauf zur Schafschur. Da legte die junge Frau ihre Witwenkleider ab, bedeckte sich mit einem Schleier, verhüllte sich und setzte sich nieder am Tor von Enajim, das am Weg nach Timna liegt. Denn sie hatte gesehen, daß Schela herangewachsen war, doch sie ward ihm nicht zum Weibe gegeben worden.

Als Juda vorüberging und Tamar am Wege sitzen sah, hielt er sie für eine Hure; denn sie hatte ja das Gesicht verhüllt. Er bog zu ihr ab vom Weg und sprach: »Laß mich dir beiwohnen.« Und er wußte nicht, daß es seine Schwiegertochter war. Sie aber erwiderte: »Was gibst du mir, wenn du mir beiwohnst?« Er antwortete: »Ich werde dir ein Ziegenböcklein von der Herde schicken.« Tamar mißtraute diesem Angebot und stellte die Bedingung: »Wenn du mir ein Pfand gibst, bis du es schickst.« Da fragte er sie: »Welch ein Pfand möchtest du, daß ich dir gebe?« Da sprach sie: »Dein Siegel und deine Schnur und den Stab, den du in der Hand hast.«

Da gab er es ihr und wohnte ihr bei. Und sie ward schwanger. Daraufhin stand sie auf und ging ihres Weges. Sie legte ihren Schleier ab und zog ihre Witwenkleider wieder an.

Einige Zeit später schickte Juda seinen Freund Chira aus Adullam mit einem Ziegenböcklein nach Enajim, um die Pfänder wieder einzulösen. Chira fragte im ganzen Ort: »Wo ist denn die Weihdirne, die während des Schafschurfestes am Wege saß?« Aber die Leute sagten: »Hier ist keine Weihdirne gewesen.« Da ging Chira unverrichteter Dinge wieder heim nach Adullam und berichtete dem Juda: »Ich habe sie nicht gefunden. Auch sagen die Leute am Ort, es sei keine Weihdirne dagewesen.« Und Juda antwortete: »So mag sie die Pfänder behalten, damit wir nicht zum Gespött werden. Ich habe ja das Böcklein geschickt, und du hast sie nicht gefunden.«

Nach etwa drei Monaten drang das Gerücht zu Juda, seine Schwiegertochter habe Hurerei getrieben; sie sei sogar durch Hurerei schwanger geworden. Da befahl Juda, seine Schwiegertochter hinauszuführen vor die Tore der Stadt, um sie dort zur Strafe für ihr Verbrechen zu verbrennen. Als sie nun hinausgeführt wurde, da sandte sie die Pfänder zu ihrem Schwiegervater und ließ ihm sagen: »Von dem Manne, dem dies da gehört, bin ich schwanger.« Und sie fragte laut: »Wem gehören dies Siegel, die Schnur und der Stab hier?« Als Juda die Dinge angesehen hatte und erkannte, daß es die Pfänder waren, die er der Hure für den Beischlaf gegeben hatte, sprach er: »Sie ist im Recht gegen mich; denn ich habe sie meinem Sohn Schela nicht gegeben.« Und er ließ sie wieder heimgehen; aber er erkannte sie hinfort nicht mehr.

Als sie nun gebären sollte, da waren Zwillinge in ihrem Schoß. Und als sie gebar, streckte einer die Hand heraus. Da griff die Hebamme zu und band einen roten Faden darum und sagte: »Dieser ist zuerst herausgekommen.« Als das Kind aber seine Hand zurückzog, kam zuerst sein Bruder heraus, und die Hebamme sagte: »Was hast du dir für einen Riß gerissen!« Daraufhin nannte man den Erstgeborenen der Tamar Perez. Danach wurde sein Bruder geboren mit dem roten Faden um die Hand. Den nannte man Serach.

Leben und Liebe – die Erzählung aus der Sicht von Frauen

Über Tamar, die kinderlose, unglückliche Frau des Ger, steht in Kinderbibeln nichts. Der Schulunterricht übergeht Genesis, Kapitel 38. Pietistische Erzieher haben die Geschichte allenfalls dazu mißbraucht, ihre Zöglinge zu neurotisieren, ihnen Angst vor jeglicher Sexualität, die nicht der Zeugung dient, einzupflanzen. Von Onan ist in der deutschen Sprache der irreführende Begriff »Onanie« geprägt worden. Aber der Onan von Genesis 38 hat nicht masturbiert. Er hat den Koitus unterbrochen, um mit Tamar kein Kind zu zeugen.

Die feministische Theologie hat das Interesse an den Frauengestalten der Bibel geweckt. Seitdem reflektieren Theologinnen auch über Tamar, die Stamm-Mutter Davids. Sie sprechen in ihren Predigten über Genesis 38. Sie meditieren in Arbeitsgruppen mit Frauen über Tamars Schicksal. Feministische Schriftstellerinnen versuchen, den biblischen Text im frauenfreundlichen Sinn zu interpretieren.

Eine Berliner Theologin wählt Genesis 38 als Predigttext, weil sie das Thema »Frauen und Arbeit« beschäftigt. Sie stellt Tamar mitten in eine patriarchale Gesellschaft, in der Frauen »eine Alterssicherung, eine Rente ... nur von eigenen Kindern erwarten« können. Tamars »Recht auf ein Kind« wird zum Recht auf Altersversorgung, damit sie nicht eines Tages verelenden wird. Das Recht der Frau bedeutet Recht auf sinnvolle weibliche Arbeit, die in der Gesellschaft gebührend anerkannt werden soll. (Aus einem Gottesdienst zum Thema »Frauen und Arbeit« in der Berliner Dankeskirche am 30.6.1978)

Mit einer Gruppe junger Frauen arbeitete Marga Monheim-Geffert über Tamar anläßlich einer Tagung »Werkstatt Feministische Theologie« vom 6. bis 9. Februar 1986. Die Frauen suchten den Charakter der Tamar durch einen Vergleich mit der Priesterin im Hohenlied zu erklären. Ist Tamar doch Symbol für die Dattelpalme, mit welcher der Bräutigam im Hohenlied die Priesterin vergleicht. Wie Marga Monheim-Geffert mir persönlich berichtete, wurde das Bewußtsein der Teilnehmerinnen für die Deformation weiblicher Sexualität durch diesen Vergleich geweckt. Die Besinnung auf die Hohe Liebe im matriarchalen Kult, auf die Stellung der Frau in matriarchalen Gesellschaften, machte die Abhängigkeit der Frau und ihrer Sexualität von männlicher Gewalt und Definitionsmacht erst deutlich. Eine Teilnehmerin konnte ihre Sexualität als innere Stärke begreifen, die dennoch bedroht ist:

»In mir ist meine Sexualität gut – eine Kraft – ich selbst. Die Bedrohung ist, wie meiner Sexualität von außen begegnet wird, wie sie betrachtet wird, als ein Feuerball, der alles verbrennt – oder als Wärme, Lebendigkeit, Liebe!« (Monheim-Geffert in: Evang. Akademie Bad Boll, Materialien 2/86, 28 f.)

Mit dem matriarchalen Charakter der Tamar kann sich die Frau identifizieren und ihre Selbstfindung und Befreiung vorantreiben.

In ihrem Buch »Müttergeschichten« läßt Eva Schirmer auch Tamar zu Wort kommen. »Diese Doppelmoral!« empört sich die Autorin über Juda. Er verfügt, daß Tamar verbrannt werden soll, weil sie schwanger geworden war. *Sie* hatte *seinen* Ruf geschädigt: Sie war keine ehrbare Witwe mehr. War Juda, der Tamar geschwängert hatte, ein ehrbarer Witwer? (Schirmer 1986, 32) Daß Tamar beiseite geschoben und vom Leben abgeschnitten wird, beleidigt Frauen. Ger ist in Eva Schirmers Tamargeschichte ein streitsüchtiger, gewalttätiger Trinker:

»Als er sich zum ersten Mal an mir vergriff und mich zu Boden schlug, griff Gott selbst ein: Er fiel im Rausch gegen eine schwere Bronzeplatte – so unglücklich, daß er tot liegenblieb.« (Schirmer 1986, 29)

Die Phantasie von einem allmächtigen Gott, der als oberste Instanz die Frauen gegen männliche Gewalttätigkeit schütze, ist ebenso unrealistisch wie die Ideologie, daß ein starker Mann einer Frau gegen die Gewalttätigkeit anderer Männer Schutz zu bieten vermöge. Selten ist ein starker Mann zur Hand, wenn Frauen Gewalt angetan wird, oft wird Gewalt gegen Frauen bagatellisiert, verharmlost und als »Kavaliersdelikt« entschuldigt. Wenn im Ernstfall ein Mann eine bedrohte Frau zu schützen sucht, so richtet sich verbrecherische Gewalttätigkeit oft genug gegen den »Beschützer«.

In ihrem Buch »Unter dem Schleier ein Lachen« erzählt auch Ingeborg Kruse eine Tamargeschichte. Für sie ist es »ganz sicher, daß die Geschichte des Volkes Juda von Anfang an eine Müttergeschichte gewesen sein mußte.« (Kruse 1986, 152) Tamar – denkt sie – sei noch ein Kind gewesen, zu jung, um mit einem Mann schlafen zu können, als sie mit Ger verheiratet wird. Und Ger ist Tamars liebster Spielgefährte. Sie versteht nicht, warum er Gott mißfiel.

»Zu meiner Zeit«, sagt Tamar bei Ingeborg Kruse, »waren die heiligen Haine noch nicht zerstört und unsere Tempel noch nicht entweiht, in denen wir der großen Herrin dienten.« (Kruse 1986, 150) Die Zeit der Schafschur, als Tamar den Juda verführt, der vorbeikommt auf dem Wege nach Timna, begreift die Autorin als kultische Zeit, die Zeit der Heiligen Hochzeit. (Kruse 1986, 153) Und plötzlich bricht in der Erzählung von Ingeborg Kruse die Erkenntnis durch: Tamar »ist weder Hure noch Ehefrau gewesen.« (Kruse 1986, 152) Sie war keinem Manne untertan. Tamarstadt im Lande Juda ist einst ihre Stadt gewesen, die Mutterstadt, in der ihr »die Frauen Opfer darbrachten und sich in ihrem Heiligtum Rat holten« (Kruse 1986, 154).

Ich vermutete schon in einer früheren Arbeit, daß sich hinter Genesis 38 eine Kultlegende verbärge. Vergleiche mit matriarchalen Mythen drängten sich auf: Tamar hat nur die *eine* Geburt, wie die meisten matriarchalen Göttinnen. Sie soll ihrem toten Geliebten einen posthumen Sohn gebären. Dasselbe Motiv findet sich im Mythos von Isis und Osiris (Weiler 1984, 141 f.).

Die Holländerinnen Mieke Bal, Fokkelien van Djik Hemmes und Grietje van Ginneken analysieren den Text von einem kritischen literaturwissenschaftlichen Standpunkt aus. Sie betrachten den Aufbau der Erzählung als »Ringerzählung«. Danach geht die Geschichte von Geburt und Tod der Söhne Judas aus und führt zum Erzählkern. Das Ringen Tamars um ein Kind und die Verführung ihres Schwiegervaters werden im Zentrum der Geschichte erzählt. Der Ring schließt sich mit der Todesdrohung gegen Tamar und der Geburt ihrer Söhne (Bal u. a. 1988, 63 ff.). Im Zentrum der Geschichte verwandelt sich Tamars Charakter. Sie wird aktiv. Von nun an bestimmt sie den weiteren Ablauf der Ereignisse.

Dieser literaturkritische Gesichtspunkt hat mich zu der Frage angeregt, ob der Kern der Geschichte ihren ältesten Erzählstrang bewahrt haben könnte. Verbirgt sich »echter Mythos« – eine Kult-Legende, der Lesetext für ein Ritual – hinter dem überlieferten biblischen Text? Spielte der »Ziegenbock«, das totemistische Kulttier der Göttin, einst eine Rolle in der erzählerischen Kurzform für ein matriarchales Ritual? Deuten Ring, Stab und

Schnur auf die Göttin hin, deren Insignien diese Gegenstände einst gewesen sind? Welches war die Urform von Genesis 38?

Für die im patriarchalen Denken befangene Vorstellung sitzt Tamar als Hure verkleidet am Tor von Enajim, das auf dem Weg nach Timna liegt. Tamar setzt sich heimlich und mit zweifelhaften Mitteln durch. Eine andere Wahl haben Frauen im Patriarchat nicht. Sie müssen Ränke und Listen ersinnen, um ihr Recht zu bekommen. Denn noch nicht einmal auf patriarchale Gesetzgebung und Gesellschaftsordnung dürfen sie pochen. Sie sind der Willkür ausgesetzt. Wenn sie erreichen wollen, was ihnen zusteht, müssen sie oft auf der Hut sein, daß sie nicht über die Stricke stolpern, die sie selbst ausgelegt haben, um den Geliebten zu umgarnen oder um einen Feind, einen Widersacher, eine Rivalin einzufangen. Tamar riskiert ihr Leben für einen spärlichen Rest von Lebensrecht.

Mit ihrem Mut und ihrer Risikobereitschaft durchbricht die Tamar der biblischen Erzählung die Grenzen, die einer Frau im Patriarchat gezogen sind. Sollte sie gar keine patriarchale Frau sein? Ihr Handeln – wenn auch patriarchal verfremdet – weist zurück auf die matriarchale, aktive Rolle der Frau in der Liebe.

Wenn Frauen heute sich mit der Tamar von Genesis 38 auseinandersetzen, durchbrechen auch sie die vorgegebenen Denknormen und entdecken, daß sie keine patriarchalen Frauen sein wollen. In Anlehnung an den biblischen Text gestaltet die Künstlerin Christine Rieck das Bild einer Tamar, die mit übereinandergeschlagenen Beinen als Hure verkleidet am Tor von Enajim sitzt, um den Mann zu verführen: der Inbegriff patriarchaler Weiblichkeit. Die Künstlerin selbst sagt zu ihrem Bild:

> »Immer noch malte ich die vom patriarchalen Bewußtsein definierte Weiblichkeit: Die Frau, haltsuchend an den Stamm geschmiegt, wissend, daß sie nur durch Unterwürfigkeit oder Verführung Lebensmöglichkeiten vom Mann erhalten kann. Das Blätterdach über ihr ist mehr ein Gefängnisgitter vor der Weite des Himmels als schattenspendendes Palmgefieder.« (Rieck 1988, 15)

Durch die feministische Analyse von Genesis 38 entstanden neue Tamarbilder, die Ausdruck für die Befreiung der weiblichen Psyche aus der Bevormundung durch männliche Projektionen sind. Noch einmal lasse ich die Künstlerin selbst zu Wort kommen:

»Ich spürte andere Bilder in mir wachsen: Tamar ist die Kraft des Stammes, ist der lebensspendende Schatten, die Süße der nährenden Dattel, ist die im Wind sich wiegende Schönheit, hochragend in die Weite der Himmel. Mit dem Pinsel tastete ich nun neue Möglichkeiten ab, weiblich-göttliche Kraft darzustellen; fragte, wie mögen die Tamar-Leute damals geträumt haben, welchen Ritus feierten sie, um ihrer Göttinnenerfahrung Ausdruck zu geben?« (Rieck 1988, 15)

Von Gertrud Kolmar/Chodziesner, einer jüdischen Dichterin, gibt es ein Gedicht, das sie »Tamar und Juda« überschreibt:

»Ich habe mich in Tränen schön gebadet:
O der Hure, die ich nun bin!
Granatfrucht, die geschmückt den Pflücker ladet,
Laubig lockend hängt Schleier über mich hin.
Der Mantel deckt mich, den die Nacht der Hirten
Über Lammweiden weht.
Und ich bin Tamar: Palme von den Myrten.
Und wenn mein Herr mit seinem Knaben geht
Zur Schur nach Timnat, wo gedrängt die Schafe
Ihm wandeln, wellig wie ein Fluß,
Soll er mich schauen, daß er bei mir schlafe,
Der Zeugende, mit dem ich buhlen muß
Um diese Kinder, alle Kindeskinder,
Die schon in meiner Tiefe weinen nach Licht,
Die Helden, stark und ernst wie hörnige Rinder,
Und Könige mit meines Herrn Gesicht.
So sieh, ich will dich stillen: Mit Lüsten,
Die, Datteln und dunkle Trauben, mein Wuchs dir bringt,
Mit meinem blauschwarzen Haar, dem Mund, den Brüsten,
Draus einst die weiße Quelle springt.
Es breite doch mein Herr über mich seinen Schatten,
Er lege bei mir nieder Stab und Ring. –
Und Juda zog zur Herde auf die Matten
Und kam und tat. Und sie empfing.«

Diese Tamar legt die tränenvolle Trauer über ihre Stellung als unterworfene Frau ab wie einen Hirtenmantel. Sichtbar wird die Priesterin des Hohenliedes, die den Geliebten lockt, sich ihm als Granatfrucht, Dattel und Traube bietet. Juda muß – deutlich drängen sich die Worte des Hohenliedes auf – »die Palme besteigen, fassen nach ihren Rispen«. Und Tamar kann nur werden, was sie längst war: die Mutter dieser Kinder, aller Kindeskinder: »Und Juda kam und tat. Und sie empfing.«

Gertrud Kolmar, am 10. Dezember 1894 in Berlin geboren, war Lehrerin. Sie wurde im Jahre 1943 in ein Konzentrationslager verschleppt. Über ihr Schicksal und über ihren Todestag ist nichts bekannt. Ihre Gedichte aber leben, und sie haben mehr Beachtung verdient als ihnen zuteil wird. (Kolmar 1987)

Sünde und Tod – die Erzählung aus der Sicht von Männern

Es ist ein Unterschied, ob die Phantasie von Frauen oder von Männern mit einer biblischen Geschichte umgeht. Raphael Patai und Robert von Ranke-Graves wissen eine Variante der biblischen Erzählung zu berichten:

»Einige sagen, daß Jehuda (Juda) sich in seiner Rechtschaffenheit zunächst des Verkehrs mit Tamar enthielt und weiterging. Aber sie betete zu Gott, auf dessen Geheiß der Engel der Fleischeslust herabflog und flüsterte: ›Kehre um, Jehuda! Wenn du diese Frau verschmähst, wie sollen dann Israels Könige und Befreier geboren werden?‹ Deshalb kehrte Jehuda um und lag Tamar bei.« (Patai/Graves 1986, 309)

Wieso loben Ranke-Graves und Patai Juda wegen seiner »Rechtschaffenheit«, weil er sich »zunächst des Verkehrs mit Tamar enthielt«? Besteht nicht gerade darin Judas Fehlverhalten, daß er Tamar nicht zur Ehe genommen hatte? Aufgrund des Leviratsgesetzes hätte er das tun sollen, statt sie in ihr Vaterhaus zurückzuschicken. Es mutet befremdlich an, daß ein *Engel* Juda zum Geschlechtsverkehr mit seiner Schwiegertochter verführt, die er doch für eine Hure hält. Die männliche Betrachtungsweise thematisiert nicht, wie sehr Tamar erniedrigt wird, um im patriarchalen Mythos zu erreichen, was sie nach matriarchaler Überlieferung längst gewesen ist: die Stamm-Mutter des Landes Juda und der Stämme Perez und Serach. Patai und Ranke-Graves bemerken lediglich, daß Juda sündigen muß, um Perez, den Stammvater von Israels Königen und Befreiern, zu zeugen.

Der biblische Text sieht im Schicksal Judas und seiner Söhne einzig *das Walten Gottes*: Ger stirbt, weil »er böse war vor dem Herrn«. Onan erregt Gottes Zorn, weil »er seinen Samen auf die Erde fallen ließ. Und das mißfiel dem Herrn, und so ließ er ihn auch sterben.« Die Bibel legt die Deutung nahe, daß Juda Angst habe, Gott würde auch den jüngsten Sohn töten. Juda fürchtet um das Leben seines jüngsten Sohnes. Ihn, Schela, sollte er nach Onans Tod mit Tamar verbinden. Juda aber schickt Tamar zurück ins Haus ihres Vaters: »Er dachte nämlich, daß er nicht auch sterbe, wie seine Brüder!«

In der Aggada, einer unsystematischen Sammlung jüdischer Gleichnisse, Predigttexte, Legenden und Fabeln, die eine Deutung der Heiligen Schrift anbieten, wird die Schuld am Tod von Judas Frau und seiner beiden Söhne bei Juda selbst gesehen. Juda hat sich zweier Sünden schuldig gemacht: Er hat seinen Bruder Joseph an die Ägypter verkauft und er hat Josephs Rock im Blut eines Ziegenbocks getränkt und seinem Vater gebracht, damit dieser glaube, sein Sohn sei tot. (Genesis 37, 26 ff.) Und mit denselben Worten, wie Juda seinem Vater den blutigen Rock Josephs gezeigt habe: »Siehe, ob dies der Rock deines Sohnes ist oder nicht!«, so habe ihm Tamar später seine Pfänder vorgelegt mit den Worten: »Siehe, ob diese Pfänder dir gehören oder nicht!« *Es sind seine eigenen Sünden, die nach jüdischer Deutung alles Unglück in Judas Leben bewirken* (Ginzberg 1946 – 1961, 5, 332).

Der evangelische Alttestamentler Gerhard von Rad projiziert die männliche Angst vor dem Weiblichen in den Text, wenn er über den Tod der beiden Männer Ger und Onan reflektiert:

> »Er (Juda) hatte wirklich Grund, für das Leben seines letzten ihm noch verbliebenen Sohnes zu fürchten; denn in solchen Fällen legte sich *den Alten* (Hervorhebung G.W.) die Vermutung nahe, daß an der Frau selbst irgendetwas Todbringendes hafte.« (Rad 1972, 293)

Erst in der christlichen Aneignung des Textes wird die Schuld am Tod von Ger und Onan auf Tamar verschoben. Gerhard von Rad verlagert die diffuse Angst, »daß *an der Frau selbst* etwas Todbringendes hafte«, auf *die Alten.* Er verdrängt, daß die Angst vor dem Weiblichen ein Problem der männlichen Psyche ist, das *auch heute noch* die Beziehung der Geschlechter belastet. Damit trägt er nichts zur Aufarbeitung der Geschlechterproblematik bei.

In den Bibeltext läßt sich nicht hineininterpretieren, daß der *Tamar* etwas Dämonisches anhafte. Juda wird verschont, obwohl er der Tamar beigewohnt hat. Es sterben also nicht alle Männer, die mit ihr geschlafen haben.

Allerdings besteht kein Zweifel, daß die Angst des Mannes vor der Frau uns schon »bei den Alten« begegnet. Die Angst vor Sexualität und Tod ist ein Motiv, das in den Mythen aller Völker vorkommt. Griechische, christliche und auch jüdische Sagenstoffe wirken aus unbewußten Tiefen auf das christlich-abendländische Bewußtsein ein und steuern unser Verhalten.

Kronos, der Sohn des griechischen Himmelsgottes, entmannt Uranos, seinen göttlichen Vater, als dieser im Beischlaf mit Gaia liegt. Er tötet den Vater, damit er selbst lebe. Auf ähnliche Weise wird Zeus, der Nachkömmling, seinem Vater Kronos zum Verhängnis. Um seine eigene Unsterblichkeit zu sichern, tötet Zeus die Metis; denn ihm wurde geweissagt, sie werde den Sohn gebären, der seine Macht brechen sollte. Die Ur-Angst des Laios vor Sexualität und Tod ist das zentrale Motiv des sogenannten Ödipus-Mythos. Erst Sophokles engt die Sage auf das Inzestproblem ein und verdrängt damit die ursprüngliche Thematik: Laios erhofft sich ewiges Leben, wenn er die Sexualität vermiede.

Auch im antiken jüdischen Mythos nimmt diese Angst Gestalt an. Das Buch Tobias, ein apokrypher* Text, berichtet von Sarah, der Tochter Raguels aus der Meder Stadt Ekbatana. Sie »tötet« durch ihre unantastbare Jungfräulichkeit nacheinander sieben Bewerber im Hochzeitsbett, bis endlich Tobias aus dem Stamm Naphtali um sie wirbt und den Dämon durch seine Gottesfurcht und seine Gebete besiegt. (Tobis 3,20 und Kapitel 6 passim) Er sucht, so versichert er seinem Gott, die Liebe nicht um der Lust willen, sondern einzig, um Kinder zu zeugen zur Ehre des Höchsten. An diesen Mythenzug knüpfen Patai und Graves an. Juda ist dermaßen rechtschaffen, daß er nur ein einziges Mal und nur um der Könige und Befreier Israels willen, mit Tamar schläft. »Er erkannte sie hinfort nicht mehr«, weiß der Dichter von Genesis 38.

Aber der Mann muß nicht seinen Gott, sondern seine unbewältigte Angst vor Liebe und Hingabe beschwichtigen, wenn er die Sexualität auf das für die Fortpflanzung notwendige Minimum beschränkt. Diese Auffassung von Sinn und Wert der Sexualität hat die christliche Kirche so sehr verschärft, daß sie einen Menschen, der ihr gerecht werden wollte, in die Neurose treiben konnte. Seit die intime Frage: »Wie gehst du mit deiner Sexualität um?« in jeder Beichte gestellt worden ist – und da niemand die Beichte meiden durfte – mußte aus der neurotischen Askese einzelner Männer die kollektive Kulturneurose entstehen.

Der neurotische Mann sucht für seine unbewußte Angst ein Ventil, wenn er die »Schuld« an Sexualität und Tod auf die Frau projiziert. Die christliche Morallehre hat diese Schuldprojektion auf die Frau dogmatisiert und sich damit einen Überbau über das Unbewußte geschaffen, in dessen unauslotbarer Tiefe die Angst vor dem Weiblichen ein unkontrolliertes Dasein führt.

Die Angst vor weiblicher Sexualität ist eine der wichtigsten Triebfedern, die Männer in allen Kulturen dazu veranlaßt hat, matriarchale Religionen und Gesellschaftsformen zu bekämpfen. Die frei über sich selbst verfügende Frau wird geschmäht. Die Begegnung der Geschlechter wird nur um der Nachkommen willen moralisch akzeptiert. Im Patriarchat hat eine Frau schließlich nur noch die Wahl, unterworfene Gattin oder verwerfliche »Hure« zu sein.

Alle diese Kriterien treffen auf Tamar zu. Ihre Sexualität ist auf Kinderzeugung reduziert. Die Tamar der biblischen Legende ist dem Mann in jeder nur denkbaren Weise unterworfen. Sie kommt nur in Abhängigkeitsverhältnissen vor: Sie ist die Frau *von* Ger, sie ist unfrei als dessen Witwe. Sie ist die Schwägerin *von* Onan und wird mit diesem ungefragt verheiratet. Tamar ist die Schwiegertochter *von* Juda, dessen Macht über sie das Verfügungsrecht über ihr Leben und ihren Tod einschließt. Persönliche Wünsche darf sie nicht äußern. Ihr Schicksal ist von Männern abhängig, und ihre Entschlüsse werden von Männern gesteuert. Sie hat Ger nicht aus freiem Willen gewählt, und nicht aus eigenem

Antrieb geht sie ins Haus ihres Vaters zurück. Selbständig handelt Tamar in dem einen Augenblick, als sie aus der Rolle der *unterworfenen Ehefrau* in die Rolle der *verworfenen »Hure«* schlüpft. Der Autor der Geschichte scheint nicht zu erwägen, daß Tamar eigene Lebenspläne haben könne. Die Geschichte vermittelt das Bild einer Frau in der Patriarchatsgesellschaft, die nur mit Listen und Ränken zu ihrem Recht kommen kann. Tamar setzt sich durch. Doch jede Frau, die sich durchsetzt, bleibt für patriarchales Bewußtsein ein »unverdaulicher Brocken«: So wird Tamar zur »Hure«, zur »Verführerin«, der »etwas Todbringendes« anhaftet.

Juda – Ein patriarchaler Mythos verrät sich durch seine Widersprüche

Juda – Der Jüngling als Großvater

Die Novelle von Tamar und Juda ist in die Josephserzählungen eingeschoben. Sie unterbricht den Fluß der Berichte von Joseph sehr geschickt an einer Stelle, wo wir Joseph, den Lieblingssohn seines Vaters Jakob, ohnehin verlassen müssen. Denn Joseph befindet sich, wie in Genesis, Kapitel 37, erzählt worden ist, mit einer Karawane auf dem Weg nach Ägypten.

Die älteren Jakobssöhne haben Joseph, ihren Bruder, als Sklaven an vorüberziehende Handelsleute verkauft; denn sie sind seiner überdrüssig geworden. Sie neiden ihm die Bevorzugung durch den Vater. Juda hat Jakob, seinem Vater, Josephs bunten Rock gebracht, den er im Blut eines geschlachteten Ziegenbocks getränkt hat. Jakob muß glauben, sein Lieblingssohn sei von wilden Tieren getötet worden.

So entschwindet Joseph dem Gesichtskreis. Wie sein Schicksal sich entwickelt, muß abgewartet werden. Die Geschichte selbst setzt eine Zäsur, die einem redaktionellen Einschub entgegenkommt. Der Fluß der Josephserzählungen läßt sich gerade an dieser Stelle leicht unterbrechen, um auf die Lebensgeschichte Judas abzulenken.

Der Jüngling Juda zieht weg von seinem Vater ins Tal hinab und wohnt bei den Kanaanitern. Vor den Augen der Bibelleserinnen und -leser rollt das Familienschicksal Judas ab. In fremdem Land heiratet der Jakobssohn eine fremde Frau. Er hat Söhne, die heranwachsen und heiratsfähig werden. Seine Frau wird alt und stirbt. Er selbst bleibt noch verführbar vom »Engel der Fleischeslust« und zeugt mit Tamar die Zwillinge Perez und Serach. Am Schluß der Novelle verlassen wir Juda als den Vater seiner eigenen Enkel: Er ist der Vater von Tamars Söhnen, da er sie gezeugt hat. Aber er ist zugleich ihr Großvater. Denn im Sinn des Leviratsgesetzes sind Tamars Kinder die Söhne Gers und folglich Judas Enkelsöhne.

Einige Kapitel später in Kapitel 42 der Genesis taucht Juda wieder auf ... widersprüchlicherweise als unverheirateter Jüngling. Als habe Juda im kanaanäischen Land weder Frau noch Kinder gehabt, zieht er mit seinen Brüdern nach Ägypten, um Getreide einzukaufen. Denn eine Hungersnot hat das Land heimgesucht.

Diesen Widerspruch sucht eine spätere Überarbeitung – die Priesterschrift – in Genesis, Kapitel 46, wieder auszugleichen: Hier zieht Jakob bereits mit Kindern und Kindeskindern nach Ägypten. In Genesis 46 haben alle Söhne Jakobs bereits Familien. Dadurch scheinen die Ungereimtheiten beseitigt zu sein, die durch die Tamar-Erzählung im Ablauf der Josephsgeschichten entstanden sind. Perez, Tamars erstgeborener Sohn, befindet sich – nach der Darstellung von Genesis 46 – bereits im reifen Mannesalter. Zwei Söhne begleiten ihn: Hezron und Hamul.

War bisher unverständlich geblieben, wieso Juda nach seinem wechselvollen Schicksal in der kanaanäischen Stadt Adullam in Kapitel 42 der Genesis wieder ein Jüngling ist, so taucht mit der Priesterschrift ein anderer Widerspruch auf: Die Zeitangaben stimmen nicht überein. Seit Joseph sich in Ägypten aufhält, können kaum mehr als zehn Jahre vergangen sein.

Joseph hatte sich seinem Herrn, dem Potiphar, verdächtig gemacht, so daß er in den Kerker geworfen wurde. Dort fiel er durch die Gabe auf, Träume sinnvoll zu deuten. Aus den Träumen des Pharao sagte er Jahre reicher Ernte und große Hungersnöte voraus. Hart und unbarmherzig bräche die Zeit des Mangels und der Teuerung herein. Der Pharao erkannte die Weisheit Josephs und ließ ihn an den Königshof holen, um ihn zu seinem Verwalter zu machen. Während der folgenden sieben üppigen Jahre mit reichen Ernten legte Joseph Vorräte an, um für die mageren Jahre und die Zeiten der Mißernten Vorsorge zu schaffen.

Während dieser Jahre kann das Familiendrama seines Bruders Juda gar nicht abgelaufen sein; denn *mit dem Beginn* der Hungersnot und Teuerung zieht Jakob mit seinen Söhnen nach Ägypten.

»Ältere Exegeten hat auch die biographisch-genealogische Schwierigkeit beschäftigt, daß Juda später schon mit Enkeln nach Ägypten gekommen war, was mit den Zeitangaben der Josephsgeschichte unvereinbar ist« (Rad 1972, 290 f.),

bemerkt der Alttestamentler Gerhard von Rad, ohne jedoch einen Erklärungsversuch für diese Ungereimtheit anzubieten.

Die Erzählung von Tamar und Juda bleibt ein Fremdkörper innerhalb der Patriarchenerzählungen. Das Schicksal, das hier erzählt wird, läßt sich dem Ablauf der übrigen Genesiserzählungen nicht sinnvoll einfügen. Durch das Familiendrama, das in Genesis 38 erzählt wird, entstehen Verwirrungen, die aufhorchen lassen, zu Kommentaren und zum Hinterfragen veranlassen. Zwei verschiedene Erzählstränge – die Josephs- und die Judanovelle – die überlieferungsgeschichtlich nicht im Zusammenhang stehen, sind miteinander verflochten worden. Und alle Mühe der späteren Überarbeiter konnte die Widersprüche, die dabei entstanden sind, nicht aus dem Weg räumen. Im Gegensatz zum Juda der Josephsnovelle zieht der Juda der Tamar-Erzählung nicht nach Ägypten.

Es muß einen gewichtigen Grund, eine im Volk tief verwurzelte Überlieferungsgeschichte um Tamar gegeben haben, die nicht zu verdrängen war. Deshalb war die redaktionelle Überarbeitung dem Erzähler von Genesis 38 sehr wichtig. Daß bei der Überarbeitung der Tamar-Überlieferung Widersprüche entstanden sind, nahm der Erzähler in Kauf, um die Geschichte des Mannes Juda episch auszubreiten.

Juda und das Leviratsgesetz

»Wenn Brüder zusammen wohnen und einer von ihnen stirbt, ohne einen Sohn zu hinterlassen, so soll die Gattin des Verstorbenen sich nicht auswärts an einen fremden Mann verheiraten; ihr Schwager soll zu ihr eingehen, daß er sie sich zur Frau nehme und ihr die Schwagerpflicht leiste. Der erste Sohn aber, den sie gebiert, soll seinem verstorbenen Bruder zugerechnet werden, damit dessen Name nicht in Israel erlösche.« (5. Buch Mose, 25,5 f.)

Dies ist der Wortlaut des Leviratsgesetzes aus dem Deuteronomium*, einem vorexilischen Text der Bibel. Die Leviratsehe war im alten Orient weit verbreitet. (Puukko 1949, 296) Das Leviratsgesetz findet sich im Codex Hammurabi*, in altassyrischen und hethitischen Gesetzen. Dem Brauchtum im Lande Juda war die Leviratsehe eher fremd. »Im späteren levitischen Gesetz, das eine Ehe zwischen nahen Verwandten überhaupt nicht duldet« (Puukko 1949, 296), war die Leviratsehe eindeutig verboten. Im 3. Buch Mose wird gesagt:

»Du sollst deines Bruders Weibes Blöße nicht aufdecken; denn es ist deines Bruders Blöße.« (3. Buch Mose 18,16)

Und in Kapitel 20,21 heißt es:

»Wenn jemand seines Bruders Weib nimmt, das ist eine schändliche Tat; sie sollen ohne Kinder sein, darum, daß er seines Bruders Blöße aufgedeckt hat.«

Aus der Bibel ist also keine eindeutige Auffassung über die Rechtmäßigkeit der Schwagerehe zu gewinnen. Einerseits soll der Bruder (oder ein anderer Verwandter) der jungen Witwe beiwohnen, andererseits darf er ihre Blöße nicht aufdecken.

Der Widerspruch in Genesis 38 ist anderer Art:

- Einerseits dient die Erzählung dazu, das Leviratsgesetz einzuschärfen; sollte doch Onan dem verstorbenen Ehemann der Tamar um Gers willen ein Kind zeugen, *damit der Bruder nicht ohne Nachkommen bleibe.*
- Andererseits macht die Erzählung Ger vergessen und schaltet ihn aus bis fast zur Unsichtbarkeit. Die Geschichte scheint allein geschrieben zu sein, um Perez und Serach als Söhne *Judas* auszuweisen. Was dem Onan zur tödlichen Sünde gerechnet wird – da er im eigenen Namen zeugen will – das fällt dem Juda stillschweigend zu: Die von ihm gezeugten Kinder sind *seine* Söhne. Auch in den folgenden Kapiteln der Genesis ist nirgends mehr die Rede davon, daß die von Juda gezeugten Söhne im Sinne des Leviratsgesetzes Söhne Gers seien. Perez und Serach, *Tamars Söhne, gelten im gesamten biblischen Schrifttum einhellig als Nachkommen des Juda.*

Für Tamar entsteht der tragische Konflikt, daß sie sich derart in Verruf bringt, um *im Sinne ihres Mannes* zu handeln und ihm posthume Kinder zu gebären – und das alles um nichts; denn ihre Kinder werden – *im Sinne der Genealogie* – Juda zugerechnet.

Die christliche Exegese nimmt diesen Widerspruch nicht wahr. Gerhard von Rad verquickt die beiden Ebenen miteinander, wenn er feststellt, daß Tamar zum Schluß »in jedem Fall erreicht, was im Sinne ihres Mannes oder überhaupt im Sinne ihres Geschlechtes« gewesen sei (Rad 1972, 296).

Claus Westermann ist ebenfalls blind für diesen Widerspruch. Er sagt: »Eine Frau will sich ihr Recht verschaffen« (Westermann 1982, 49). »Sie will »ihrem verstorbenen Mann einen von der Familie anerkannten Sohn gebären.« (Westermann 1982, 50) Und er schließt seinen Kommentar zur Leviratsehe mit der Bemerkung: »Die Zwillinge, die sie erwartet, sind legitim, das heißt, sie werden als Kinder ihres gestorbenen Mannes – gezeugt von einem Glied der Familie des Hauses – anerkannt.« (Westermann 1982, 51) Westermann übersieht, daß das »Glied der Familie« seine eigenen Kinder gezeugt hat. Nirgendwo in der Bibel ist davon die Rede, daß Tamars Söhne als Kinder Gers anerkannt werden würden. Mit seinem Kommentar zementiert Westermann eher den irritierenden Widerspruch: Ist Juda verführt worden, damit er im Sinn der Leviratsehe handelt und *seinem verstorbenen Sohn Kinder zeugt, oder damit er für seine eigene Nachkommenschaft sorgt?*

Auch Helen Schüngel-Straumann nimmt die Tragik in Tamars Schicksal nicht wahr. Sie betrachtet Genesis 38 als einen Bericht,

> »... wie eine Frau sich ihr Recht verschafft, das ihr von den zuständigen Männern verwehrt wird ...Tamar geht es nicht um irgendein Kind, sie hat auch nicht einfach einen urweiblichen Kinderwunsch, den sie mit allen Mitteln durchzusetzen versucht. Es ist zu wenig, der Frau nur ein biologisches Ziel zuzugestehen. Tamar will sich vielmehr in eine bestimmte Linie einreihen, damit sie nicht von der Zukunft abgeschnitten ist. Sie weiß, daß ihre Geschichte nur weitergehen kann mit Juda und seiner Linie, und sie läßt sich nicht an den Rand schieben, so daß das Leben ohne sie stattfindet.« (Schüngel Straumann 1984, 155)

Zwar grenzt sich Helen Schüngel-Straumann ab gegen eine Auffassung, die der Frau nur eine biologische Daseinsberechtigung zubilligt, wie sie etwa bei Claus Westermann zum Ausdruck kommt, wenn er im Schicksal Tamars »die Not der Kinderlosigkeit, die in den Vätergeschichten so oft begegnet« (Westermann 1982, 49), entdecken will. Aber den Widerspruch zwischen der Thematik des Levirats und dem genealogischen Anliegen der judäischen Stammesgeschichte räumt sie nicht aus.

Andere Exegeten umgehen das Problem. Für sie ist die Thematik des Levirats in der Tamar-Legende von untergeordneter Bedeutung. So schreibt Bernhard Luther: »Die Pflicht des Levirats einzuschärfen, lag dem Verfasser (der Tamar-Legende) völlig fern.« (Luther 1906, 200) Wenn die Leviratsehe für den Autor von Genesis 38 belanglos gewesen ist, werden Perez und Serach selbstverständlich als Söhne Judas betrachtet. Die Erzählung kann nun so verstanden werden, daß Juda, der durch »Verschulden der Tamar« zwei seiner Söhne verloren hat, »nun wieder drei Söhne hat« (Luther 1906, 201).

Da *Juda selbst* für die Erfüllung der Leviratspflicht in Frage kommt, betrachtet Gerhard von Rad die Geschlechtsbeziehung Tamars mit ihrem Schwiegervater als legitim. Er betont:

»Die Pflicht des Levirats lag ja ... nicht durchaus nur dem Schwager ob; deshalb kann Tamar sehr wohl damit gerechnet haben, daß Juda sie jetzt (nach dem Tode seiner Ehefrau, der Tochter des Mannes Schua) zur Ehe nehmen würde.« (Rad 1972, 293)

Aber gerade dieser Gesichtspunkt verwirrt die Geschichte noch mehr. Da es zum Selbstverständnis der Leviratsehe gehört, daß auch der Schwiegervater die Ehe mit der Witwe vollzieht, hätte Tamar dieses Recht unmittelbar nach Onans Tod von Juda einfordern können, statt sich in ihres Vaters Haus zurückschicken zu lassen. Sie hätte den Tod von Judas Frau gar nicht abzuwarten brauchen. Denn eine Ehe entbindet den Mann nicht von seiner Leviratspflicht. Juda hätte Tamar im Familienverband behalten müssen, um mit ihr nach Onans Tod Kinder zu zeugen, die – im Sinne des Leviratsgesetzes – als Kinder seines Sohnes Ger anerkannt worden wären.

Die unentwirrbaren Widersprüche in Genesis 38 evozieren die Frage, welcher Literaturgattung der Text zuzuordnen sei. In

Griechenland, Ägypten und Sumer sind im ersten Jahrtausend v. u. Z. patriarchale Mythen geschrieben worden, die »echten Mythos« – Lesetexte zum matriarchalen Kultablauf – überarbeitet haben. Verfolgen wir etwa das Schicksal der orientalischen Himmelskönigin Aphrodite, die durch Hesiod und Homer herabgestuft wurde, so zeigt sich ein Trend, den Charakter von Göttinnen einzuschränken und männlichen Bedürfnissen anzupassen.

Tamar dürfte – einer matriarchalen Kultlegende nach – zwei kultische Partner gehabt haben, Ger und Onan. In Genesis 38 müssen beide sterben – ohne Wiederkehr.

Der Brauch der Leviratsehe dürfte in diese Geschichte eingeführt worden sein, um die Kultlegende in eine stimmige Familiengeschichte umzuschreiben, die patriarchaler Denknorm gehorcht. Das Leviratsgesetz und die Hurerei bieten sich als patriarchale Erklärung dafür an, daß eine Frau mehrere Partner in der Liebe gehabt habe. Beide Elemente werden in die Geschichte eingeführt.

Eine Erzählung, die in sich widerspruchsfrei wäre, die eindeutig und überzeugend patriarchale Gesellschaftspraxis spiegelte, ist bei der Redaktion von Genesis 38 nicht entstanden.

Juda in der kanaanäischen Königsstadt Adullam

In der kanaanäischen Königsstadt Adullam erfüllt sich Judas Schicksal, das in sich voller Widersprüche ist:

Juda zieht als Fremdling hinab in kanaanäisches Land. Chira, ein vermögender Mann aus der Königsstadt Adullam, bietet ihm Wohnung und Schutz. Er nimmt den Fremdling als Freund auf. Im Laufe der Erzählung spielt Chira unverständlicherweise die Rolle des Dieners, der für den Eingewanderten Botengänge macht.

Juda heiratet am fremden Ort die Tochter eines Kanaanäers, des Mannes Schua. Er selbst nimmt seinen Wohnsitz am Heimatort seiner Frau. Darin spiegelt sich matrilokale Gesellschaftsordnung. Judas Frau gibt ihren Kindern Namen: *Sie* nennt ihre Söhne Ger, Onan und Schela (1. Buch Mose 38, 3 f.). In matriarchalen Gesellschaften geben die Mütter ihren Kindern den Namen. Andererseits teilt Judas Frau das Schicksal ihrer Schwestern im Patriarchat: Sie ist derart bedeutungslos, daß *ihr Name* noch nicht einmal erwähnt wird.

Auch Tamar ist eine Kanaanäerin. Das erwähnt der Bibeltext nicht ausdrücklich. Gerhard von Rad folgert: »Juda hatte auch seinem Erstgeborenen, den er mit einer kanaanäischen Mutter gezeugt hatte, eine Kanaaniterin zur Frau gegeben: die Tamar = Palme« (Rad 1972, 292). Korrekt übersetzt heißt Tamar »Dattelpalme«. Die Aggada kennt verschiedene Berichte über Tamars Herkunft. Einmal wird erzählt, sie sei keine Kanaanäerin gewesen, sondern die Tochter eines Syrers. Andere meinen, sie sei im Hause von Götzenanbetern aufgewachsen und habe vor ihrer Heirat voll tiefer Frömmigkeit den jüdischen Glauben an den Einen Gott angenommen. In all diesen Berichten ist Tamar die Tochter einer hochangesehenen Familie. Den rabbinischen Quellen zufolge ist Tamar die Tochter des Hohenpriesters Shem gewesen (Ginzberg 1946 – 1961, 5, 333 f.).

Es bleibt im dunkeln, womit Ger den Gott Israels erzürnt haben soll, so daß er ihn sterben ließ. Da der biblische Redaktor schweigt, suchen die Kommentatoren Gers Tod mit den unterschiedlichsten Spekulationen zu deuten. Rabbinische Predigttexte sprechen die Vermutung aus, Ger habe die gleiche Sünde wie Onan begangen (Ginzberg 1946 – 1961, 5, 333).

Verbirgt sich hinter Gers Tod ein mythischer Zug, den der biblische Erzähler verdunkeln will – vielleicht der rituelle Tod des Gottkönigs? Der Name dieses ältesten Juda-Sohnes führt auf diese Spur. Ger bedeutet »Beschützer«, »Behüter«, »Wächter« (Stamm 1980, 103). Ist er der Mondgott, der die Menschen in der Nacht behütet, schützt und bewacht, damit sie ruhig schlafen können? Auch in Verben wird Ger charakterisiert: »helfen, eifern, ängstlich besorgt sein, wachen, behüten, schweben über« (Hartmann 1967, 104). Die Kommentatoren wissen immerhin, daß Gers Name die »einer Gottheit zugeschriebenen Funktionen« (Stamm 1980, S. 103) ausdrückt. Folgerungen ziehen sie aus dieser Erkenntnis nicht.

Juda zieht hinauf nach Timna, um seine Schafe scheren zu lassen. Die Schafschur ist Anlaß zu Festen, mit denen kultische Feiern verbunden waren. Schafe werden im Frühjahr geschoren, zur Zeit der Heiligen Hochzeit. Juda sieht Tamar verschleiert am Wegrand sitzen und hält sie für eine Hure. Als später Judas Freund Chira mit dem versprochenen Ziegenbock nach Enajim kommt, fragt er nicht nach einer Hure, sondern nach einer Priesterin, einer »Kedesche«, wie das hebräische Wort sagt. Und er findet sie nicht. Er kehrt zurück nach Adullam und berichtet dem Juda, er habe keine Kedesche gefunden. Im Bibeltext wird kein Versuch gemacht, den Widerspruch aufzulösen. Unverbunden stehen die gegensätzlichen Aussagen nebeneinander: Juda begegnet angeblich einer »Hure«, Chira sucht nach einer Priesterin, nach einer dem Heiligtum geweihten Jungfrau.

Es bleibt den Exegeten überlassen, diesen Widerspruch aufzuheben. Gerhard von Rad wählt den Begriff »Weihdirne«. Er übersetzt, Chira habe zu Juda gesagt: »Auch sagen die Leute am Orte, es sei keine Weihdirne dagewesen.« (Rad 1972, 291) Er verbindet Tamar mit kultischen Überlieferungen, ohne dazu jedoch im einzelnen Stellung zu nehmen. Auf eine besonders spitzfindige Idee kommt Bernhard Luther. Er sagt: »Juda hält Tamar für eine Hure, Chira aber für eine Kedesche, das heißt, Juda kennt das Kedeschenwesen nicht, sondern nur die alten Einwohner des Landes.« (Luther 1906, 180) Mit diesem Erklärungsversuch wird die Vorstellung von der Unberührtheit der eingewanderten Israeliten von altorientalischer Kultpraxis gegenüber den alteingesessenen Kanaanäern unkritisch übertrieben. Aus welchem Niemandsland sollten die Israeliten hergekommen sein, daß ihnen die kultischen Traditionen des vorderen Orient unbekannt gewesen wären?

Aufmerksame BibelleserInnen werden erstaunt sein, wie ungeschickt Juda sich selbst in Schwierigkeiten bringt. *Warum* bietet er Tamar ein Ziegenböckchen zum Lohn für den Beischlaf an? Ist er nicht mit Schafen unterwegs zur Schafschur nach Timna? Und selbst, wenn seine Schafe in der Gegend von Timna weiden sollten, so daß er sie nicht mit sich führt – die Erzählung läßt diese Frage offen – so ist er doch auf dem Weg zu den Schafen. Wenn er Tamar ein Schaf anbieten würde, könnte er sein Versprechen auf dem Rückweg einlösen. Tamar hat den Ziegenbock nicht verlangt. Sie fragt: »Was gibst du mir, wenn du mir beiwohnst?« Es ist Juda, der seiner Schwiegertochter das Ziegenböckchen anbietet und unnötige Verwicklungen in den Handel bringt. Denn nun verlangt Tamar ein Pfand, um sicher zu sein, daß Juda das Ziegenböckchen auch schicken wird. Diese Komplikation erfordert umständliche Erklärungen, Umwege bei der Durchführung der Handlung auf ihr Ziel hin, was besonders auffallend ist, weil die Geschichte im übrigen knapp erzählt und offensichtlich bemüht ist, unnötige Details beiseite zu lassen.

Die Novelle erzählt, daß Juda, als er vom Weg abbog, um mit Tamar über den Beischlaf zu verhandeln, seine Schwiegertochter nicht erkannt habe. »Er hielt sie für eine Dirne; denn sie hatte ja ihr Gesicht verhüllt.« Juda aber sah Tamar nicht nur im Vorübergehen an. Er sprach mit ihr. Hätte Juda seine Schwiegertochter nicht an ihrer Stimme erkennen müssen, er, in dessen Haus die junge Frau jahrelang gewohnt hatte?

Der Erzähler mutet seinen Leserinnen und Lesern zu, sich vorzustellen, Juda habe mit Tamar geschlafen, ohne zu wissen, wer sie sei. Sollte Juda den Schleier der »Hure« nicht gelüftet haben? Sagt man nicht in Israel, ein Mann habe eine Frau »erkannt«, wenn er ihr beigewohnt hat? Dann hätte Juda Tamar »erkannt«, ohne sie zu erkennen.

Die jüdische Legende versucht, diesen Widerspruch zu erklären: Tamar sei so fromm und gottesfürchtig gewesen, daß sie im Hause Judas schweigsam und immer verschleierten Hauptes gegangen sei (Ginzberg 1946 – 1961, 333 f.). Wohin mag Tamar ihren Schwiegervater geführt haben, um mit ihm zu schlafen? Ins Haus ihres Vaters konnte sie nicht gehen. Sie konnte ihren Schwiegervater kaum abseits des Weges auf freiem Feld verführen. Und wo wartete Chira, während Juda seiner Schwiegertochter beiwohnte? Um glaubwürdig zu scheinen, bleibt uns diese Geschichte einige Erklärungen schuldig.

Unbegreiflich ist der Herrschaftsanspruch des Juda, der – ein Fremdling in der Königsstadt Adullam, in der er Gastrecht genießt – über die Tochter eines eingesessenen Bürgers aus Enajim das Todesurteil fällt. Er maßt sich dies an, obwohl er Tamar aus seiner Familie entlassen und sie in ihr Vaterhaus zurückgeschickt hat. Auf seinen Befehl hin wird Tamar zum Scheiterhaufen vor die Tore der Stadt geführt. Der angeheiratete Ehemann hat am fremden Ort nicht derartige Machtbefugnisse, wie sie der Erzähler der Geschichte dem Juda zuschreibt.

Noch dazu läßt Juda den Scheiterhaufen vor den Toren Enajims, dem Heimatort Tamars, errichten. Das setzt das Einverständnis der gesamten kanaanäischen Bevölkerung mit seinem Richterspruch voraus, der dem kanaanäischem Rechtsempfinden und kanaanäischer Lebensordnung zuwiderlief. Welche Rolle soll Tamars »Vater« bei diesem Prozeß gespielt haben? Es ist auffällig, daß er als Person in der Geschichte nicht vorkommt. Nur von Tamars Vaterhaus in Enajim ist die Rede.

Schwierigkeiten macht es auch, die Art der Todesstrafe für Tamar zu verstehen. Die Strafe der Verbrennung war in Judäa nicht üblich. »Jungfrauen, die gehurt hatten im Hause ihres Vaters«, oder Ehefrauen, die man bei der Untreue ertappte, wurden gesteinigt. Zwar kennt schon der Codex Hammurabi* – um 1700 v. u. Z. – eine Vorschrift, wonach Priesterinnen, die schwanger wurden, verbrannt werden sollten, es sei denn, sie fänden einen unbescholtenen Bürger des Ortes, der sie zur Ehe nähme und die Vaterschaft für das zu erwartende Kind anerkennen würde. Aber Hammurabis Gesetzeswerk beeindruckt mehr durch die monumentale Stele, auf der seine Paragraphen in Stein geritzt sind, als durch die allgemeine Verbreitung seiner Vorschriften. Einem Vergleich mit dem angewandten Recht hält der Codex Hammurabi nicht stand. Die Sitten und Gebräuche der Bevölkerung waren zählebiger als Wille und Durchsetzungskraft eines Herrschers (Eilers 1932, passim). Doch scheint es, als habe der Codex Hammurabi später, bis über die Zeitenwende hinaus, im Zweistromland und in den benachbarten Kulturen einigen Einfluß ausgeübt. Im Exil, in der Begegnung mit der Kultur Babylons, könnten Vorschriften aus dem Codex Hammurabi in die jüdische Gesetzgebung eingeflossen sein. Es ist zumindest nicht ausgeschlossen, daß das jüdische Volk in der babylonischen Gefangenschaft mit Strafverfahren, die auf das Gesetzeswerk Hammurabis zurückgehen, bekannt geworden ist.

Tatsächlich sind aus nachexilischer Zeit in Judäa Hinrichtungen von Frauen durch den Feuertod bekannt. Aber nur Priestertöchter, die ihrem Vater »Schande gemacht hatten«, wurden zum Tod auf dem Scheiterhaufen verurteilt. Daher kann Michael Astour das jüdische Gesetz gegen Priestertöchter mit dem Codex Hammurabi erklären (Astour 1966, 185 ff.). Trotzdem bietet er damit keine brauchbare Erklärung für Genesis 38 an. Die *Tamar der Genesis* kann nicht aufgrund einer Gesetzesvorschrift, die dem jüdischen Volk *erst während der babylonischen Gefangenschaft* bekannt geworden ist, zum Tod auf dem Scheiterhaufen verurteilt worden sein.

Weniger anachronistisch könnte Astour mit dem babylonischen Gesetz das Schicksal Marias, der Mutter Jesu, erklären, die, als sich herausstellte, daß sie schwanger war, eine Ehe »mit einem unbescholtenen Bürger der Stadt« eingegangen war.

Ist Genesis 38 erzählt worden, um über die Genealogie des Hauses David zu berichten? Nur weil Tamar ihren Schwiegervater Juda zum Beischlaf verführt, wird Juda zum Stammvater Davids. Um jedoch patriarchale Genealogie zu vermitteln, d.h. die Geschichte einer Abstammung vom Vater auf den Sohn zu erzählen, hat sich die Bibel zumeist einer höchst knappen Sprache bedient, die auf die Erwähnung von Frauen verzichtet. Statt aber kurz und bündig mitzuteilen: »... und Jakob zeugte Juda, Juda zeugte Perez und Serach ...«, erzählt die Bibel in Genesis 38 die Geschichte der Begegnung des Juda mit seiner Schwiegertochter Tamar ausführlich und breit.

Bernhard Luther spricht die Vermutung aus, es könne »eine ursprüngliche Novelle gegeben« haben, »die von Tamar als der Braut Judas zu erzählen wußte« (zitiert bei Luther 1906, 200). Jedoch erst die mittelalterliche jüdische Literatur hat eine Legende erdichtet, die Tamar und Juda in der Ehe vereint. Sie erzählt: Selbst angesichts des Scheiterhaufens weigerte sich Tamar, ihren Schwiegervater bloßzustellen. Sie war eher bereit zu sterben, als ihn öffentlich zu demütigen. Auch hatte der teuflische Engel Samael die Pfänder, die Tamar von Juda erhalten hatte, gestohlen, um zu verhindern, daß mit Tamars Sohn das Königshaus David gegründet würde. Aber der Engel Gabriel brachte die Pfänder wieder herbei. So wurde Tamars Ehre wiederhergestellt, und Juda heiratete sie am folgenden Tag (Luther 1906, 200).

Die Exegeten, die um der Forschung willen kritische Fragen stellen sollten, nehmen die Fülle der Widersprüche in Genesis 38 – bewußt oder unbewußt – nicht zur Kenntnis, sie sprechen zumindest nicht alle Ungereimtheiten an. Ich setze dagegen *gerade an den Widersprüchen* mit meinen kritischen Fragen ein, um durch deren Entflechtung die Quellen aufzuspüren, die der biblische Schriftsteller verarbeitet und überlagert hat.

Geschichte im Spiegel des Mythos

Von den Söhnen Jakobs ist Juda der Bedeutendste. Er ist von Anbeginn zu Außerordentlichem vorgesehen. Als Jakob vom Leben Abschied nimmt und seinen letzten Segen erteilt, weiht er Juda in prophetischer Schau zum Größten unter seinen Nachkommen. So steht es geschrieben in Kapitel 49, dem letzten der Genesis:

»Juda, du bist's; dich werden deine Brüder loben. Deine Hand wird deinen Feinden auf dem Halse sein; vor dir werden deines Vaters Kinder sich neigen. Juda ist ein junger Löwe. Du bist hoch gekommen, mein Sohn, durch große Siege. Er ist niedergekniet und hat sich gelagert wie ein Löwe und wie eine Löwin; wer will sich wider ihn auflehnen?
Es wird das Zepter von Juda nicht entwendet werden noch der Stab des Herrschers von seinen Füßen, bis daß der Held komme; und demselben werden die Völker anhangen. Er wird sein Füllen an den Weinstock binden und seiner Eselin Sohn an die edle Rebe. Er wird sein Kleid in Wein waschen und seinen Mantel in Weinbeerblut. Seine Augen sind trübe vom Wein und seine Zähne weiß von Milch.« (Genesis 49, 8 – 12)

Während der Regierungszeit des Perserkönigs Kyros – 559 bis 529 v. u. Z. – dürfte diese »Prophezeiung« niedergeschrieben worden sein. Die Gefangenschaft des jüdischen Volkes in Babylon hat ein Ende. Das Volk ist getröstet. Es darf wieder hoffen, Gott werde »das Zepter von Juda nicht entwenden«. Kyros ist der »Held, der kommen wird« (vgl. Jesaja 45, 1 f.). Dem Perserkönig wird Gott die Wege ebnen, damit alle Welt erfahre: »Ich bin der

Herr und sonst keiner mehr.« (Jesaja 45, 5) Kyros hat die Niederlage des judäischen Volkes unter Nebukadnezar bedeutungslos gemacht, er hat Israel wieder in seine Rechte eingesetzt und den Wiederaufbau des Tempels in Jerusalem befohlen, »demselben werden alle Völker anhangen«: Kyros sollte der ganzen Welt den Einen Gott verkünden.

Der Autor von Genesis 49 schreibt in voller Kenntnis der judäischen Geschichte. Er weiß, daß David das Volk Israel zu einem Machtfaktor gemacht hat. Er kennt den Untergang Judäas unter der Herrschaft Nebukadnezars. Er hat unter der Babylonischen Gefangenschaft gelitten. Er lebt zur Zeit des Kyros und schaut hoffnungsvoll in die Zukunft. Aus diesem geschichtlichen Blickwinkel kann er Jakob, den Erzvater, die Zukunft schauen lassen: »Es soll der Stab des Herrschers nicht von seinen Füßen genommen werden.«

Keinem seiner Söhne spricht Jakob einen so ausführlichen Segen. Nur ihn bedenkt er mit Attributen künftiger Herrschaft. Keinem verheißt er die ganze Fülle des Lebens wie ihm, dem vierten Sohn der Lea. Kein Erstgeburtsrecht rechtfertigt diese Bevorzugung. Der Juda der Bibel verdankt seine mythische Bedeutung der Tatsache, daß David aus Bethlehem stammt, das im *judäischen Land* liegt. Auch David, der große Heerführer und König, wird in der Erinnerung seines Volkes überhöht und mit idealen Charakterzügen ausgestattet. Er wird zum Psalmendichter und Harfenspieler und zum gehorsamen Diener seines Gottes. Wie sehr an Davids Charakterbild die Legende mitgestaltet hat, habe ich an anderer Stelle aufgezeigt. (Weiler 1989, 193 ff.) Davids Einzigartigkeit beruht auf Projektion. Er ist zur Symbolfigur für patriarchale Größe, Herrlichkeit und Unbesiegbarkeit geworden. Auf ihn konnte das Volk in der Zeit seiner größten Demütigung alle Wünsche und Sehnsüchte richten.

Der historischen Überlieferung nach ist Perez der Stammvater des Hauses David. Das biblische Schrifttum stellt Juda dem Perez voran. Aus Juda soll das Königshaus der Davididen hervorgehen. Davids künftige Herrschermacht kündigt sich an in den prophetischen Worten des Jakobssegens für Juda. Weil *David* wie ein Löwe war, wird niemand wagen, sich gegen das Volk Juda aufzulehnen. Erst David evoziert den Mythos um Juda und macht ihn in rückwärts gerichteter Projektion zum größten Sohn Jakobs. In »Juda« wird das Land personifiziert, in dem David geboren worden ist.

Dieser königliche Held, der »sein Füllen an den Weinstock bindet und seiner Eselin Sohn an die junge Rebe, der sein Kleid in Wein waschen wird und seinen Mantel in Weinbeerblut«, erscheint hier mit kultischen Symbolen verbunden: Er reitet auf dem Esel, wie die gesalbten Könige in Israel zu tun pflegten. »Seine Augen sind trübe vom Wein« wie die Augen des Priesters in der Ekstase bei der Heiligen Hochzeit, zu der berauschende Getränke in Fülle fließen. »Ich trinke meinen Wein und meine Milch!« sagt der Priester im Hohenlied. (5.1) Er und seine Freunde sollen trinken und trunken werden. Der Jakobssegen benutzt die matriarchale Kultformel, mit der einst die Hohe Liebe zweier Menschen besungen worden ist.

Nicht Tamar, die Mutter des Geschlechtes Perez, wird vom Mythos mit außerordentlicher Größe umgeben. Den Lorbeer trägt allein der Mann. Frauen werden aus dem patriarchalen Mythos verdrängt und aus dem Buch der Geschichte ausgeblendet. Daß Tamar, die Stammutter in der Genealogie Davids, *nur erwähnt wird*, ist schon viel.

Die Vergangenheit eines jeden Volkes läßt sich geschichtlich nur bis zu einem gewissen Zeitpunkt exakt beschreiben und mündet schließlich in ihren mythischen Hintergrund. Der Mythos gehört zum heiligen Vermächtnis der Völker. Zugleich bietet er sich zur Analyse ihrer Vorgeschichte an. Hinter den Texten der Bibel verbergen sich die Kultgeschichte und die ideellen Werte archaischer Stämme im Lande Kanaan und – wovon ich überzeugt bin – die matriarchale Urgeschichte des jüdischen Volkes selbst.

In Zeiten großer Not entwickelt auch das jüdische Volk die Idealbilder seiner großen Persönlichkeiten. Die Demütigungen, die dieses Volk durch die Gefangenschaft in Babylon, die Unterjochung unter einander ablösenden Fremdherrschaften, der babylonischen, persischen, griechischen und schließlich der römischen, erdulden muß, fördern das Entstehen von Idealgestalten.

Die großen Gestalten der Bibel treten unmittelbar und mit dem

Anspruch auf Einmaligkeit und Unantastbarkeit in unser Bewußtsein. Den Entwicklungsprozeß sichtbar zu machen, der sie zu überragender Größe geführt hat, wird durch die redaktionelle Form der Bibel, die sie als von Anfang an zu Großem Bestimmte vorstellt, erschwert. Erst im Vergleich mit den umgebenden Kulturen Israels läßt sich der kollektivpsychologische Prozeß erfassen, der einen einzelnen Mann zum herausragenden »Großen Einzelnen« seiner Geschichte gemacht hat, ein Prozeß, der dann auch die Entwicklung der Gestalt des Juda zu mythologischer Größe durchschaubar und verständlich macht.

In welcher Weise Mythos und Geschichte ineinander verflochten sind, muß von Fall zu Fall gründlich untersucht werden. Bachofen ist von der Überzeugung ausgegangen, daß die Mythen einen unmittelbaren Zugang zu geschichtlichen Tatsachen eröffnen. Diese Hypothese ließ sich durchaus verifizieren: Schliemann suchte und fand im Vertrauen auf den Mythos den Grabungsort des sagenhaften Troja. Evans fand Knossos – um nur zwei geläufige und jeder Frau bekannte Beispiele zu erwähnen. Bachofen schloß aus matriarchalen Mythen auf die Existenz matriarchaler Glaubens- und Gesellschaftspraxis. Woher auch sollten Menschen die Phantasie genommen haben, von Göttinnen und souveränen, über sich selbst verfügenden Frauen zu erzählen, wenn ihnen nicht die eigene Lebenswirklichkeit den Anschauungsunterricht dazu geliefert hätten?

Können wir von Bachofen lernen, daß der biblische Mythos die jüdische Geschichte unmittelbar spiegele? Was die dichterische Gestaltung von Genesis 38 angeht, so wird unter Fachleuten diskutiert, ob hier die *Familiengeschichte* Judas erzählt werde oder ob die Erzählung *Stammesgeschichte* berichte:

Die einen lesen den Text als die Geschichte des *Mannes Juda*, der zum bedeutendsten Nachkommen Abrahams geworden ist. Sie lesen Genesis 38 als Bericht vom persönlichen Schicksal Judas, als eine Geschichte, die wortwörtlich verstanden werden muß und zum unverzichtbaren Überlieferungsgut der Patriarchengeschichten gehört. Juda, der Einzelgänger, zieht in *kanaanäisches Land*. Unbeabsichtigt bestätigt Genesis 38: *Das Judagebirge und die Judawüste ist Kanaan.*

Die anderen sehen in »Juda« sinnbildlich eine Völkergruppe Israels. Für diese Wissenschaftler steht der »Mann Juda« für den »Stamm Juda«. Könnte in der Aussage, »Juda zog von seinen Brüdern weg nach Süden in das kanaanäische Land« (Genesis 38, 1), der mythische Niederschlag einer Wanderung des »Stammes Juda« gesehen werden? Gibt es einen Anhaltspunkt dafür, daß Juda einst im Norden ansässig gewesen wäre, um später nach Süden, in kanaanäisches Land, abzuwandern? Mythologische Reiseberichte von Göttern oder Kultheroen lassen oft zu Recht auf die Wanderung ganzer Stämme und Völker schließen und ermöglichen so die Rekonstruktion fundamentaler geschichtlicher Erkenntnisse.

Doch die Bibel selbst widerlegt diese Deutung. Im zweiten Jahrtausend v. u. Z. sind die israelitischen Stämme, die im Norden wohnten, selbst nur lose miteinander verbunden. Sie bilden keine politische Einheit. Nach Darstellung des Josuabuches haben sie sich zu einer Amphyktyonie* zusammengeschlossen. Doch handelt es sich eher um einen politischen Bund zur gegenseitigen Unterstützung im Kriegsfall, wie im Buch der Richter deutlich wird. Als Israel unter der Führung der Richterin Debora gegen die übermächtigen Kanaanäer kämpft, wird ein Stamm Juda nicht erwähnt, obwohl *alle* Stämme Israels aufgezählt werden: die einen, die sich im Kampf verdient gemacht haben, und die anderen, die dem Bündnis untreu gewesen und dem Kampf fern geblieben sind (Rad 1972, 292). Damit ist zunächst belegt, daß der israelitische Stämmebund zur Richterzeit einen Stamm Juda nicht gekannt hat.

Aber auch im Süden von Jerusalem ist ein Stamm Juda vor Davids Zeiten nicht nachweisbar. Im Judagebirge und in der Judawüste siedeln zahlreiche Volksgruppen, haben sich Königreiche als begrenzte Stadtstaaten herausgebildet. Erst David eint die Stämme südlich von Jerusalem zu einem einheitlichen Staatsgebilde mit der Hauptstadt Hebron, die acht Jahre lang sein Regierungssitz gewesen ist, bevor er das Nordreich Israel und schließlich auch den Stadtstaat Jerusalem erobert.

Das Buch Josua ist eines der jüngsten Bücher der Bibel. Rückschauend verteilt sein Redaktor die Stämme Israels über das

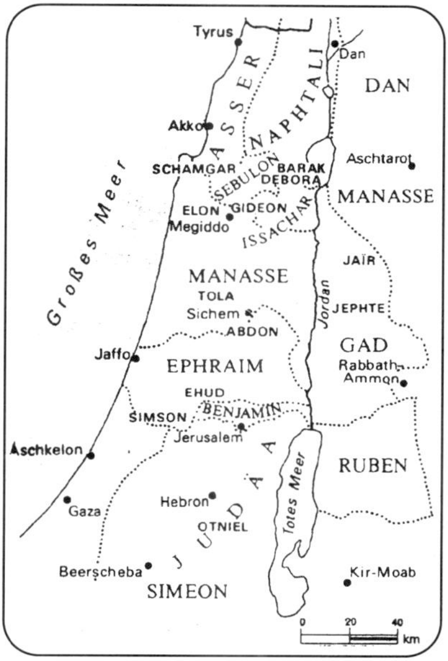

Abbildung 13
Die Stämme Israels um 1200 v. u. Z.
Landkarte gemäß den Angaben im Buch Josua

Land. Längst haben mythische Züge die Lücken der geschichtlichen Überlieferung gefüllt. Tatsächlich lösten sich schon bei Salomos Regierungsantritt einige Südstämme von der Herrschaft Jerusalems. Israel im Norden beugte sich nur für eine kurze Zeit – zwischen etwa 1000 v. u. Z. bis zum Tod des Davidsohnes Salomo im Jahre 927 v. u. Z. – der Macht der Davididen. Als Salomo starb, löste sich das Nordreich aus dem unerwünschten Tributverhältnis. Im Süden blieb ein Reststaat übrig, der die Landschaftsgebiete des Judagebirges und der Judawüste umfaßte. Und dies war der historische Augenblick, in dem *Juda als Staat, nicht als Stamm* ins Blickfeld der Geschichte rückte.

Der Autor des Buches Josua denkt sich den Staat Juda als prähistorisches Stammesgebiet. In seiner Vorstellung umschließen die Stammesgrenzen Judas ein Gebiet vom Toten Meer im Osten bis zum Mittelmeer im Westen und von Bethlehem im Norden bis an die Grenzen Edoms im Süden (Josua, Kapitel 10). Der

Text schreibt Josua die Eroberung von ganz Israel zu. Aber noch nicht einmal David konnte seinen Herrschaftsbereich bis zum Mittelmeer ausdehnen. Dort blieb immer noch ein schmaler Küstenstreifen in der Hand der Philister. Die Größe des angeblichen Stammesgebietes Juda ist ein in mythische Vergangenheit projizierter Traum.

Die Erinnerung an die Einzelstämme im Süden ist von der Idee eines »Stammes Juda« verdrängt worden. Die Stämme Kaleb, Othniel, Kain und Jerachmeel sind in »Juda« aufgegangen. Die wenigsten Namen dieser Südstämme, die David unter seiner Königsherrschaft vereinte, sind theologischen Laien bekannt. Das Stammesgebiet des Ruben, der als der älteste Jakobssohn genannt wird, siedelt der Mythos östlich des Toten Meeres an. Im Widerspruch dazu berichtet die Bibel vom Steinkreis der Rubeniten, der westlich des Jordan liegt. Man weiß also, daß dieser Stamm auf der Westseite des Toten Meeres, im sogenannten Land Juda, angesiedelt war (Josua 15, 6). Auch die Geschichte des Stammes Simeon wird verkürzt, um dem Ruhm und der Größe des angeblichen »Stammes Juda« Platz zu machen. Vor Davids Zeiten war der alte Kultort Hebron das Zentrum des Stammes Kaleb, und die Südstaaten führten noch ein recht selbstbewußtes Eigenleben. (Noth 1956, 56 ff. und 86) R. de Vaux hat in einem Vortrag auf dem 5. internationalen Weltkongreß für die Wissenschaft des Judentums in Jerusalem im Jahr 1972 mit Bibelzitaten belegt, daß der Stamm Kaleb in Juda aufgegangen ist (de Vaux 1972, 151).

Bernhard Luther zeigt, daß Überlieferungen, die auf den Stamm Jerachmeel zurückgehen, in der Bibel als Geschichte Judas erzählt werden:

»Die Grenzen von Juda und Jerachmeel waren gewiß so schwankend, daß in beiden Fällen dasselbe Geschlecht gemeint ist.« (Luther 1906, 203)

Der kritische Ansatz ist aber nicht zu Ende gedacht; denn nicht die »schwankenden Grenzen« zwischen den beiden Stämmen waren für die Vermischung ihrer Geschichte verantwortlich. Die Geschichte Jerachmeels ist von Juda zu dessen Ehre regelrecht absorbiert worden. Sie ist als »Geschichte Judas« ausgegeben worden und hat die Erinnerung an den Stamm Jerachmeel aus dem Bewußtsein verdrängt. Bernhard Luther belegt, daß

»die Angehörigen des Stammes Perez in der Gegend von Jerusalem gewohnt haben, so daß David dem Geschlecht Perez angehörte.« (Luther 1906, 205)

Auch der Stamm Perez gehört zu den von Juda aufgesogenen Stämmen. Der Forscher Eduard Meyer glaubt nachweisen zu können, daß das Reich Juda *noch nach dem Exil* in die Stämme Schela, Perez und Serach zerfallen ist (Meyer 1906, 159 f.), Stämme, von denen zumindest zwei – Perez und Serach – der Überlieferung nach auf Tamar zurückgehen.

Mit den Völkergruppen, die südlich des Stadtstaates Jerusalem wohnten, unterhielten die Nordstämme keine enge Beziehung. Es ist eine geschichtliche Realität, daß die Südstämme zu den Nordstämmen Israel ein meist gespanntes oder sogar feindliches Verhältnis gehabt haben. Die politische Herrschaft Davids unterdrückte den Zwiespalt gewaltsam. Nach Salomos Tod herrschte zwischen den beiden Staaten Israel und Judäa selten Frieden. Zwar gab es in der Zeit nach dem Zerfall des Großreiches einmal eine Heirat zwischen einer Prinzessin und einem Prinzen der zerstrittenen Königshäuser; aber selbst dadurch wurde die Feindschaft der Nachbarstaaten nur für kurze Zeit beigelegt. Dazu sagt Eduard Meyer:

»So wird Juda in der Genealogie einer der Stämme Israels und steht mit Benjamin, Ruben, Dan usw. auf gleicher Linie. In der Theorie ist diese Anschauung, welche die Judäer zu Israeliten macht, völlig durchgedrungen und beherrscht die theologische Sprache des Judentums bis auf den heutigen Tag. Aber in der Praxis hat sie niemals die geringste Bedeutung gewonnen, hier steht Juda immer in alter Weise neben und in schroffem Gegensatz zu Israel: Niemals ist es vor dem 19. Jahrhundert einem Menschen eingefallen, in der Sprache des gewöhnlichen Lebens einen Juden als Israeliten zu bezeichnen.« (Meyer 1906, 233)

Ein Hinweis auf die Stammesgeschichte Judas läßt sich aus Genesis 38 nicht gewinnen. Keine Völkerwanderung von Norden nach Süden verbirgt sich hinter der Passage: »Juda hob seine Füße auf und zog (von Nord-Israel) nach Süden in kanaanäisches Land«. Im Gegenteil: Historisch verlief die Eroberung in umgekehrter Richtung. David zog von Süden herauf und eroberte Nord-Israel.

Bevor Forscherinnen sich darauf einlassen, den Mythos als Quelle für geschichtliche Tatsachen zu benutzen, ist kritische Vorsicht am Platz. Mythos kann Geschichte in bewußter Absicht verfälschen; er kann die geschichtlichen Tatsachen geradezu auf den Kopf stellen, um Wirklichkeit zu verschleiern.

Juda ist kein Personenname

Karl Kerényi, der seiner Ausbildung und seinem Selbstverständnis nach Historiker ist, sieht im Mythos

»ein Stück jener Geschichte, die wir, im Sinne einer unsere Fähigkeiten zur Erinnerung und zur Aufnahme bestimmenden, gemeinsamen Erbschaft, ›unsere Geschichte‹ nennen dürfen.

Die wenigsten Historiker sind wie er bereit, den Mythos in unser Geschichtsbewußtsein einzubeziehen. Der Geschichtsschreibung allein wird Realitätscharakter zuerkannt. Doch möchte ich behaupten, daß durch Historiker täglich neue Mythen entstehen. Nur aus der Sicht einiger weniger Autoren werden Ereignisse übermittelt, die sie gemäß ihrem Interesse auswählen. *Sie* entscheiden, was sie berichten wollen und was nicht. Die schweigende Mehrheit ist zur Sprachlosigkeit verurteilt. Daher fehlt der Geschichtsschreibung gerade der Realitätscharakter, den sie für sich in Anspruch nimmt. Wer übersieht, daß jegliche Berichterstattung interessegeleitet ist, verkennt die mythenbildende Tendenz jeder Geschichtsschreibung.

Selbstkritisch und ehrlich urteilt Pinchas Lapide, wenn er zugibt, daß »Juden, ungleich anderen Religionen, nie die Weltgeschichte von der Heilsgeschichte getrennt haben« (Lapide 1982, 29).

Die Bibel ist ein Buch, in dem Geschichte – oder was immer wir für »geschichtlich« halten mögen – mit dem Mythos zu einer Gesamtschau über die jüdische Vergangenheit, jüdisches Leben und jüdische Heilsgeschichte zu einer umfassenden Weltdeutung verschmolzen sind.

Die Frage, ob Juda eine geschichtliche oder eine mythologische Gestalt sei, werde ich daher nicht wertend stellen. Für das Selbstbewußtsein eines Volkes kann eine mythologische Gestalt oft bedeutender sein als manche geschichtliche. Geschichtsschreibung wird relativiert, wenn der Mythos ernst genommen wird.

Martin Noth schreibt in seiner »Geschichte Israels«, daß »der Name Juda keine Beziehung zu irgendeinem geläufigen Typ semitischer Personennamen (hat) und schwerlich ursprünglich ein Personenname gewesen« sei (Noth 1956, 56). Er ist der Meinung, wie neuerdings auch R. de Vaux von der hebräischen Universität in Jerusalem, daß sich die Leute in den judäischen Landschaften schon frühzeitig, spätestens zur Zeit König Sauls Judäer genannt und sich also als zusammengehöriger »Stamm Juda« verstanden hätten.

Martin Noth vermutet, »daß dann sekundär die in einem Teil dieses Bereichs (im Lande Juda) seßhaft werdenden Sippen sich ›Juda-Leute‹, ›Judäer‹ benannten und so zum Stamme Juda wurden.« (Noth 1956, 57) Auf dem 5. Weltkongreß für jüdische Studien im Jahre 1972 hat de Vaux dieselbe Ansicht vorgetragen. Verschiedene Einzelstämme, die im Süden von Jerusalem ansässig gewesen seien, hätten sich eines Tages als zusammengehörige Gruppe gefühlt und sich als »Stamm Juda« verstanden. Wie Martin Noth möchten auch moderne Exegeten die »Installation des Stammes Juda« in die Zeit König Sauls zurückdatieren (Vaux 1972, 156).

Gegen die Existenz eines »Stammes Juda« zu Zeiten Sauls, wie es die Forschung vorschlägt, spricht die Tatsache, daß Davids Großreich den Namen »Israel« trägt. David ist in Bethlehem geboren worden, das zu seiner Zeit zum Umland des jebusitischen Stadtstaates Jerusalem gehört hat. Hätte sich David als *Judäer* gefühlt, oder wäre er auch nur im Bewußtsein seiner Biographen ein Abkömmling des *Stammes Juda* gewesen, so würde das von David eroberte Großreich als »Reich Juda« – nicht als Israel – in die Geschichte eingegangen sein.

Noch um die Zeitenwende kennt das Volk keinen »Stamm Juda«. Maria muß mit Joseph, ihrem Mann, nicht deshalb nach

Bethlehem ziehen, weil der Ort das Kultzentrum oder die Heimat Judas gewesen wäre, sondern weil David in Bethlehem geboren war. Der Evangelist Lukas erzählt:

»Jedermann ging, daß er sich schätzen ließe, in seine Stadt. Da machte sich auf auch Joseph aus Galiläa, aus der Stadt Nazareth, in das jüdische Land zur Stadt Davids, die da heißt Bethlehem, darum, daß er aus dem *Hause und Geschlechte Davids* (Hervorhebung G.W.) war.« (Lukas 2, 4)

Vom jüdischen Land wird gesprochen, nicht vom Stamm Juda. Nicht auf einen Erzvater Juda führt Lukas den Joseph zurück, sondern auf das Haus und Geschlecht Davids. Juda ist die Landschaftsbezeichnung für ein relativ begrenztes Gebiet: das Judagebirge und die Judawüste. »Juda« ist kein Personenname.

Der redaktionelle Sachverhalt spricht dafür, daß Juda erst spät in die biblischen Texte hineinkomponiert ist: Er kommt öfter am Anfang oder am Ende der Texte vor. Die Stellung am Anfang erweckt den Verdacht, daß der Bericht nachträglich eingefügt ist.Tatsächlich finden sich die ältesten, echten Quellen meist mitten im Text. Die jüngeren Redaktoren suggerieren durch die hinzugefügten Texte eine andere geschichtliche »Wirklichkeit«. Bei der Überarbeitung von Texten ist es das nächstliegende Stilmittel, den älteren Text einzurahmen. Überarbeitungen sind am mühelosesten am Anfang oder am Schluß der bestehenden Erzählungen einzufügen. Gleichzeitig ist die Plazierung am Anfang oder am Schluß auch das wirksamste Stilmittel, um einer Aussage besonderen Nachdruck zu verleihen. Von Rahmengeschichten geht eine außerordentliche Suggestivkraft aus. Psychologen wissen das, und wenn sie Vorträge halten, legen sie besonderes Gewicht auf das, was sie am Anfang und was sie am Ende ihrer Ausführungen sagen. Dieses psychologische Phänomen wirkt auch in den biblischen Rahmenerzählungen. Eine Analyse, die ältere Quellen von der Umklammerung durch Rahmenerzählungen trennt, liefert daher neue und zusätzliche Informationen.

Literarisch gehören die Berichte über Juda zu den Rahmengeschichten, mit denen ältere Überlieferungen nachträglich redaktionell bearbeitet worden sind. Juda kommt – wie erwähnt – im *Kern der Richtergeschichten* nicht vor; die Debora-Überlieferung kennt keinen Stamm Juda. Aber dem ersten Kapitel des

Richterbuches ist Juda *vorangestellt. Juda ist der erste:* Er ist der erste, der ausziehen soll, das verheißene Land zu erobern (Richter 1, 2).

Eine Rahmengeschichte ist der erwähnte Lobpreis auf Juda (Genesis 49,8) ebenso wie der Jakobssegen: »Herr, erhöre die Stimme Judas und mache ihn zum Regenten in seinem Volk und lasse seine Macht groß werden, und ihm müsse wider seine Feinde geholfen werden« (5. Buch Mose, 33, 7), der im vorletzten Kapitel des Deuteronomiums steht.

Die Prophezeiungen der künftigen Größe Judas sind der kritischen Forschung ein Beweis, daß zum Zeitpunkt ihrer Redaktion David, der machtvollste Sohn seines mythischen Stammvaters, bereits historische Erfahrung gewesen ist. Mit David, dem großen König, erhält Juda die mythische Größe, die dem Volk in der Diaspora – von Babylon über Rom bis zu den Schreckenslagern von Auschwitz – Trost und Hoffnung bedeutet hat. Dadurch erhält der Mythos einen Realitätscharakter, den er für andere Völker in diesem Sinne nicht hat. Das christlich-abendländische Bewußtsein hat ein kritisch gespaltenes Verhältnis zum Mythologischen, während das Judentum den Mythos bewußt integriert hat: Juda lebt, er lebt in seinem Volk, und er beweist, daß Mythos geschichtsbildend und daß Geschichte mythologisch ist.

Ich bin Tamar – Weder Ehefrau noch Hure, weder Heilige noch Hexe, die Göttin bin ich

Tamar – das Geheimnis einer biblischen Frauengestalt

Was bleibt von Genesis 38 übrig ohne Juda?

Ger und Onan sind tot. Die Geschichte Israels weiß nichts von ihnen. Es bleiben Schela, Perez und Serach, historisch belegte Stämme im Lande Judäa. Es bleibt die Erinnerung an Adullam, die alte Königsstadt im Judagebirge, und an Enajim, den Ort mit den beiden Quellen. Es bleibt der Ziegenbock, den nicht Juda der Tamar zugesagt haben kann. Es bleiben die Pfänder, die Juda seiner Schwiegertochter nicht gegeben hat. Es bleibt Tamar. Um ihre Gestalt hüllt sich ein Geheimnis. Wenn sie nicht Judas Schwiegertochter gewesen ist, wer war sie dann?

Mehrere Exegeten vermuten, Tamar werde als »Kedesche« erwähnt, weil sie eine Tempelprostituierte gewesen sei. Religionsgeschichtliche Überlegungen erlauben mir, »Tempelprostitution« als vorübergehende Erscheinung zu begreifen. Sie ist aus der Institution der Heiligen Hochzeit hervorgegangen und in die profane Prostitution übergegangen. Die »Kedesche« in Genesis 38 verweist in rückwärtiger Analyse auf die Priesterin im Kult der Heiligen Hochzeit und auf die Göttin, der sie gedient haben mag. Den Schritt in die patriarchale Denknorm vollzieht die Bibel selbst: Tamar verkleidet sich als Hure.

Patriarchale Mythen haben die Tendenz, das Weibliche herabzustufen. Die religionsgeschichtliche Entwicklung verläuft von der alleinigen Verehrung der Großen Göttin über die parthenogen gebärende Göttin, die später mit ihrem Sohngeliebten als Götterpaar angebetet wird. Wenn sich verschiedene Stämme durch Fürstenheirat miteinander verbinden oder ein Stamm von einem anderen unterworfen wird, bilden die Gottheiten oftmals »Götterfamilien«. In der ägyptischen, der griechischen und orientalischen Mythengeschichte verlieren die kosmischen Ursprungsgöttinnen ihre schöpferische Kraft und werden zu Töchtern von Vatergottheiten. Die Charaktere großer Göttinnen werden im Lauf der Zeit auf einzelne »Aspekte« reduziert, die für Männer nützlich sind. Die Kriegs- und Liebesgöttinnen der patriarchalen Redaktion sind ein Beispiel hierfür. Ich habe das nicht nur im ersten Kapitel dieses Buches für die Aphrodite Griechenlands nachgewiesen, sondern auch schon früher für andere Kulturkreise (Weiler 1984, 1985 und 1989). Die umfassende schöpferische Potenz wird schließlich dem männlichen Prinzip allein zuerkannt. Ein derart einseitiges Weltbild ist irreal, »mythologisch« in negativer Bedeutung; aber dieser »Mythos« ist die Grundlage für den Siegeszug des Patriarchats in der Geschichte. »Wie im Himmel, also auch auf Erden.« *Das Mythologische ist politisch.*

Mythologen wie besonders Heinrich Zimmern, Charles Virolleaud, Josef Aistleitner, Robert von Ranke-Graves u.a. verstehen den schriftlich überlieferten Mythos vor allem als Überformung zugrundeliegender matriarchaler Ritualtexte. Sie suchen nach den Lesetexten für den Ritualablauf. Ranke-Graves gesteht allein diesen Ritualtexten die Qualität des »echten Mythos« zu. Er nennt »den echten Mythos die erzählerische Kurzschrift kultischer Spiele, wie sie bei öffentlichen Festen aufgeführt wurden.« (Ranke-Graves 1960, 10)

Robert von Ranke-Graves nimmt an, »daß eine immense Anzahl echter mythologischer Berichte, von denen heute keine Spur mehr existiert, bis in die Spätantike erhalten blieb.« (Ranke-Graves 1960, 11) Die Suche nach dem echten Mythos ist religionsgeschichtliche Forschung. Daher hat die Frage nach der Kultlegende auch die Exegeten der biblischen Texte beschäftigt, und sie haben dabei regelrechte »Schulen« entwickelt. So hat die skandinavische Psalmenforschung die biblischen Psalmen als

Ritualtexte interpretiert und damit die klassische Auffassung von der Entstehung dieser alten Lieder gründlich revolutioniert. Bezeichnend für diese Schule ist allerdings, daß die Fragestellung ausschließlich um das sogenannte »Thronbesteigungsritual« kreist. Im Mittelpunkt dieser männlichen Forschung steht allein der König. Die Initiationsrituale werden auf eine »Sache unter Männern« reduziert. Die Heilige Hochzeit, die den König für ein neues »Regierungsjahr« legitimiert, wird übergangen. Die Krönungszeremonie durch die »Mutter« – womit die Hohepriesterin als Inkarnation der Göttin gemeint ist – wird ausgeblendet. Kein männlicher Forscher nimmt zur Kenntnis, daß die Bevölkerung Jerusalems dem neuerwählten König Salomo zujubelte mit den Worten: »Seht König Salomo mit der Krone, mit der *seine Mutter ihn krönte!«* (Weiler 1989, 256)

Es gab eine theologische Schule, die sich ausschließlich mit der »Bibel-Babel-Forschung« befaßt hat, mit der Fragestellung also, ob biblische Geschichten von babylonischen Kulttexten abgeleitet werden können. Schon seit Anfang dieses Jahrhunderts haben Theologen nach den verlorenen Kultlegenden gesucht (Donner, Gaster, Greßmann, Hempel, Volz u.a.), die durch das biblische Schrifttum überlagert worden sind. Aber die Art und Weise, wie die »altorientalische Königsideologie« (Bernhardt 1961, passim) interpretiert wird, verstellt eher den Blick auf matriarchale Gesellschaften des vorderen Orient als ihn freizulegen.

Den Ausgrabungen in Ras-Schamra verdanken wir die Wiederentdeckung der antiken phönizischen Stadtkultur von Ugarit. Die dort aufgefundenen Ritualtexte erinnern in vieler Hinsicht an die Bibel. Diese Vergleiche haben der Bibelforschung neue Impulse gegeben. Aber sie riefen auch sofort den patriarchalen Widerstand auf den Plan. Die Zeugnisse von Göttinnen wurden bagatellisiert oder relativiert. Da die souveränen Eigenschaften der Göttinnen, die sich in den Ugarit-Texten spiegeln, nicht eindeutig widerlegbar sind, werden die Übersetzungen und Interpretationen als »sehr umstritten« deklariert. (Weiler 1989, 30 ff.) Das Argument »sehr umstritten« liefert zwar keinen wissenschaftlichen Gegenbeweis. Die Absicht aber ist unverkennbar: Das Argument soll den Wert dieser Quellen für die Frauenforschung mindern.

Trotz einiger ermutigender Forschungsansätze sind die Methoden der männlichen Wissenschaft für die Frauenforschung wenig brauchbar. Ich analysiere einen Text wie Genesis 38 auf die ihm zugrundeliegenden Kultlegenden mit Hilfe der Literaturgeschichte des Mythos. Ich habe gezeigt, wie der patriarchale Mythos die Kultmagie der Großen Göttin und schließlich ihr Bild selbst verdrängt. Dieser Prozeß läßt sich umkehren, so daß hinter dem verdrängten Bild das Urbild der Göttin aufleuchtet.

Darum habe ich mit der Studie über Juda begonnen. Ich habe gezeigt, daß Namen von Göttern und Kultheroen als Personennamen beliebt sind und besonders häufig vorkommen. Gerade dieses Kriterium trifft auf den Namen Juda nicht zu. Er ist keine Gestalt des archaischen Mythos; er tritt nicht aus dem mythischen Hintergrund in diese Geschichte ein, um durch die patriarchale Redaktion seinen Charakter zum Herrn und Familienvater zu entwickeln. Juda ist in die Erzählung von Genesis 38 spät – wahrscheinlich lange nach Salomos Tod – hineinkomponiert worden.

Um Tamar, die Kedesche – die Priesterin oder Göttin? –, klarer zu erfassen, betrachte ich noch einmal das kulturelle Umfeld Israels. Jeder Stamm, und später jeder einzelne Stadtstaat, verehrte eine eigene Kultheroin, die kultische Mutter, die als »Große Göttin«, als Schöpferin der Stammeskultur galt. Die »Größe« einer Göttin hing nicht ab von der Verbreitung ihres Kults. Sie war die »Große Göttin«, weil sie von *ihrem Stamm* als *die* kosmische schöpferische Kraft aufgefaßt wurde. In diesem Sinn ist die Ba'alat des Stadtstaates Byblos an der phönizischen Mittelmeerküste ebenso eine »Große Göttin« wie die ägyptischen Göttinnen Hathor, Nut oder Isis. Im ursprünglichen Sinn ist sogar eher die Ba'alat eine *matriarchale* »Große Göttin«; denn Göttinnen, die ihren Einflußbereich über andere Landschaften, Städte und Kulturen ausweiten konnten, haben das auf Kosten anderer Kulte getan. Mit solchen Entwicklungen setzt sich patriarchale Macht durch.

Die Fürstinnen und Fürsten auf dem Thron verdankten ihre Stellung der Überzeugung, daß sie die Göttin und ihren Geliebten auf Erden vertreten. Diese Verhältnisse setze ich aufgrund des entsprechenden Vergleichsmaterials aus anderen altorientalischen Kulturen auch für jeden einzelnen der Stämme Israels voraus.

Einst war der Stamm Ascher (Asser) mit Asherat verbunden, ebenso wie Benjamin mit Rahel oder Ruben mit Lea. Rahel – das Wildschaf – war die Ahnherrin des Stammes Benjamin, bevor sie der patriarchale Mythos zur *Frau von* Jakob herabstufte, während Lea nur den einen Sohn hatte: Ruben. Ruben war der Ahnherr des Stammes, der seinen Namen trägt. Er war der Sohngeliebte seiner transzendenten Mutter Lea. »Lea« bedeutet Wildkuh und erinnert an die kuhköpfige Hathor der ägyptischen Kultur. Wenn von Ruben erzählt wird, er sei zur Zeit der Weizenernte – und das ist kultische Zeit – ausgegangen, um seiner Mutter Lea Mandragora (Liebesfrüchte) zu bringen (Weiler 1989, 126 ff.), so hat er das als matriarchaler Held, als mythischer Sohngeliebter der Himmelsgöttin, oder in dessen Stellvertretung als matriarchaler Priester getan. Aus Mandragora braute die Priesterin einen berauschenden Trank zur Feier der Heiligen Hochzeit.

Ebenso wie Lea und Rahel kultische Namen tragen, ist auch Tamars Name kultischer Herkunft. Tamar bedeutet Dattelpalme. In die Gestalt der Palme sind viele Große Göttinnen geschlüpft. Ischtar taucht auf einem akkadischen Rollsiegel als Palmengöttin auf (Winter 1983, 270 ff.). Auf diese Tatsache mag Ranke-Graves sich stützen, wenn er sagt: »Tamar war das hebräische Äquivalent der großen Göttin Ischtar.« (Ranke-Graves 1981, 221)

Besonders kosmische Göttinnen werden in den altorientalischen Kulturen auch als Baumgöttinnen verehrt. Wo Bäume wachsen, findet sich das lebenswichtige Wasser. Bäume spenden Schatten in den heißen Regionen des Orients, und sie liefern Früchte zur Nahrung. Bäume, die tief im Erdreich wurzeln, sind auch als »Eingang ins Reich der Toten« gedacht worden. Die Toten in der Unterwelt erhalten Nahrung und Trank von der Großen Göttin. Bäume strecken ihre Äste zum Himmel auf. Sie sind das Symbol für den Himmel selbst, der sich schützend über die Erde wölbt. Damit schließt sich der Kreis umfassender Lebenskraft der Göttin: Sie kann Leben gebären und nahrunggebend erhalten.

Abbildung 14
Die Göttin als Dattelpalme, nahrunggebend
Relief, Ägypten, 18. Dynastie

Sie begleitet die Toten in die Unterwelt, um sie eines Tages wiederzugebären. So verbindet sich im Glauben an die Baumgöttin Leben und Tod und die Hoffnung auf Wiedergeburt. In Bäumen konzentrieren sich die umfassenden Potenzen der kosmischen Himmelsgöttinnen. Granatbäume, Feigenbäume und Dattelpalmen sind die häufigsten Sinnbilder für Göttinnen.

Wie in Ägypten, so hatte auch in Israel der Feigenbaum kultische Bedeutung. Wenn »der Feigenbaum seine Frühfrucht trägt«, ist die Zeit der kultischen Feste, zu denen *develah,* Feigenkuchen gebacken worden sind. Bei Ausgrabungen in Geser, einer antiken Stadt westlich des Judagebirges, wurden getrocknete Feigen gefunden, die aus der Zeit um 5000 v. u. Z. stammen.

In der Sündenfallgeschichte fertigen Adam und Eva sich Schurze aus Feigenblättern an, um ihre »Scham« zu bedecken. Was hat die Sexualfeindlichkeit Frauen und Männern angetan, als ihr Schoß, dieser Ort der Lust und des Lebens, zur »Scham« wurde, so daß sie sich schämen mußten!

Tausende von Bildern der christlich-abendländischen Kunst vermitteln uns, der Baum »in der Mitte des Gartens« sei ein Apfelbaum gewesen, obwohl es im Orient des 2. Jahrtausends v. u. Z. keine Apfelbäume gab. Granatbäume aber waren bekannt. Vielleicht war der Baum in der Mitte des Paradieses kein Feigenbaum, sondern der Granatapfelbaum oder eine Dattelpalme.

Abbildung 15
Grab des Sennedjem und seiner Frau in Deir el Medine, Theben-West, 19. Dynastie, 1. Hälfte des 13. Jahrhunderts v. u. Z.

Nut ist auf diesem Grabrelief als Göttin der Sykomore dargestellt. Sie spendet den Verstorbenen Wasser und Nahrung. Die Sykomore ist der wilde Feigenbaum des Nillandes. Der Feigenbaum kommt im Orient in zwei Arten vor:
1. als Kulturfeige, die nur weibliche Blüten trägt, die keiner Befruchtung bedürfen, sondern aus der birnenförmigen Blüte, die bereits einer kleinen Frucht ähnelt, durch Parthenokarpie schmackhafte Früchte entwickelt. Biologisch ist die Feige eher eine gewucherte Blüte denn eine Frucht.*
2. als Ziegenfeigenbaum, caprificus, der viele weibliche und etwas weniger männliche Blüten hat. Der Fruchtansatz ist von einer Wespe abhängig, die ihre Eier im Fruchtknoten der weiblichen Caprificus-Blüte ablegt und dadurch zum Pollenüberträger der männlichen Blüten wird.

Im Land Juda wie überall, wo es Wüsten und wüstenähnliche Gebirge gibt, kommt der Dattelpalme die größere kultische Bedeutung zu.

Skarabäen wurden meist als Siegel gebraucht. Manche Stücke sind jedoch sehr zart gearbeitet und leicht zerbrechlich. Sie sind eher als Amulette getragen worden.

Abbildung 16
Skarabäus aus Lachisch
Palmengöttin
Mitte des 2. Jahrtausends v. u. Z.

Abbildung 17
Skarabäus aus Lachisch
Palmengöttin
1750 – 1700 v. u. Z.

Den schriftlichen Beleg dafür, daß Tamar über die Zeitenwende hinaus in Israel eine bedeutende Gestalt gewesen ist, liefert der Evangelist Matthäus, der sie im Stammbaum Jesu erwähnt:

»Dies ist das Buch von der Geschichte Jesu Christi, der da ist ein Sohn Davids, des Sohnes Abrahams: Abraham zeugte Isaak. Isaak zeugte Jakob. Jakob zeugte Juda und seine Brüder. Juda zeugte Perez und Serach von der Tamar. Perez zeugte Hezron. Hezron zeugte Ram. Ram zeugte Aminadab. Aminadab zeugte Nahesson. Nahesson zeugte Salma. Salma zeugte Boas von der Rahab. Boas zeugte Obed von der Ruth. Obed zeugte Jesse. Jesse zeugte den König David.« (Matthäus 1, 1 – 6)

Der Stammbaum des Matthäus erwähnt die matriarchalen Gestalten, Tamar, Rahab und Ruth, die im jüdischen Land eine Rolle gespielt haben. Alle drei treten aus dem Umfeld Israels in die Geschichte der Bibel ein. Sie sind nach biblischem Zeugnis »fremde Frauen«.

Ikonographisch ist die Göttin – sei es in menschlicher Gestalt wie auf dem Titelbild aus Ugarit oder in Gestalt des Baumes – häufig von zwei Ziegenböcken flankiert. In seinem Buch »Frau und Göttin« sagt Urs Winter: »Das Motiv von zwei antithetischen* Ziegen am ›Heiligen Baum‹ ist uralt.« (Winter 1983, 435) Abbildung 4 (S. 32) zeigt besonders gut, wie die Göttin durch den Baum und die Frauengestalt zugleich symbolisiert wird.

Abbildung 18
Palmengöttin, nahrunggebend
Steinrelief aus Karatepe
um 700 v. u. Z.

Ähnlich der ägyptischen Baumgöttin (Abb. 14 und 15) stellt dieses Steinrelief die nahrunggebende Baumgöttin dar. Göttin und Baum gehen hier nicht ineinander auf, sondern sie entsprechen einander. Die kosmische Göttin in Gestalt der Dattelpalme wird im vorderen Orient von Persien bis zum Mittelmeer, von Ägypten bis zum Schwarzen Meer verehrt. Auch die hebräische Tamar ist eine kosmische, lebenerhaltende Göttin.

Abbildung 19
Gebärende Göttin von zwei Ziegen flankiert
Bronzener Nadelkopf aus Luristan, Iran

Auf diesem Bild wird die Göttin als Gebärende dargestellt. Steinböcke sind ihr als totemistische Kulttiere zugeordnet. Der Bock symbolisiert männliche Liebesfähigkeit, männliche, dem Leben zugewandte Kraft.

Der Ziegenbock in Genesis 38 hat ursprünglich mehr bedeutet als einen Kaufpreis, den Juda der Hure für den Beischlaf anbietet. Dieses Kulttier ist im vorderen Orient so bedeutend und zugleich anrüchig, daß der Gott Israels seinem Volk gebot, dem Bock keine Opfer zu bringen. (3. Mose 17,17) Andererseits hat Israel den Bockskult integriert. Der Ziegenbock war das Schlachtopfer beim jährlichen Versöhnungsfest, und er war es, der die Sünden des Volkes Israel auf seinen Schultern in die Wüste trug:

»Und der Herr redete mit Mose ... und sprach: Sage deinem Bruder Aaron, ... er soll von der Gemeinde der Kinder Israel zwei Ziegenböcke nehmen zum Sündopfer ... und die zwei Böcke nehmen und vor den Herrn stellen vor die Tür der Hütte des Stifts, und soll das Los werfen über die zwei Böcke, ein Los dem Herrn und das andere dem Asasel. Und soll den Bock, auf welchen des Herrn Los fällt, opfern zum Sündopfer. Aber den Bock, auf welchen das Los für Asasel fällt, soll er lebendig vor den Herrn stellen, daß er über ihm versöhne ... Da soll denn Aaron seine beiden Hände auf sein Haupt legen und bekennen auf ihn alle Missetat der Kinder Israel und alle ihre Übertretung in allen ihren Sünden, und soll sie dem Bock auf das Haupt legen und ihn durch einen Mann, der bereit ist, in die Wüste laufen lassen, daß also der Bock alle ihre Missetat auf sich in die Wüste trage.« (3. Mose 16, 1 – 22 gekürzt)

Wie sich zeigt, war der Bock im alten Israel ein über Jahrtausende hinweg verehrtes Kulttier. Aber Tamar, die Große Göttin in Gestalt der Dattelpalme, die Herrin des Steinbocks, wird in der biblischen Dichtung durch Männergestalten unterworfen und überlagert.

Die Frage bleibt, warum Genesis 38 überhaupt erzählt worden ist. Wäre es nicht einfacher gewesen, Tamar gänzlich zu verschweigen? Sicher waren Frauen, die in den patriarchalen Mythen der Weltliteratur Erwähnung fanden, mit der Tradition so fest verbunden, daß sie aus der Erinnerung des Volkes, und besonders aus dem Gedächtnis der Frauen, nicht auszulöschen waren. Sie mußten in den patriarchalen Mythos übernommen werden. Die einzige Möglichkeit, ihre kultische Bedeutung vergessen zu machen, war die Überlagerung der mündlichen Überlieferung durch den geschriebenen Text.

Die Macht des Wortes, die Suggestivkraft des »Es steht geschrieben ...« verdrängte die Erinnerung an Tamar, eine der wichtigsten Göttinnen im Lande Kanaan, die hebräische Ischtar.

Tamar – ihre Tempelstädte und Heiligen Haine

Als der hochbetagte Moses auf den Berg Nebo stieg, um im Anblick des Gelobten Landes zu sterben, sah er das zukünftige Israel zu seinen Füßen liegen: vom Mittelmeer bis zu der Tiefebene, in die der Jordan sich zur Senke des Toten Meeres gräbt. Er sah das Land bis zu den Gebirgen im Norden, dem Libanon und dem Hermon:

»Und der Herr zeigte ihm das ganze Land Gilead bis gen Dan und das ganze Naphtali und das Land Ephraim und Manasse und das ganze Land Juda bis an das Meer gegen Abend und das Mittagsland und die Gegend der Ebene Jerichos, die Palmenstadt bis gen Zoar.« (5. Mose 34, 1 ff.)

Diese Palmenstadt am Rande der Wüste ist älter als Moses. Sie war bereits eine fest gebaute Stadt, als die Stämme Israels – ihrer eigenen Überlieferung nach – in das verheißene Land einwanderten. Palmenstadt, das heißt Tamarstadt. Dort, an einer Wasserstelle, wo schattenspendende Dattelpalmen wuchsen, unter denen die Menschen Schutz vor der sengenden Sonne, Trinkwasser für Mensch und Vieh und Datteln zu ihrer Nahrung fanden, erbaute ein archaischer Volksstamm der Jungsteinzeit eine seiner ersten Städte.

Die Dattelpalme in der Oase bedeutete mehr als nur dies alles: Schatten, Wasser und Nahrung. Archaische Menschen sahen von der Natur bevorzugte Orte als heilig an. Auch Israel kannte diese heiligen Orte. Die Richterin Debora wohnte unter einer Palme. Von ihr wird erzählt:

»Sie wohnte unter der Palme Deboras zwischen Rama und Beth-El auf dem Gebirge Ephraim. Und die Kinder Israel kamen zu ihr hinauf vor Gericht.« (Richter 4, 4 f.)

Nicht unter irgendeiner Palme wohnt die Richterin, sondern unter *der Palme Deboras.* »Debora« – das bedeutet »Biene« – war der Name einer schöpferischen Urgöttin. Der ägyptischen Neith sind Bienen zugeordnet als Zeichen ihrer souveränen Weiblichkeit. Debora war keine geringere als die hebräische Neith, wie ich an anderer Stelle gezeigt habe. (Weiler 1989, 168 ff.) Debora wohnt im heiligen Palmenhain. Dort wird die Göttin in freier Natur verehrt. Vielleicht hat Debora, die hebräische Neith, die Gestalt der Baumgöttin angenommen wie ihre ägyptische Schwester.

Im Lauf der Zeit bauten die Menschen Tempel und Kultzentren zur Ehre der Göttin und legten ihre Wohnstätten in unmittelbarer Nähe zum Heiligtum an. Alle vorgeschichtlichen Städte tragen die Namen von Göttinnen und Göttern. Mythen und Legenden zeugen von diesen matriarchalen Kultorten und weisen auf Traditionen und Rituale hin, die Frauen in ihren Mauern gefeiert haben.

Die nordisraelitischen Städte Beth-Anat und Anatoth leiten ihre Namen von der phönizischen Göttin Anat her, deren Geliebter der Gott Ba'al geworden ist. Städtenamen erinnern an Ortsgottheiten: Iseum war die Heimat der ägyptischen Göttin Isis. In unmittelbarer Nachbarschaft lag Busiris, das heißt »Haus des Osiris«. Hier war der Kultort des Gottes Osiris. Im heutigen Negev lag einst die Stadt Ba'alat, der ursprüngliche Kultort der Ba'alat. Der biblische Schriftsteller berichtet, diese uralte Stadt sei eine Gründung König Salomos gewesen (1. Könige 9,18). Doch Salomo kann die Stadt nicht gebaut haben. Sie mag eine alte Tempelstadt in der Wüste gewesen sein, der Göttin Ba'alat geweiht, die eine der ältesten Göttinnen des Libanon ist. Ihre Gestalt taucht – durch ikonographische* Funde belegt – aus dem Dunkel der Vorgeschichte auf, lange bevor die Stämme Israels erwähnt werden. Ursprünglich als parthenogen* gebärende Göttin verehrt, verschmilzt die Ba'alat im Laufe der Kultgeschichte mit anderen Göttinnen und geht Beziehungen zu männlichen Gottheiten ein. Selbst JHWH soll ihr Liebhaber gewesen sein. In der phönizischen Kultstadt Ugarit ist eine Schnitzerei gefunden worden, die ihn als den Geliebten der Ba'alat darstellt (Ranke-Graves 1981, 221).

Die jungsteinzeitlichen Siedlungen lagen meist in einer Senke zwischen zwei Bergen, dort, wo reichlich Wasser floß. Die heiligen Haine der Göttinnen auf den Bergen blieben Wallfahrtsorte, zu denen fromme Menschen an Festtagen pilgerten. Auch Jerusalem geht auf eine Siedlung am Ophel, einem zum Kidrontal hin abfallenden Hang, zurück. Dort haben die ersten Menschen schon im Chalkolithikum* gewohnt. Ihr Berg, der Zion, war schon ein heiliger Ort, Jahrtausende bevor Salomo an dieser Stelle den Großen Tempel erbaute.

Am Tempel wurde die erste Vorratswirtschaft betrieben, Getreide für die Aussaat im kommenden Jahr aufbewahrt und Vorräte für Jahre der Mißernten gespeichert. Die allerersten Schriftzeugnisse der Menschheit betrafen die Magazinverwaltung matriarchaler Gesellschaften, die unter dem Schutz einer Ortsgöttin standen.

In der Übersetzung nach Luther wird Salomo die Gründung uralter Städte zugeschrieben: »Also baute Salomo Geser und das niedre Beth-Horon und Ba'alat und Tamar in der Wüste im Lande.« (1. Könige 9, 17 f.) Der Autor der biblischen Königsbücher übertreibt die kulturellen Leistungen Salomos; er lobt seinen Reichtum und seinen Prunk:

»Salomo baute alle Städte der Kornhäuser ... und alle Städte der Wagen und die Städte der Reiter, und wozu er Lust hatte zu bauen zu Jerusalem, im Libanon und im ganzen Lande seiner Herrschaft.« (1. Könige 9, 19)

Womöglich hat Salomo die Tempelstadt Ba'alat *ausgebaut,* ihre Kultstätten und Tempel *ausgebessert.* Und wenn er dies getan hätte, so lieferte die Bibel einen Beweis mehr, daß Salomo matriarchale Göttinnen verehrt hat. Auch Tamarstadt in der Wüste soll Salomo gebaut haben, eine sehr alte Ansiedlung, deren Gründung auf die späte Jungsteinzeit oder die frühe Bronzezeit zurückgeht.

In der Bibel werden »Palmen- und Tamarstädte« mehrfach erwähnt. En* Tamar liegt südlich des Toten Meeres, wenige Kilometer von Sodom entfernt, dort, wo die Straße nach Westen einbiegt in Richtung auf Beer-Sheba, die Hauptstadt in der Wüste. Eine andere Palmenstadt wird im 1. Kapitel des Richterbuches erwähnt:

»Und die Kinder des Keniters, des Schwagers Mose, zogen herauf aus der Palmenstadt mit den Kindern Juda in die Wüste Juda, die da liegt gegen Mittag der Stadt Arad.« (Richter 1, 16)

Die Keniter gehörten zu den Südstämmen, die einst im Judagebirge wohnten und deren Stammessouveränität durch den Machtanspruch Davids verloren ging. Sie gingen im Reich Juda auf, nicht, weil sie »mit den Kindern Juda« heraufgezogen wären in die Wüste Juda, sondern weil König David sie ihrer Selbständigkeit beraubt hat.

Das 3. Kapitel des Richterbuches berichtet, daß die Moabiter, die östlich des Jordangrabens wohnten, die Kinder Israel überfallen und die Palmenstadt genommen haben:

»Aber die Kinder Israel taten fürder übel vor dem Herrn. Da stärkte der Herr den Eglon, den König der Moabiter, wider Israel, darum, daß sie übel taten vor dem Herrn. Und er sammelte zu sich die Kinder Ammon und die Amalekiter und zog hin und schlug Israel und nahm ein die Palmenstadt.« (Richter 3, 113)

Hesekiel, jener unglückliche Prophet, der im Jahr 598 v. u. Z. bei der Gefangennahme der Judäer nach Babylon deportiert worden ist, sieht in seinen ekstatischen Visionen Tamar, die Palmenstadt, den Grenzort, der im jüdischen Land gegen Süden gelegen ist:

»Aber die Grenze gegen Mittag ist von Tamar bis ans Haderwasser zu Kades und den Bach hinab bis an das große Meer.« (Hesekiel 47, 19 und 48, 28)

In den Büchern der Chronik wird En Gedi, die Oase an den Ufern des Toten Meeres, Tamarstadt genannt. Die Ammoniter und mit ihnen auch die Meuniter sind angetreten, wider den judäischen König Josaphat zu streiten:

»Und man kam und sagte es Josaphat an und sprach: Es kommt wider dich eine große Menge von jenseits des Meeres, von Syrien; und siehe, sie sind zu Hazezon-Tamar, das ist Engedi.« (2. Chronik 20, 1 f.)

Hazezon heißt so viel wie »Steinhaufen« – eine Metapher, mit der altorientalische Bildsprache das Wüstengeröll vor Augen führt, das die palmenbestandene Oasenstadt von allen Seiten her umgibt. En Gedi bedeutet »Bocksquelle«. Es ist die Quelle, zu der die wilden Ziegen, die Steinböcke und Steinziegen der Judawüste, zur Tränke kommen. »Die Steinbocksquelle, das ist Tamarstadt!« Oder besser übersetzt: »Tamarstadt mit der Steinbocksquelle«. Was bedeutet dies anderes, als daß Tamar und der wilde Ziegenbock seit alters her an diesem Ort beheimatet waren? Richard Hartmann, der für die häufige Erwähnung des Ziegenbocks in Genesis 38 eine Erklärung sucht, sagt dazu:

»Können wir nicht in der Erzählung von Genesis 38 selbst einen Anhaltspunkt finden? Mehrmals in der Novelle ist davon die Rede, daß Juda der Tamar als Lohn ein Ziegenböckchen zugedacht habe (Vers 17, 20 und 23). Die Geflissentlichkeit, mit der er immer wiederholt wird, legt die Annahme nahe, daß er mehr bedeutet. Es genügt, auf diese Tatsache aufmerksam zu machen, um sofort den Verdacht zu erwecken, daß wir es in Genesis 38 mit einer Lokalsage von En Gedi zu tun haben. Und dieser Verdacht wird zur Wahrscheinlichkeit erhoben, wenn wir beachten, daß in 2. Chronik 20, 2 der Ort Tamar mit En Gedi erklärt ist, En Gedi also mit dem Namen Tamar in Verbindung gesetzt ist … Eine Oase wie En Gedi hatte gewiß seit alters her ihren Kult.«

Richard Hartmann vermutet, daß En Gedi nicht nur – wie der

Name sagt – mit dem Steinbock verbunden war. Er fragt weiter: »Sollte in En Gedi eine Gottheit verehrt worden sein, der die Palme heilig war?« (Hartmann 1913, 77)

Angesichts des Sachverhaltes, der sich hier anzeigt, wirkt die Frage nach einer »Gottheit« neutralisierend. Wie wir aus 2. Chronik 20, 2 erfahren, hieß En Gedi ursprünglich Tamarstadt. Dort kann keine »Gottheit« verehrt worden sein, der »die Palme heilig« ist, sondern Tamar, die Palmengöttin selbst. Und wenn wir es »in Genesis 38 mit einer Lokalsage von En Gedi zu tun haben«, kann es sich nur um eine Sage handeln, die auf Tamar und ihren Steinbock zurückgeht; denn Tamar ist es, der jener Bock gehört, wovon Hartmann selbst bei seinen Überlegungen ausgegangen ist. Aber der Exeget läßt die konsequente Durchführung seines Denkansatzes vermissen. Er verbleibt im vagen Vorfeld von Vermutungen.

Es gibt andere Städte, deren Überlieferung einen Tamarkult bewahrt hat, obwohl sie sich durch ihren Namen heute nicht mehr verraten. So berichtet der biblische Autor, daß Tamar aus Enajim stamme. Er vermittelt damit ein wichtiges Detail: Auch in Enajim ist eine Palmengöttin beheimatet.

Mit einem grammatikalischen Sachverhalt, der für eine sorgfältige Analyse einen weiteren Anhaltspunkt liefert, setzt sich Hartmann auseinander: »Enajim«, wörtlich »die Augen«, sinngemäß auch »die Doppelquelle«, wird in Genesis 38 als Appellativum gebraucht, das grammatisch einer Ergänzung, einer genaueren Ortsbestimmung bedürfe. Richard Hartmann vermutet, das Appellativum zu »Quelle« müsse »Böcke« gelautet haben: Enajim sei die Stadt der *beiden Bocksquellen.* Die Erinnerung an die »Doppelbocksquelle« in Enajim fügt sich sehr gut zu den vielen Siegel- oder Vasenbildern, die zwei Steinböcke am Lebensbaum zeigen. Aber im Namen des Ortes Enajim ist der Name der Tamar ausgelöscht, ebenso wie im Namen des heutigen En Gedi. Es fehlt der Lebensbaum, es fehlt Tamar, die auch in diesem Ort gemeinsam mit dem Wildziegenbock verehrt worden ist.

Dorthin, »in das Haus ihres Vaters«, schickt Juda seine Schwiegertochter zurück. Tamars »Vater« bleibt in der biblischen Erzählung merkwürdig farblos. Er greift nicht ein, als Tamar verurteilt wird. Die Hypothese drängt sich auf, daß Tamars »Vater« eine Konstruktion des biblischen Redaktors ist. In matriachalen Gesellschaften konnte eine Frau nur in ihr *Mutterhaus* gehen. Wir wissen um die Lebensformen im alten Israel, um die be'ena-Ehe, die den Ehemännern ein Besuchs-, aber kein Wohnrecht bei der Frau einräumte.

Von dieser Überlegung ist es nicht weit zu der Frage, ob Tamar auch in der Königsstadt Adullam eine kultische Heimat gehabt habe. Vielleicht erzählt der biblische Autor nicht ohne Grund, Juda habe seinen Wohnsitz in Adullam genommen.

Es gibt in Adullam eine geheimnisvolle Höhle. Archaische Menschen haben in solchen Höhlen oft die Geburtsorte oder Begräbnisstätten ihrer Götter gesehen. Höhlen sind meist heilige Orte.

Die Bibel erzählt, David sei in die Höhle Adullam geflohen. Er habe sich dort vor seinen Feinden verborgen. Hier versammelten sich die Männer um den jungen David, mit denen er seine ersten Eroberungen, seine Raubzüge und seine frühen Kriege unternahm (1. Samuel 22, 1 f.). Aus der Höhle von Adullam brechen die »drei Vornehmsten«, die Kühnsten und Unerschrockensten, auf, um einen Krug Wasser für David aus dem Brunnen von Bethlehem zu holen. Aber die Brunnenstube war von den Philistern besetzt. Es war eine Mutprobe auf Leben und Tod, im Angesicht des Feindes dieses Wasser zu schöpfen (2. Samuel 23, 13 ff., 1. Chronik 11, 15, vgl. Weiler 1989, 201 f.).

Ob David je in der Höhle von Adullam gewesen ist, mag dahingestellt bleiben. Der allgemeinen literaturgeschichtlichen Entwicklung folgend, sind matriarchale kultische Überlieferung häufig durch patriarchale Legenden überlagert worden. Danach dürften auch diese Berichte patriarchaler Mythos sein, in der Absicht erfunden, einen matriarchalen Ursprungsmythos, der in aller Menschen Herzen und Sinnen ist, zu verdrängen. David mag den Geburtsmythos eines Gottes, der an diese Höhle gebunden war, assimiliert haben. Die Bibel erwähnt dreimal, David sei in der Höhle Adullam gewesen; das ist immerhin auffällig.

Das Buch Josua rechnet den *König von Adullam* neben anderen Königen zu den Fürsten, die von den einwandernden Stämmen Israel »unterworfen worden« seien (Josua 12, 15). Damit liefert er die – wenn auch unbeabsichtigte – Bestätigung, daß Adullam eine kanaanäische Königsstadt gewesen ist. Historisch ist Adullam erst von David unterworfen worden. Ob er dem alten Kultort dabei den Status einer Königsstadt genommen hat, ist sehr fraglich. Das Buch Josua ist eines der jüngsten Bücher der Bibel. Sein Autor hat in rückwärts gerichteter Projektion die historischen Fakten der nachexilischen Zeit in die Vorzeit verlagert. Derartige redaktionelle Eingriffe tragen das Ihre dazu bei, die Ursprungsmythen eines Kultortes zu überlagern.

Genesis 38 verwandelt Adullam in die Stadt eines Patriarchen, die Juda zu ihrem Herrn und Gebieter macht: Juda zog hinab in kanaanäisches Land. Chira, der angesehene kanaanäische Mann, wird zu seinem Diener, das ganze Land gehorcht Judas Befehlen und seinen Gesetzen. Der Steinbock der ursprünglichen Kultlegende wird zum zahmen, gezüchteten Ziegenbock. Das Böckchen, einst das Opfertier zum Festmahl der Heiligen Hochzeit, empfängt Tamar nun als Preis für Hurerei.

Auf den Spuren der Tamar im Hohenlied der Bibel

Ich habe mich schon vor einigen Jahren bemüht, die Verse des Hohenliedes der Bibel so zu ordnen, daß wir sie als Liturgie zur Feier der Heiligen Hochzeit lesen können (Weiler 1984, 270 ff.). Inzwischen kann ich im Hohenlied nicht mehr einen einzigen Kultgesang vermuten, wie er vielleicht in Jerusalem gefeiert worden sein mag; denn auch, wenn die Verse entsprechend einer Kult-Liturgie geordnet sind, bilden sie keine geschlossene Einheit. Vor allem lassen sich nicht alle Szenen der Handlung auf den gleichen Ort und dieselbe Zeit beziehen. Die Texte sind nicht nur aus dem Zusammenhang gerissen und lose zusammengewürfelt worden, sondern es wurden darüber hinaus *Ritualtexte unterschiedlicher Herkunft*, von verschiedenen Kultorten und *aus weit auseinander liegenden Zeiten* miteinander verknüpft.

Der Geliebte im Hohenlied, der als königlicher Hoherpriester, von Dienern feierlich in samtbeschlagener Sänfte getragen, zur Hochzeit kommt (Hoheslied 3, 7-10 und 6, 8-9), ist ein Fürst der altorientalischen Hochkultur. Bei den Gesängen um König Salomo ist der Einfluß ägyptischer und sumerischer Kultur unverkennbar. Die Königstochter, die – »lieblich wie Jerusalem« – mit »einer Stute vor Pharaos Wagen« verglichen wird, läßt sich leicht am Hof Salomos vorstellen.

Dabei ist die kultische Feier im veräußerlichten Ritual untergegangen: Salomo, der von seinen Kultpriestern zur Feier der Heiligen Hochzeit getragen wird, stellt Prunk und Pomp des Herrschers über das Großreich Israel zur Schau. Er mißbraucht den matriarchalen Kult zur Demonstration patriarchaler Macht. Er ist nicht mehr von Priesterinnen und Priestern umgeben, sondern von Soldaten, Königinnen und Nebenfrauen. Er wandert nicht symbolisch aus dem Reich des Todes zurück in die Welt der Lebenden; er läßt sich vom Palast zum Tempel tragen, von dem einen Ort seiner Macht zum anderen. Er ist nicht der Sohngeliebte der Großen Göttin, der wiedergeboren wird; er ist der patriarchale Herrscher, der seine Inthronisation und deren Jahresfeste feiert, sein jährlich wiederholtes Thronbesteigungsfest.

Wenn der Geliebte des Hohenliedes auf dem Felde oder in seinem Garten Lilien sucht, um sie seiner Braut zu bringen (Hoheslied 6, 2), werden wir in die Küstenebene des Landes versetzt, dorthin, wo der Einfluß kretischer Kultur spürbar ist. Wir werden an den kretischen Lilienjüngling erinnert, der zum heiligen Ort eilt. Lilien sind kultische Blumen, die der matriarchalen Göttin dargebracht werden. Sie sind die Kultgabe an die Priesterin. Das bekannte Bild des kretischen Lilienjünglings erinnert an diesen Brauch.

Jesus spricht von den Lilien auf dem Felde. Und in der christlichen Allegorie wird die Lilie – bisher die Kultgabe an die frei über sich selbst verfügende Priesterin – zum Symbol für die »Jungfräulichkeit« der Maria.

Wenn der zur Feier der Heiligen Hochzeit erwartete Geliebte aus weit voneinander entfernten Gegenden zugleich kommt: vom

Gipfel des Senir, vom Hermon oder Libanon (Hoheslied 4,8), zeigt sich, wie willkürlich die Bibel verschiedene Überlieferungsstränge zusammengewürfelt hat.

Der »Freund«, der leichtfüßig über die Berge springend zum Fest eilt, gehört zur Hirtenkultur der Wüsten und Gebirge. Es gibt Strophen, die jene Kulturen zum Sprechen bringen, von denen die prähistorischen Steinkreise und chalkolithischen* Tempel nur ein stummes Zeugnis ablegen. In der Landschaft von En Gedi ließe sich der Geliebte vorstellen, der »von den Höhlen der Löwen und von den Bergen der Panther« herabsteigt. Panther gibt es in der Wüste Juda heute noch, und wer über der Oase von En Gedi zu den Quellen hinaufsteigt, wird gewarnt, nicht allein zu gehen, nicht über Nacht zu bleiben, weil die dort lebenden Panther den Menschen gefährlich werden können. Die Priesterin spielt unmittelbar auf den Kult in En Gedi an, wenn sie ihren Geliebten umwirbt:

»Mein Freund ist mir wie ein Büschel Myrrhen,
Das zwischen meinen Brüsten hanget.
Mein Freund ist mir wie eine Traube von Zyperblumen,
In den Weingärten von En Gedi.« (Hoheslied 1, 12–14)

Unerschöpflich scheint die Phantasie, wenn es darum geht, Schönheit und Reiz der Braut zu preisen. Sie ist ein verschlossener Born, ein versiegelter Quell, Taube, Milch, Süßigkeit, Wonne, Wein, eine Wabe mit Honig und vieles mehr. Die Dichtung erinnert an die Heimat des Kultes in En Gedi, wenn es heißt, das Haar der Braut gliche »einer Ziegenherde, die vom Gilead* herabwallt, und ihre Brüste jungen Böckchen, Zwillingen, die von der wilden Steinziege« geworfen sind. Vielleicht stammt diese Strophe aus einer Zeit, als östlich des Jordan, vom Gebirge Gilead, noch keine Feinde in den Jordangraben herabzogen. Aus der Wüste steigt die Priesterin zum Tempel oder zum Heiligen Hain herauf:

»Wer ist die, die heraufgeht aus der Wüste
Wie ein gerader Rauch,
Wie Rauchwerk von Myrrhe, Weihrauch
Und allerlei Gewürz des Krämers?« (Hoheslied 3, 6)

So könnte die Kultgemeinde in En Gedi gefragt haben; denn die

Oase über dem Toten Meer ist von steiniger Wüste umgeben. Nachdem die Priesterin in kultischem Spiel den Auserwählten gefunden hat, mag ein Vers folgen, der Antwort gibt und die gemeinsame Ankunft des kultischen Paares besingt – eine Textstelle, die in der heute vorliegenden Bibelfassung in einem ganz anderen Kapitel steht:

»Wer ist's, die da heraufsteigt aus der Wüste,
Sich lehnend an ihren Geliebten?« (Hoheslied 8, 5)

Die ikonographischen Belege für die Große Göttin in Gestalt der Dattelpalme werden in der Bibel bestätigt. Die Kultpriesterin im Hohenlied wird mit der Dattelpalme verglichen. Der Priester umwirbt seine Braut mit den Worten:

»Wie schön bist du und wie lieblich,
Du Geliebte, du Wonnevolle!
Dein Wuchs gleicht der Dattelpalme
Und deine Brüste den Trauben.
Ich dachte, ich will die Palme besteigen,
Fassen nach ihren Rispen.« (Hoheslied 7, 7 – 10)

In ihrer symbolischen Baumgestalt tritt Tamar ins Zentrum der kultischen Handlung. Der Baum und die Göttin sind eins. Die erotische Bildsprache erlaubt dem Priester die intime Anspielung: »Ich will die Palme besteigen, fassen nach ihren Rispen.« Nur matriarchale Liebessprache kann so offen werben, so unverhohlen die natürliche Sehnsucht der Menschen zum Ausdruck bringen. Nur matriarchales Kultverständnis kann die erotische Liebe zweier Menschen als Heilige Hochzeit feiern.

Die Priesterin in En Gedi ist mit den Bergen vertraut, sie kennt die Höhlen und Klüfte, und ihr Geliebter ruft sie, in die Oase zu kommen:

»Die Regenzeit ist vorüber und vergangen,
Die Blumen blüh'n im Lande,
Und der Ruf der Turteltaube erklingt,
Der Feigenbaum treibt seine Frühfrucht,
Und die Weinstöcke duften.
Die Zeit des Lobgesangs ist gekommen.
Nun auf, meine Freundin,
Meine Schönste und komm!

Meine Taube in den Felsklüften,
Im Versteck der Bergwand,
Laß mich deine Stimme hören.« (Hoheslied 2, 12 – 14)

In einer nicht kanonischen Bibelhandschrift des Hohenliedes ist von einer Braut oder Priesterin die Rede, die aus Adullam kommt. Und dieser Hinweis ist interessant, weil Tamar in Genesis 38 während ihrer Ehe mit Ger und Onan in Adullam gewohnt haben soll. Über diese Braut des Hohenliedes schreibt Sebastian Euringer:

»Der Name oder, wie man hier richtiger sagen muß, das Gentilium der Braut lautet in einem Teil der armenischen Bibelhandschriften Adullamatis, das heißt, aus Adullam.« (Euringer 1913)

Welche Braut stammte aus Adullam? Tamar, die Dattelpalme? Vielleicht geht Genesis 38 auf die Geschichte der kultischen Liebe zwischen der kosmischen Göttin Tamar und ihrem Mondgott Ger zurück – oder vielmehr auf einen Lesetext zum Kultablauf, auf *echten Mythos* –, auf den ursprünglichen Lokalmythos von Adullam. Obwohl der kanonische Text des Hohenliedes eine verwirrende Fülle bekannter Orte, Landschaften und Städte erwähnt, verschweigt er die Herkunft der Braut aus Adullam.

Der folgende Vers erinnert an die Unterweltfahrt der Ischtar, als sie sich in die Gewalt der Todesgöttin Ereschkigal begibt. Durch die sieben Tore der Hölle muß sie schreiten, und an jedem Tor verliert sie einen Teil ihres Schmuckes, ein Stück ihrer Kleidung, bis sie schließlich nackt im unterweltlichen Tempel der Todesgöttin steht. In einer Königsstadt wie Adullam, zu einer Zeit, die schon rege Kontakte mit Sumer und kulturelle Verflechtungen zwischen den Städten gekannt hat, könnte die dramatische Szene vom Ischtar-Kult bekannt gewesen sein, wie der folgende Vers vermuten läßt:

»Mich fanden die Wächter,
Die schlugen mich,
Die stießen mich,
Rissen das Gewand mir ab.« (Hoheslied 5, 7)

Wie ich bereits erwähnt habe, ist Ischtar mit der Palmengöttin synkretistisch verschmolzen. Dafür zeugt ein besonders eindrucksvolles Wandrelief in Ninive, der ehemaligen Hauptstadt des assyrischen Großreiches, am linken Ufer des Tigris. Auf dem berühmten Wandbild im Oberstock seines Palastes hat Assurbanipal (668 – 625 v. u. Z.) Szenen der Heiligen Hochzeit darstellen lassen: Im Zentrum der obersten Bildreihe ist *das Kultbett zwischen Palmbäumen* zu sehen. Girlanden verbinden die Bäume miteinander. Wie schon auf Siegeln, die um Jahrtausende älter sind als der Palast des Assurbanipal, wird Ischtar hier immer noch mit der Palme gleichgesetzt. Königin und König feiern stellvertretend für die Göttin und den Gott das Heilige Fest. Sie nehmen einen Trank aus Schalen zu sich, auf einem Tisch stehen Speisen, »zwei Räuchergefäße auf Ständern weisen auf den religiösen Charakter der Zeremonie hin.« (Moortgat 1949, 140)

Mit dem Vollzug der Heiligen Hochzeit legitimiert der König seine kultische Berufung für das bevorstehende Jahr. Die Heilige Hochzeit ist Bestandteil des Neujahrsfestes und des altorientalischen Thronbesteigungsrituals. Die von manchen Gelehrten als »Gartenszene« entsakralisierte Handlung (Moortgat 1949, 139, Anm. 1) erinnert daran, daß die Heilige Hochzeit einst weder im Palast noch im Tempel, sondern im Heiligen Hain der Göttin begangen worden ist.

Wie Enajim hat auch En Gedi zwei Quellen. Eine der Quellen heißt noch heute die »Sulamith-Quelle«. Sie trägt den Namen einer Fürstentochter, die aus der Zeit der großen Königsherrschaft in Israel bekannt ist. Und der einzige Name, mit dem die Braut im Hohenlied ausdrücklich angesprochen wird, ist Sulamith:

»Tanze, Sulamith, tanze,
Tanze, daß wir dich schauen!« (Hoheslied 7, 1a)

Der Priester vergleicht ihre Schönheit mit allen Herrlichkeiten des Landes, ihren Kopf mit dem Karmelberg im äußersten Westen, ihre Nase mit einem Turm, der vom Libanon bis nach Damaskus schaut und ihren Hals mit dem Davidsturm. Und wie Jerusalem unter der prunkvollen Herrschaft Salomos der Inbegriff des Großreichs Israel gewesen ist, des ganzen Landes, das vom Libanon bis nach Damaskus reicht, vom Hermongebirge bis an die Küste des Roten Meeres, wird »Sulamith« in der biblischen Fassung des Hohenliedes besungen:

»Dein Hals ist ein elfenbeinerner Turm,
Dein Haupt auf ihm wie der Karmel,
Deine Augen sind wie die Teiche zu Hesbon
Am Tore von Beth Rabbim.
Deine Nase ist wie der Turm auf dem Libanon,
Der nach Damaskus schaut.« (Hoheslied 7, 5 – 6a)

Die Sulamith aus der großen Königszeit Israels ist zur Symbolfigur geworden, die das ganze Land verkörpert.

Die »Sulamith-Quelle« beim Mondtempel oberhalb von En-Gedi, die gewiß einst Tamar-Quelle hieß – denn »En Gedi, das ist Tamar-Stadt« – löscht mit ihrem Namen die Erinnerung an ihre ältere Schwester aus.

Tamar – Thronerbin in Israel

David besaß viele Frauen. Die Bibel suggeriert, alle diese Frauen hätten ausschließlich Söhne zur Welt gebracht – außer der Königin von Gessur, die eine Tochter mit dem Namen Tamar zu Welt gebracht hat. Tamar ist die Schwester des Davididen Absalom. Die Mutter der beiden, die Königin von Gessur, heißt Ma'acha.

Schon als Kind fand ich es rätselhaft, wie es möglich gewesen sein soll, daß die Männer in Israel alle über eine stattliche Anzahl von Frauen und Mägden verfügten, obwohl sie seit Abrahams Zeiten fast nur Söhne gezeugt haben. Erst als ich begann, die Bibel als ein Werk patriarchaler Weltdeutung zu begreifen, fand ich des Rätsels Lösung: Frauen wurden von den patriarchalen Schriftstellern nur dann erwähnt, wenn sie wegen ihrer hervorragenden kultischen oder geschichtlichen Bedeutung allgemein bekannt waren und aus der Überlieferung nicht ausgeklammert werden konnten.

Die biblische Exegese geht davon aus, daß Tamar die »einzige Tochter Davids« sei. Ob David jedoch der Vater der Tamar gewesen ist, geht aus dem Text (2. Samuel, Kapitel 13) *nicht zwingend* hervor. Stillschweigend wird vorausgesetzt, daß David der Vater Tamars sei, weil er auch der Vater Absaloms gewesen ist. Es wird aber nirgends ausdrücklich erwähnt. Das wäre indessen notwendig, um die Vaterschaft Davids wenigstens einigermaßen glaubwürdig zu machen – angesichts der gesellschaftlichen Verhältnisse, die für Israel um das Jahr 1000 v. u. Z. vorausgesetzt werden müssen. Denn in Gesellschaften mit matrilokaler und matrilinearer Erbfolge zählt nur die Abstammung von der Mutter.

Die Königin Ma'acha war nicht die erste Frau Davids. Gessur, ihre Königsstadt, liegt in den Hügeln am Ostufer des Sees Genezareth, im Gebiet des israelitischen Stammes Dan. David hat durch die Ehe mit der Fürstin Ma'acha seine Königsmacht über einen weiteren Stamm Israels erworben und damit seine Herrschaft über das Nordreich in Richtung auf dessen Ostgrenze hin ausgebaut.

Absalom war der dritte Sohn des Königs. Und er stammte von der dritten Frau Davids. Das legt den Gedanken nahe, der König habe mit jeder seiner Frauen nur ein einziges Mal geschlafen, um jeweils diesen einen Sohn zu zeugen. Es ist nicht wahrscheinlich, daß Ma'acha mit ihren Kindern am Hof Davids in Jerusalem gewohnt hat. Die Frauen waren ortsgebunden. Sie blieben im Hause der Mutter wohnen. Thronerbin von Gessur ist Tamar, die Tochter der Ma'acha, unabhängig von der Klärung, ob David ihr Vater war oder nicht. Die Tochter erbt den Thron von der Mutter.

Amnon war der Erstgeborene Davids. Für ihn galt zur Zeit Davids noch das alte Gesetz der matriarchalen Kult- und Gesellschaftspraxis: König auf dem Thron einer der Stämme in Israel konnte er nur werden durch die Heirat mit einer Erbprinzessin. Sein »Erstgeburtsrecht« half ihm da wenig.

Von Amnon erzählt die Bibel die folgende Geschichte: Eines Tages verliebte er sich in Tamar, die Prinzessin von Gessur. Halb krank vor Liebe, vermochte der Jüngling weder zu essen noch zu trinken und magerte ab. Amnon hatte aber einen Vetter, der ihm freundschaftlich gesonnen war. Der hieß Jonadab und war der Sohn Simeas, eines Bruders von David. Jonadab war älter als Amnon und sehr klug. Er sah, daß ein Kummer an Amnon zehrte und sprach zu ihm: »Warum wirst du von Tag zu Tag magerer, o

Königssohn?« Und Amnon gestand: »Ich habe Tamar, die Schwester meines Bruders Absalom, liebgewonnen.«

Jonadab riet dem Königssohn: »Lege dich auf dein Bett und stelle dich krank. Wenn dann dein Vater kommt, dich zu besuchen, so sprich zu ihm: Laß doch meine Schwester Tamar kommen, daß sie mir zu essen gebe und mache vor mir das Essen, daß ich zusehe und von ihrer Hand esse.« Und also legte sich Amnon zu Bett und stellte sich krank. Da nun der König kam, Amnon zu besuchen, bat Amnon seinen Vater: »Laß doch meine Schwester Tamar kommen, daß sie vor mir einen Kuchen backe oder zwei und daß ich von ihrer Hand esse.« Da sandte David nach Tamar und ließ sie holen und ihr sagen: »Geh hin ins Haus deines Bruders Amnon und mache ihm Speise.« Und Tamar ging zu Amnon und bereitete einen Kuchenteig und buk die Kuchen vor seinen Augen und nahm die Pfanne und schüttete sie vor ihm aus. Amnon aber weigerte sich zu essen, sondern er forderte, daß die Diener hinausgehen sollten, damit er mit Tamar allein im Hause wäre. Und er bat Tamar, die Kuchen in seine Schlafkammer zu bringen, damit er von ihrer Hand essen könne. Und Tamar brachte dem Amnon, wie er gebeten hatte, die Kuchen in die Schlafkammer.

Der Königssohn aber ergriff die Tamar und sprach: »Komm her, meine Schwester und schlaf mit mir!« Sie aber wehrte sich und sprach: »Nicht so, mein Bruder, und schwäche mich nicht; denn wo wollte ich mit meiner Schande hin? Dich aber wird man für unklug halten, für einen Toren; denn so tut man nicht in Israel. Rede aber mit dem König. Der wird mich dir nicht versagen.«

Amnon hörte nicht auf Tamar, sondern überwältigte sie und schwächte sie und schlief bei ihr. Danach aber war Amnon ihr überaus gram, und sein Haß auf sie war größer als zuvor seine Liebe. Er bedrohte sie und sprach: »Geh fort! Mache dich auf und verschwinde!« Sie aber klagte: »Dieses Übel ist größer denn das, was du mir angetan hast.« Daraufhin rief Amnon seine Diener und ließ Tamar hinauswerfen und die Tür hinter ihr verschließen.

Tamar hatte einen bunten Rock an, wie ihn des Königs Töchter tragen, wenn sie Jungfrauen sind. Und Tamar zerriß den bunten

Rock und warf Asche auf ihr Haupt und lief daher und schrie. Doch ihr Bruder Absalom sprach zu ihr: »Ist Amnon bei dir gewesen? Nun, meine Schwester, schweig still. Er ist dein Bruder, nimm die Sache nicht so zu Herzen!« Da blieb Tamar, die Tochter der Ma'acha, von nun an im Hause ihres Bruders Absalom. Doch obwohl Absalom seine Schwester wegen der Vergewaltigung zunächst beruhigt hatte, ließ er anläßlich eines Schafschurfestes, als die Brüder gemeinsam nach Ba'al-Hazor hinaufzogen, Amnon ums Leben bringen.

Derart detaillierte, novellistische Erzählstücke mit dem Charakter einer Familien-Story gehören einer Literaturgattung an, die um das Jahr 1000 v. u. Z. noch nicht entwickelt war. Die überlieferten Texte aus dieser Zeit, die vorwiegend in Tempeln und Palästen gefunden worden sind, betreffen Aufzeichnungen der königlichen Magazinverwaltung oder die Bevorratung von Lebensmitteln und Saatgut durch die Tempelverwaltungen. Ritualtexte, auf Tontäfelchen niedergeschrieben oder an kultischen Stätten in die Wände geritzt, sind als Lesetexte zum Kultablauf erhalten. Geschichten von Göttinnen und Göttern, ihrem Leben, Lieben und Sterben, finden sich an Tempelwänden und als Grabinschriften. In den Palästen finden sich Königslisten, in denen die Namen und die Regierungszeiten von Königinnen und Königen aufgezeichnet sind. Intime Familiengeschichten, selbst von hochgestellten Persönlichkeiten, sind nirgends überliefert. Daher *muß* die vorliegende biblische Geschichte von Tamar und Amnon schon *aus literaturgeschichtlichen Erwägungen* einem Autor zugeschrieben werden, der viel später als zu Davids Zeiten gelebt hat.

Von den Königskindern Tamar und Amnon lag dem Autor des biblischen Textes gewiß ein Dokument vom Palast oder vom Tempel vor. Aufgrund literaturgeschichtlicher Erwägungen kann es sich bei dieser Quelle nicht um eine private Novelle gehandelt haben. Die üble Geschichte, daß Amnon, der älteste Davidsohn, die Schwester Absaloms vergewaltigt haben soll, geht – meiner Überzeugung nach – auf eine Quelle zurück, in der die Heilige Hochzeit des Hohenpriesters Amnon mit der Hohenpriesterin Tamar überliefert wird. Einzig eine Tempelurkunde, aber keine Familiengeschichte, kann dem Erzähler der Geschichte als Quelle gedient haben. Der biblische Redaktor muß viel patriarchale Phantasie aufgewendet haben, um diese Geschichte so zu erzählen, wie sie in der Bibel zu lesen ist.

Überlieferungen von Königssöhnen aus dem vorderen Orient zur Zeit Davids, die mit ihrer Schwester, der Erbprinzessin, eine kultische Verbindung eingegangen sind, sind häufig. Sie sind die Regel und nicht die Ausnahme. Angesichts bestehender matriarchaler Gesellschaftspraxis war die Heirat der Schwester für den männlichen Nachkommen des Königs die einzige Möglichkeit, das Thronrecht zu erwerben. So paradox es zunächst scheinen mag: Patrilinearität – die Vererbung des Thronrechts vom Vater auf den Sohn – setzte sich gewissermaßen »durch die Hintertür« mittels der bestehenden Matrilinearität durch, indem der Vater die kultische Vermählung des Sohnes mit seiner Tochter begünstigte. Und David hat – wie die biblische Geschichte nahelegt – durchaus die Hand im Spiel beim Zustandekommen der Verbindung zwischen Amnon und Tamar.

Die Heirat von Geschwistern war in den Königshäusern selbst dann üblich, wenn die beiden Schwester und Bruder waren, also Kinder der gleichen Mutter. Nach matriarchaler Auffassung aber war Tamar, die Prinzessin von Gessur, keine Schwester des Amnon, selbst dann nicht, wenn David tatsächlich der leibliche Vater beider gewesen ist; denn Vaterschaft war gesellschaftlich nicht anerkannt, und die beiden sind nicht von der gleichen Mutter geboren worden. Der Bibeltext spiegelt diese Gesellschaftspraxis wider, wenn er erzählt: »Absalom, der Sohn Davids, hatte eine schöne Schwester, die hieß Tamar. Und Amnon, der Sohn Davids, gewann sie lieb.« Absalom und Amnon werden beide als Söhne Davids erwähnt. Sie sind nicht Brüder, da sie von verschiedenen Müttern abstammen. Tamar wird als Schwester Absaloms angesehen, mit dem sie eine gemeinsame *Mutter* hat. Die Tochter Ma'achas von Gessur, war mit Amnon nach der geltenden Gesellschaftsordnung nicht verwandt.

Die patriarchale Mythenredaktion betont, was der Förderung des männlichen Selbstbewußtseins dienlich ist, und sie verschweigt, was an matriarchale Kult- und Gesellschaftspraxis erinnert. Uns Heutigen, denen patriarchales Denken und patriarchale Gesellschaftspraxis geläufig ist, fällt es leicht, die Version des biblischen Mythendichters als wahre Geschichte zu betrachten. Es bedarf einiger Anstrengung, die uns fremde Welt der matriarchalen Kultur als Kriterium für die Glaubwürdigkeit der Geschichte heranzuziehen.

Wenn Amnon wirbt: »Nun komm, *meine Schwester,* und schlaf mit mir!«, so erinnert diese Formulierung an die Sprache des Hohenpriesters im Kultgesang zur Heiligen Hochzeit. Die Braut und Geliebte wird von ihm zärtlich werbend als »Schwester« angesprochen.

Ein unscheinbares Detail der Erzählung ist dem Brauchtum der Heiligen Hochzeit entliehen: Tamar backt Kuchen für Amnon. Kuchen wurden zu den großen Festen gebacken und nicht am Krankenbett. »Die Weiber kneten den Teig, daß sie der Himmelskönigin Kuchen backen ...« (Jeremia 7, 18)

»Die Söhne Davids waren Priester« (2. Samuel 8, 18), bemerkt der Biograph der königlichen Familie. *Diese* Tatsache wird korrekt überliefert. Jedoch wird verschwiegen, daß Tamar Priesterin in Gessur gewesen ist. Auf diese Weise gerät die kultische Stellung der Königstöchter aus dem Blickfeld.

Durch die Verbindung mit Tamar, der Erbprinzessin von Gessur, hat sich Amnon für den Thron legitimiert, zwar nicht für die Herrschaft über das gesamte, von David unterworfene Großreich, wohl aber für den Thron des Stadtstaates Gessur. Und dieser Thron hätte ihm als ein Sprungbrett dienen können, um schließlich der Nachfolger Davids zu werden.

Da jedoch Absalom, der ehrgeizige Sohn der Ma'acha, Davids Thron selbst erben wollte, tötete er Amnon. Nur durch Mord konnte er ihm das kultisch erworbene Recht auf den Thron rauben. Der Mord war eine historische Tatsache, die der Redaktor des biblischen Textes berichten mußte. Um die Kultmacht der Priesterin Tamar vergessen zu machen, stellt der Redaktor diesen Mord als Rache für die Vergewaltigung einer *unbedeutenden Davidstochter* dar. Zuvor hatte er aber die Vergewaltigung verharmlost. Er unterstellte, Absalom habe seine Schwester beruhigt: »Nun, meine Schwester, schweig still; es ist dein Bruder. Nimm die Sache nicht so zu Herzen.« Der Autor erweckte den Anschein, als lege Absalom dem Geschehnis keine große Bedeutung bei. Dazu paßt die Wendung schlecht, wenn der Autor sich bemüht, die Sache nun so darzustellen, als habe Absalom den Mord begangen, um die *Vergewaltigung* seiner Schwester zu rächen. Aus diesem Widerspruch läßt sich leicht beurteilen, daß der biblische Redaktor eine ihm verfügbare Quelle überarbeitet hat.

Kein matriarchaler Mann würde es wagen, das Gewand einer Frau ohne deren Willen zu öffnen. Die »Schwächung« einer Frau wäre in der matriarchalen Kultur ein Sakrileg, das der Mann lebend nicht überstehen würde – nicht, weil die Gesellschaft ihn mit der Strafe des Todes verfolgte, sondern weil er selbst, mit Schuldgefühlen beladen, dahinsiechen würde.

Amnon ist kein matriarchaler Mann, wenn er sich mit Tamar in kultischer Hochzeit verbunden hat. Er dient im Kult nicht der Göttinnenweisheit. Er mißbraucht die Relikte des matriarchalen Kultes zur Legitimation seiner Macht.

Phillis Trible hat die Vergewaltigungsgeschichten der Bibel »Texts of Terror« genannt: die Geschichte der Prinzessin Tamar und den Bericht in Richter 19 über die Vergewaltigung der namenlosen Nebenfrau eines Leviten durch zahllose Männer der Stadt Gibea im Gebiet Benjamins. Terrortexte sind diese Geschichten, weil der biblische Autor keine Kritik am Handeln der gewalttätigen Männer übt. Er übergeht die Schuld der Männer. Die Not der Frauen sieht er nicht. »Durch Schweigen werden Unvermögen und Mittäterschaft gedeckt. Schweigen ist Unrecht.« (Trible 1987, 125) Das Christentum hat daran nichts geändert. Im Gegenteil: Die patriarchale Frauenfeindlichkeit hat sich potenziert. Und leider sind diese Geschichten auch heute noch möglich:

> »Frauenfeindlichkeit gehört zu jedem Zeitalter einschließlich unseres eigenen ... Die Frau als Objekt wird noch immer gefangen, verraten, geschändet, gequält, ermordet, zerstückelt und zerstreut.« (Trible 1987, 125)

Ich betrachte »die Vergewaltigungsphantasie angesichts einer kultischen Überlieferung, die von souveränen Priesterinnen berichtet«, als Ausdruck »der neurotischen Angst patriarchaler

Männer vor der freien und sexuell eigenständigen Frau.« (Weiler 1989, 183)

Für den matriarchalen Mann bedeutet die Liebe eine numinose* Erfahrung, und er erlebt seine Potenz als beglückende *Kraft*. Seine Fähigkeiten sind positiv zupackend den Lebensaufgaben zugewandt. Erst der patriarchale Mann spaltet die Aggression aus dem Lebenszusammenhang ab. Zu seiner Selbstbestätigung muß er *Gewalt* demonstrieren.

Der matriarchale Mann ist zur Hingabe an die Frau fähig. Seine Sexualität ist eingebunden in weibliche Kult- und Lebensbezüge. Im kultischen Liebesvollzug soll der königliche Priester seine Potenz unter Beweis stellen, und darin ist das kosmische Geheimnis der Liebe der Himmelsgöttin zu ihrem irdischen Sohn verschlüsselt.

Deshalb kann der Mann seine Liebe nicht anders erleben denn als Hingabe. Tatsächlich ist es ja der Mann, der »Hingabe« zu erbringen hat. *Er* gibt etwas hin, nicht die Frau; und es gehört zur Perversion des patriarchalen Bewußtseins, von der »Hingabe« der Frau zu sprechen.

Gewalt gegen Frauen ist ein Phänomen der patriarchalen Kulturneurose, das sich bis in die Sprache auswirkt. Patriarchale Männer werden sprachlos, wenn sie die *Hingabe des Mannes*, der mit seiner Potenz dem Leben dient, in Worte fassen sollen. Die Sprache im alten Ägypten hat für diese Fähigkeit und Bereitschaft des Mannes noch eine Vokabel gehabt, die einige Ägyptologen, die sich um einen adäquaten Ausdruck bemühen, hilflos formulieren als: »seine Kraft zeigen«. Andere jedoch übersetzen – patriarchaler Mentalität entsprechend – mit »vergewaltigen« und entstellen den Sinn des ägyptischen Textes. Unversehens wird der Charakter matriarchaler Männlichkeit verschüttet. Das Geheimnis der Liebe gerät zum Gewaltakt.

Die Beziehung von Mann und Frau wieder ins Gleichgewicht zu bringen, ist nur möglich durch die Besinnung auf matriarchale Werte. Aus den Weisheitssprüchen der hebräischen Bibel sprechen die kultischen Erfahrungen archaischer Menschen zu uns, wenn der Mann auf das mystische Geheimnis der Liebe verpflichtet wird. Dieser matriarchale Mann will weder die Frau beherrschen noch die Sexualität »in den Griff« bekommen. Er wahrt das Mysterium, das ihm anvertraut ist: Geheimnisvoll ist die Liebe des Priesters mit der »almah«, der Kultpriesterin (Sprüche 30, 19).

Ring, Stab und Schnur

Tamar handelt mit Juda den Preis für den Beischlaf aus. Juda bietet seiner Schwiegertochter ein Ziegenböckchen an, das er von der Herde schicken will. Tamar jedoch wendet ein: »So gib mir ein Pfand, bis daß du mir's sendest.« Darauf fragt Juda: »Was willst du für ein Pfand, das ich dir gebe?« Und Tamar fordert: »Deinen Ring und deine Schnur und deinen Stab, den du in der Hand hast.« Da gab er's ihr und kam zu ihr; und sie ward von ihm schwanger (Genesis 38, 17 f., übersetzt nach Martin Luther).

Einen Gegenwert für das Ziegenböckchen dürfte nur der Ring dargestellt haben. Es ist jedoch unklar, was der biblische Autor mit dem »Ring« gemeint hat. Gerhard von Rad übersetzt nicht Ring, sondern »Siegel«, und andere Exegeten glauben, die Lösung gefunden zu haben, wenn sie an dieser Stelle von einem »Siegelring« sprechen, obwohl ein solches Schmuckstück sich in der späten Bronzezeit recht anachronistisch ausnimmt.

Im alten Orient waren Siegelstempel und Rollsiegel im Gebrauch. Könige, Fürsten oder hochgestellte Persönlichkeiten besaßen solche Siegel, trugen sie vielleicht auch als Amulett an einer Schnur um den Hals. An den Tempeln wurden Siegel in der Magazinverwaltung benutzt, um Eigentum und Herkunft von Waren zu kennzeichnen. Der Juda der Novelle war kein Fürst. Kein Königtum war ihm eigen, noch war er der Hohepriester eines Tempels, dessen Güter er verwaltet hätte. Er war nur ein Flüchtling aus dem Norden. Zudem würde Juda mit der Hergabe eines Rollsiegels als Pfand seine Identität preisgegeben haben. Für eine einfache Kanaanäerin war ein Ziegenbock ein wertvoller Beitrag zum Lebensunterhalt. Das Rollsiegel eines fremden Fürsten würde für die Hure nur einen ideellen Wert dargestellt haben: ein persönliches Pfand ihres Schuldners, mit dem sie ihn vor aller Welt hätte bloßstellen können. Es ist unwahrscheinlich, daß der Autor von Genesis 38 für seinen Helden dieses Risiko in Betracht ziehen wollte. Mußte Juda nicht in der Gewißheit die Pfänder hergegeben haben, daß er unerkannt bleiben würde?

Die Bibel spricht von Judas Stab und Schnur, als seien es die Utensilien eines Hirten. Weshalb sollte sich Tamar diese Dinge als Pfand erbeten haben, die kaum einen wesentlichen Wert darstellten? Warum hat sich der Autor der Geschichte diese Passage einfallen lassen, die nur neue Widersprüche und Ungereimtheiten in den Ablauf der Erzählung bringt?

Ephraim Avigdor Speiser jedoch geht davon aus, daß die Pfänder nur dann eine Sicherheit geboten haben können, wenn sie die Identität des Besitzers offenlegen. Er meint, Tamar habe genau gewußt, was sie forderte, als sie diese ganz bestimmten Gegenstände als Pfand begehrte (Speiser 1964, 299). Ephraim A. Speiser widerspricht der häufig geäußerten Meinung, es könne in der Absicht des Autors gelegen haben, die Vorstellung von einem Schmuckring zu erwecken, den Juda, der inzwischen ein reicher Mann geworden sein mochte, am Finger trug.

Er zieht zur Deutung der Passage eine Besonderheit der hebräischen Sprache heran: »Seal-and-cord« – Siegel und Schnur – repräsentierten seiner Ansicht nach im Hebräischen ein Hendiadys: ein besonders in der Antike gebräuchliches Doppel-Symbol, das ein und die gleiche Sache durch mehrere Worte ausdrückt, um sie zu verstärken oder zu erhöhen. »Geld und Gut« oder »flehen und bitten« sind derartige Sprachfiguren, die uns auch im Deutschen geläufig sind. Ephraim A. Speiser glaubt mit dem Hendiadys »seal-and-cord« beweisen zu können, daß es sich um ein Rollsiegel gehandelt haben muß, das Juda an einer Schnur getragen habe. Speiser glaubt, daß Schnur und Siegel nicht voneinander getrennt vorgestellt werden könnten (Speiser 1964, 298).

Meiner Ansicht nach ist das Sprachproblem durch diese Erklärung nicht zufriedenstellend gelöst. Wenn ein Rollsiegel an einer Schnur hängen muß, so gehören die beiden Gegenstände zwar zusammen, aber die Begriffe »Siegel« und »Schnur« gehen nicht wirklich zu einer Einheit auf, sie drücken nicht »eins durch zwei« aus, wie die antike Sprachfigur eines Hendiadys es tut. Die Teile eines Doppel-Symbols *verstärken und ersetzen* einander. Aber »Schnur« ist kein anderes Wort für »Siegel«, und bei dem Begriff »Siegel« stellt sich niemand eine Schnur vor.

um 700 v. u. Z.

Abbildung 20
shen-Ring
aus Schnur gelegt

Im Zeichen des shen-Rings, einem altorientalisch-ägyptisches Hoheitszeichen bilden »Ring, Stab und Schnur« eine Einheit. Auf der Suche nach der originalen Kultlegende, die der Familiengeschichte Judas als Quelle gedient haben mag, bietet diese Überlieferung einen weiteren Anhaltspunkt: Ein durch Schnur gelegtes Zeichen stellt den Ring dar, der in den Händen der Göttin ist. Im shen-Ring-Symbol gehen Ring, Stab und Schnur ineinander auf. Für die Deutung von Genesis 38 ist interessant, daß nicht nur das Doppel-Symbol »seal-and cord« gemeint ist, sondern der Stab dazugehört, entsprechend den *drei* Dingen, die Tamar in der Novelle von Juda fordert.

Die zum Ring aufgewickelte Schnur und der Stab waren die ersten Meßinstrumente der Menschheit. Mit der am Stab im Zentrum befestigten Schnur ließen sich exakte Kreise konstruieren. Die Vermessung einer Tempelanlage war ein kultischer Akt, der mit aufwendiger Festlichkeit begangen wurde. Wir können annehmen, daß es eine vergleichbare heilige Handlung gewesen sein wird, einen Steinkreis auszumessen, obwohl uns darüber keine schriftlichen Zeugnisse zur Verfügung stehen.

An den Kultorten wurden die wichtigen jahreszeitlichen Daten, Sonnenwenden und Äquinoktien*, errechnet. Steinkreise waren ebenso Kalendersymbole wie die frühen Tempel der Menschheit oder die Pyramiden in Ägypten. Alle diese Heiligtümer haben die Menschen in die Lage versetzt, den Mondkalender mit dem Sonnenjahr in Übereinstimmung zu bringen.

Es waren Frauen, die aus Pflanzenfasern die ersten Schnüre drehten. Frauenwissen und Frauenkunst schufen die Grundlage für den Bau der heiligen Stätten, der monumentalen Steinkreise der Megalithkultur und der Tempelbauten. Schon im prädynastischen Ägypten* kommen Ritzzeichnungen vor, die einen Ring über einem Stab – beide aus Schnur gelegt – darstellen (Gardiner 1964, 74: Sign List V 9/10 und 522). Aus Schnüren wurden Symbole gestaltet und später die ersten Schriftzeichen gelegt. Frauen entwarfen die Ursymbole der Menschheit, die Bilder matriarchaler Weltdeutung. Ich habe an anderer Stelle die Bedeutungsfülle des Kreissymbols, das im shen-Ring ausgedrückt wird, ausführlich besprochen (Weiler 1985, 36 ff.).Überall, wo der Ring mit dem Stab sich findet, ist das Geheimnis von Aufgang und Untergang der Sonne im Spiel. Durch dieses kosmische Geschehen, das *alltäglich* neu erfahren wird, versichert die Göttin den Menschen, daß sie das Leben auch durch die *großen Naturrhythmen* hindurchtragen wird. Im shen-Ring, dem Symbol für den Tageslauf, ist das Mysterium von Leben und Tod, vom Wechsel der Jahreszeiten, vom Kommen und Gehen des Mondes verschlüsselt. Es gibt der Seele die Gewißheit, daß die Dunkelzeiten des Lebens ebenso vorübergehen wie jede Nacht, der ein neuer Tag folgt, wie jede Dürrezeit vom Regen und dem Ansteigen der Flüsse abgelöst wird und jede Hungersnot fruchtbaren Jahren mit reichen Ernten weicht. Im shen-Symbol verspricht die Göttin die Wiedergeburt.

In Hierakonpolis, der Königsstadt des vorgeschichtlichen, oberägyptischen Horusreiches, haben sich innerhalb des stark zerstörten Tempelbezirks Teile des ehemaligen Heiligtums mit zahlreichen Resten alten Kultinventars gefunden. Darunter befindet sich eine Vase aus Granit mit einer Ritzzeichnung, die Isis als Geierweibchen über dem Symbol von »Ring und Stab« zeigt (Quibell XXXVIII).

Der aus Schnüren gefertigte Ring mit dem Stab ist ein Ursymbol der Göttin. Kein Mann mußte es ihr als Pfand geben. In beiden erhobenen Händen präsentiert die sumerische Lilith »Ring und Stab« als Zeichen ihrer Göttinnenmacht (Weiler 1985, 153 ff.). Schützend hält Isis ihre Hand über dem shen-Ring (Weiler 1989, 21, Abb. 2)

Von Ischtar erzählt der Mythos, sie habe Ring und Stab einge-

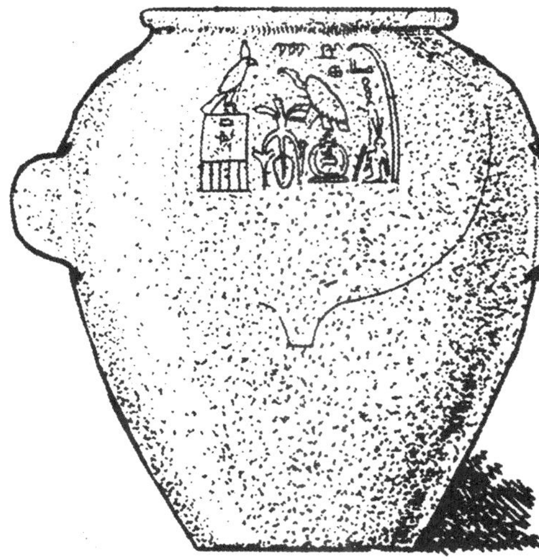

Abbildung 21
Granitvase aus Hierakonpolis
um 4000 v. u. Z.

Abbildung 22
Vergrößerung der Ritzzeichnung
auf der Granitvase

büßt, als sie den Gang in die Unterwelt wagt. An jedem Unterweltstor muß sie ihrer dunklen Schwester Ereschkigal ein Pfand geben. Sie gibt am zweiten Tor zur Unterwelt ihren Stab her. Am fünften Tor nehmen die Wächter ihr den Ring ab. Sie verliert die Insignien ihrer Macht für kurze Zeit an ihre dunkle Schwester, die Göttin der Unterwelt, die doch nichts anderes ist als ein Aspekt ihrer selbst. Während Ischtar in der Unterwelt weilt, verdorrt die Natur, die Blumen welken, und Bäume sterben ab. Erst als Ischtar wieder in ihre Rechte eingesetzt ist, fällt der erlösende Regen, und die Natur belebt sich von neuem. Vielleicht hat der Ischtar-Mythos dem biblischen Autor die Idee geliefert, von Ring, Stab und Schnur als »Pfand« zu sprechen.

Abbildung 23
Die Göttin bietet dem König
das Ewigkeitszeichen dar
Rollsiegel aus Kültepe, babylonisch, 1850 – 1750

Die Göttin hält dem König das Ewigkeitszeichen entgegen (Abb. 23). Orientalisten deuten diese Geste als Aufforderung an den König, ihr einen Tempel zu bauen.

Während sich »Ring und Stab« in Ägypten nur in den Händen von Göttinnen finden, werden in Sumer auch Götter mit den heiligen Symbolen gezeigt. Der Sonnengott Schamasch auf der Gesetzes-Stele des Hammurabi streckt dem König das Ewigkeitszeichen entgegen. Auch er fordert durch diese Geste den König zum Tempelbau auf. Längst wird der »Ewigkeitsring« aus Gold oder edlem Metall angefertigt. Das Zeichen scheint nur noch aus Ring und Stab zu bestehen. Aber die »Schnur« in ihrer konkreten Bedeutung als Meßschnur ist im Symbol von »Ring und Stab« eingeschlossen.

Der shen- oder Ewigkeits-Ring ist ein umfassendes Zeichen matriarchaler Symbolbildung, das moderne Menschen mit ihrem zerlegenden, nur Einzelheiten wahrnehmenden Spaltbewußtsein gar nicht mehr begreifen können. Sie müssen sich in meditative Haltung versetzen, um sich ihm anzunähern. Das Symbol macht in seiner Ganzheit eine umfassende Weltdeutung möglich. Zu-

Abbildung 24
Oberteil der Stele Hammurabis

sammen mit dem Stab sind weibliche und männliche schöpferische Kräfte im weitesten Sinn in diesem Bild beschlossen.

In der Kunst des alten Orient werden Ring und Stab niemals in der Hand eines Menschen dargestellt, auch nicht in der Hand von Fürsten und Königen. Mit der Vorstellung, Juda könne diese Dinge *besitzen*, profanisiert der biblische Autor die Machtinsignien der Göttin. Der biblische Redaktor ist bemüht, die Kultgegenstände als einfache Utensilien erscheinen zu lassen, als Gebrauchsgegenstände, die ein Hirt mit sich führen mag. Er überlagert damit die Erinnerung an matriarchale Göttinnenkraft.

Onan, der Liebling der Frauen

Der alttestamentlichen Forschung bereitet der Personenname Onan Schwierigkeiten. Johann Jacob Stamm schreibt:

> »Der Name ›On‹ bedeutet ›Kraft‹. ›Onam‹ ihre (der Brüder) Kraft, ›Onan‹ ihre (der Schwestern) Kraft. Dabei macht die letztere Form Schwierigkeiten, da in Genesis 38, wo sie auftritt, nur Söhne des Juda genannt werden und keine Töchter; solche können jedoch dagewesen sein, ohne daß die ihrem bestimmten Ziel zueilende Erzählung sie nennte.« (Stamm 1980, 53)

Patriarchale Geschichtsschreibung und Erzählkunst hat es offensichtlich nur dann eilig, wenn es um Frauenschicksale geht, während vom Leben der Männer in epischer Breite berichtet wird. Befangen in der Vorstellung, daß Genesis 38 Familiengeschichte sein müsse, kann die forschende Phantasie On, die Kraft, nur Brüdern oder Schwestern zuordnen: On-am gleich der Brüder Kraft, On-an gleich der Schwestern Kraft. Schwestern kommen im Text nicht vor.

Das dem Substantiv »On« angehängte Possessivpronomen, »an« (weiblich/Plural) bzw. »am« (männlich/Plural) bedeutet ganz allgemein, daß mehrere Besitzerinnen (-an) oder Besitzer (-am) der Kraft (On) teilhaftig sind. In Genesis 38 kommt die weibliche Form vor. Aber die geheimnisvollen »Besitzerinnen« von »On-an« können Frauen, Schwestern, Mütter, Liebende,

Priesterinnen oder Göttinnen sein. Im spirituellen Sinn ist »On« der Summe des Weiblichen als matriarchaler Weisheit zugeordnet.

On, die Kraft, kann als zeugende Kraft in der Sonne oder im Mond gesehen werden oder sich symbolisch in einem männlichen Tier verkörpern, das als männlicher Begleiter einer Göttin erfahren wird. »On« ist der »Frühlingsgott«, »der Liebling der Frauen«, von dem auch in der Bibel die Rede ist (Daniel 11,37 und Hoheslied 1,3 / vgl. Weiler 1989, 251).

Eine Forschung, die durch patriarchale Denkstrukturen eingeengt und durch die Vorgabe des Textes als Familiengeschichte festgelegt ist, hat mit »On-an«, der als Bruder unter Brüdern lebt, Probleme. Die »Form On-an« bereitet keine Schwierigkeiten, wenn sie als kultisch männliche Kraft, die in das Weibliche eingebettet ist, verstanden wird. Onan ist der Liebling der Frauen, der Göttin und ihrer Priesterinnen.

On, die Kraft, ist im matriarchalen Bewußtsein nicht anders denkbar als On-an; die Nachsilbe »an« drückt genau dies aus: die Einbindung der Kraft in die umfassende matriarchale Weisheit. Sowie das männliche Prinzip nicht mehr von der Weisheit verpflichtet ist, wird aus Kraft Gewalt. Aus der kultischen Darbringung männlicher Kraft an das Weibliche – »On-an« – wird Vergewaltigung – »On-am«. Der Mann verliert seine Hingabefähigkeit: matriarchale Männlichkeit ist zu patriarchaler Männlichkeit pervertiert.

Auch im Altägyptischen bedeutet »On« Kraft, männliche Kraft im umfassendsten Sinn, Zeugungskraft und schöpferischen Impuls, wie sie im Zeichen des Stabes ohne jede Obszönität zum Ausdruck kommt. »On« ist eine prädynastische Königsstadt Ägyptens. Die Griechen haben sie später Heliopolis genannt. In der Frühzeit ist der Sonnengott Re hier beheimatet. Er hat den Namen der Stadt geprägt. Denn dem Sonnensohn der Himmelsgöttin Nut wohnt jene Lebenskraft inne, welche ägyptische Menschen als »On« verehrt haben.

Der prädynastische Kultort On bildete schon in der Frühzeit ein theologisches System heraus, das die Souveränität der Nut mit ihrem Sohngeliebten zu brechen suchte. Die lokalen Göttinnen und Götter wurden zu einem Pantheon zusammengeführt. Diese Theologie der sogenannten »Götterneunheit« sollte den Sonnengott Re, in dem sich »On« als Kraft verkörperte, durch Atum verdrängen. Es handelt sich um den ersten bekannten Versuch in der Geschichte, eine patriarchale Schöpfungstheologie durchzusetzen. Atum, der »aus dem Nichts entstandene Gott«, habe durch Selbstzeugung das Götterpaar Shu und Tefnut geschaffen. Der parthenogenen* Himmelsgöttin Nut wurde der Erdgott Geb als Gatte zugesellt, und beide galten in der offiziellen Theologie als Kinder von Shu und Tefnut. Die Himmelsgöttin, die Schöpferin des Kosmos, geriet durch diese theologische Spekulation zur Enkelin des Schöpfergottes Atum.

Nut und Geb sind in diesem Gedankengebäude, das von den Ägyptologen als »heliopolitanische Theologie« gepriesen wird, als Eltern von Isis, Nephtis, Osiris und Seth eingestuft worden, wobei Isis und Osiris ihren Sohn Horus bereits im Mutterleib gezeugt haben sollen.

Dem theoretischen Konzept, Atum zum Weltenherrscher aufzuwerten, stellte sich die matriarchale Glaubensüberzeugung entgegen. Die Göttin Hathor – Himmelshaus des Horus – wurde die mythologische »Hand Gottes«, das weibliche Prinzip, ohne das Schöpfung undenkbar war. (Weiler 1985, 67 ff.) On, die männliche Kraft, war wieder eingebettet in das umgreifend Weibliche. Der anmaßende Alleingang des Atum beim Schöpfungswerk blieb abstrakte Ideologie. Der Versuch, den Sonnengott Re, den Sohn der Nut, durch Atum auszulöschen, mißlang, und Atum spielte bald in der heliopolitanischen Theologie nur noch die Rolle des Chepre, eines heiligen Mistkäfers, des Skarabäus, der von Nut geboren wird, ein winziges Tierchen, das an den Oberschenkeln der Nut herumkrabbelt.

Atum mußte sich schließlich damit begnügen, die Schöpfung der Welt mit Hathor und die Symbolik der Sonne mit Re und Horus zu teilen. Ebenso mißlang der Versuch, Nut in die Enkelgeneration des Schöpfergottes abzudrängen. Die Toleranz im ägyptischen Denken, das Widersprüche nebeneinander stehen lassen konnte, die Fähigkeit, vielfältige Glaubensrichtungen synkretistisch* zu verbinden, schuf ein theologisches Muster, das jedes auf patriarchale Systematik eingestellte Denken verwirren muß: Nut blieb der Himmel selbst, und Horus war die Sonne am Morgen, das Sonnenkind, das aus dem Schoß der Himmelsgöttin hervorging, Re war die Sonne auf der Höhe ihrer Kraft, während Atum die alternde Sonne symbolisierte, den impotenten Greis, der des Abends von der Nut verschluckt wurde, um sich in ihrem Leib während der Nacht zu erneuern und verjüngt als kindlicher Horus am nächsten Morgen wiedergeboren zu werden. Nut blieb in der Kultstadt On die umgreifende kosmische Göttin, der männliche Kraft – On – unter verschiedener Gestalt beigeordnet war.

Im Bewußtsein des Volkes aber blieb Re der einzige Sonnengott, der Sohngeliebte der Himmelsgöttin Nut, der ewige starke Gott, den niemand aus seiner Sonnenstadt On vertreiben konnte. Aus der altägyptischen Stadt On stammt der Mythos, daß der Sonnengott auf der Höhe seiner Kraft dem »starken Stier« gleich sei, der sich mit seiner kosmischen Mutter um die Mittagszeit in Liebe vereint, um – ewig derselbe und ewig verjüngt – von ihr wiedergeboren zu werden.

»On« ist im Ägyptischen kein allgemeiner Begriff für jede erdenkliche Art von Kraft, sondern meint die kosmisch zeugende Kraft des Sonnengottes, wenn er sich der schöpferischen Macht der Himmelsmutter, die ihn am Ursprung aller Dinge geboren hat, in Liebe hingibt. On ist kultische Kraft, die Manneskraft des »starken Stieres«, die unvergängliche Zeugungskraft des männlichen Prinzips, das durch die schöpferische Liebe der Göttin erneuert und geheiligt wird. On ist die Kraft der Sonne selbst, die durch alle nächtlichen Tode hindurch zu ewig neuer Wiedergeburt berufen ist.

Auch der Mond wird auf der Höhe seiner Kraft zum Geliebten der Nut und zum »starken Stier seiner Mutter«. In Ägypten sind beide, Sonne *und* Mond, männlich, sie sind beide Geschöpfe der Großen Göttin, des ewig weiblichen Prinzips, das als umgreifender Himmel verstanden wird. Die Ägypter nennen beide – Sonne und Mond – den »Kamutef«, das heißt »starker Stier«, der von seiner kosmischen Mutter verjüngt wird von Wiedergeburt zu Wiedergeburt.

En Gedi und seine Geschichte

En Gedi blühte im Altertum und war weithin bekannt, bis es während des Jüdischen Krieges in den Jahren 66 bis 73 u. Z. völlig zerstört wurde. Halten wir einen Augenblick inne, um uns der tragischen Geschichte des jüdischen Volkes an der Wende vom ersten zum zweiten Jahrhundert u. Z. zu erinnern.

Die Unterdrückung ihres Glaubens und die wirtschaftliche Ausbeutung durch die Römer erreichten ihren Höhepunkt, als im Jahre 66 u. Z. der neue Stadthalter Roms siebzehn Talente aus dem Tempelschatz Jerusalems für sich verlangte. Das Ansinnen wurde abgelehnt, und die Römer zogen im Mai des Jahres 66 u. Z. mordend und plündernd nach Jerusalem. Die Juden setzten sich zur Wehr. Die römische Besatzung wurde angegriffen, ihre Paläste gingen in Flammen auf. Der Aufstand breitete sich mit Windeseile über das ganze Land aus. Überall entbrannte der Kampf. Die römische Besatzungsmacht stachelte die sogenannten Heiden* – diejenigen Bevölkerungsgruppen, die seit altersher dem Glauben Israels ablehnend gegenüberstanden – zu Pogromen gegen die Juden an. In Caesarea wurde die gesamte jüdische Bevölkerung, ungefähr zwanzigtausend Menschen, umgebracht. An vielen anderen Orten wurden Juden überfallen und getötet. Der römische Feldherr Cestius Gallus fiel mit einem Heer von dreißigtausend Mann in Judäa ein, brannte Städte und Dörfer nieder und marschierte auf Jerusalem zu. Mit einer unvorstellbaren Kraftanstrengung wehrten die Judäer den Angriff der Römer ab, verfolgten sie bis in die Ebene, brachten ihnen schwere Verluste bei und kehrten mit reicher Beute an Waffen und Kriegsgerät nach Jerusalem zurück.

Daraufhin rückte Vespasian mit zwei Legionen von Syrien her gegen Judäa vor, während sein Sohn Titus eine dritte Legion über See heranführte. Dieser Übermacht war das kleine Judäa nicht gewachsen. Im Jahre 70 u. Z. wurde Jerusalem völlig zerstört. Doch erst drei Jahre später fiel die Festung Masada am Toten Meer, wenig südlich von En Gedi gelegen, in die Hände der Römer. Bei ihrem Einbruch in die Festung fanden die Eroberer nur Leichen vor, 960 Tote: Frauen, Männer und Kinder. Die Belagerten hatten ihre Angehörigen und dann sich selbst getötet, um den Römern nicht als Besiegte in die Hände zu fallen.

Trotz dieser vernichtenden Niederlage sammelten die Judäer unter der Führung von Bar Kochba* sechzig Jahre später noch einmal alle Kräfte zu einem Aufstand gegen die Römer, der im Jahre 135 u. Z. blutig niedergeschlagen wurde. Die Römer nahmen dieses letzte Aufbegehren des judäischen Volkes zum Anlaß für dessen tiefste Erniedrigung. Sie verboten den Juden den Zutritt zu Jerusalem, ihrer heiligen Stadt, und untersagten ihnen das Recht auf jegliche Ausübung ihres Glaubens.

Den Verwüstungen in diesen Jahren ist auch En Gedi zum Opfer gefallen. Noch Plinius, römischer Schriftsteller, Beamter und Offizier, der im Jahre 79 u. Z. beim Ausbruch des Vesuv in Pompeji ums Leben gekommen ist, hat die einflußreiche Oasenstadt mit ihrer hohen Kultur gekannt. Er schreibt, daß die Stadt bis zu ihrer Zerstörung während des Jüdischen Krieges eine blühende Ansiedlung gewesen ist, »an Fruchtbarkeit und Palmenpflanzungen die zweite nach Jerusalem.«

Auf einer Anhöhe über En Gedi hat Benjamin Mazar ein Heiligtum aus dem 4. Jahrtausend v. u. Z. ausgegraben, eine Tempelanlage, in der ein Mondgott angebetet worden ist. In den Höhlen oberhalb des Toten Meeres sind alle Gegenstände gefunden worden, die jene Menschen damals vor dem Zugriff der Feinde schützen wollten: die Schriftrollen der Essener, die Schätze des Tempels von En Gedi und vieles andere. Es sind die gleichen Höhlen, in welchen auch Bar Kochba* die Kostbarkeiten, Briefe und Verträge seiner Getreuen versteckt hat.

Auf das vierte Jahrtausend v. u. Z. wird der Standartenkopf datiert, der im sogenannten »Schatzkeller« im Mishmartal gefunden wurde (Abb. 25). Er ist heute im Israel-Museum in Jerusalem zu sehen. Zweihundertvierzig dieser »Amtsstabsköpfe«, aus Kupfer gearbeitet, zehn Ständer und fünf Elfenbeinschnitzereien, die aus dem Heiligtum von En Gedi stammen, lagen in den Höhlen von Nahal Mishmar verborgen. Steinbockköpfe zieren die aus Kupfer getriebenen Schmuckköpfe, die langen Stäben aufgesetzt wurden und den Priestern als Standarten dienten. Die Menge der gefundenen Standartenköpfe spricht für die große An-

Abbildung 25
Standartenkopf aus dem
Heiligtum von En Gedi
3200 – 3500 v. u. Z.

zahl von Priesterinnen und Priestern, über die der Tempel verfügt haben muß.

Wie lange hat die Tempelanlage auf der Höhe über En Gedi bestanden? Ist es denkbar, daß auch sie erst durch die Römer vernichtet worden ist? Um die Zeitenwende gab es in Israel noch keine Orthodoxie, sondern es bestanden im judäischen Land zahlreiche Heterodoxien*, die einander teilweise duldeten – vergleichbar der religiösen Toleranz, die aus Ägypten bekannt ist.

Wenig nördlich von En Gedi lag die Klosteranlage der Essener, deren Mönche sich für eine Form der Frömmigkeit einsetzten, die im Gegensatz zu der Glaubensüberzeugung stand, die am Tempel in Jerusalem vertreten wurde. Von ihnen wurde die Lehre Jesu anscheinend maßgeblich beeinflußt, und das erste Auftreten Jesu, u.a. seine Taufe durch Johannes, spielte sich tatsächlich in unmittelbarer Nähe der Ansiedlungen der Essener ab.

Die Anhänger des Nazareners Jesus lehrten in den Synagogen und wurden dort solange akzeptiert, bis sie aus der Begegnung mit dem Griechentum die Lehre von der Gottessohnschaft des auserwählten Sohnes übernahmen und damit die Theologie von der Göttlichkeit Jesu verbreiteten. Die Vorstellung, daß der Sohn einer Priesterin selbst göttlich, ja, die Inkarnation des Gottes selbst ist, stammt aus dem matriarchalen Glaubensgut und wurde – wenn auch bei gleichzeitiger Verdrängung weiblicher Kultmacht – auf Jesus übertragen. Die Theologie der Gottessohnschaft wurde von der Gemeinde in Jerusalem abgelehnt. Erst jetzt wurde die Nazarenersekte aus der Synagoge verdrängt.

Jerusalem duldete den Orden der Essener in der Wüste über dem Toten Meer. Denkbar ist, daß auch der Kult am Mondtempel in En Gedi um die Zeitenwende noch anerkannt war. In den frühen Jahren des 5. Jahrhundert u. Z. klagt Hieronymus darüber, daß die Frauen in Bethlehem um Tammuz weinen. Wenn Bethlehem zu einer Zeit, nachdem das Christentum in Rom bereits zur Staatsreligion erhoben worden war, noch einen Tammuz-Kult gekannt hat, um wieviel wahrscheinlicher ist es, daß sich bei den Bergvölkern der Judawüste, denen der Steinbock als Mondtiersymbol täglich begegnete, der matriarchale Kult der Tamar mit ihrem Steinbock noch erhalten hatte. Die Land- und Bergbevölkerung bewahrt überkommenes Brauchtum verständlicherweise treuer, weil sie enger mit dem Naturgeschehen verbunden ist, während die Bewohner städtischer Siedlungen den Naturbedingungen eher entfremdet werden.

Eine eindeutige Antwort auf die Frage, wann der Tempel in En Gedi zerstört und sein Kult aufgegeben worden ist, läßt sich nicht geben. Die Kultgegenstände aus Kupfer, die im »Schatzkeller« des Mishmartales gefunden worden sind, stammen zum Teil aus dem 4. Jahrtausend v. u. Z. Es ist jedoch nicht erwiesen, ob sie erst während des Jüdischen Krieges in die Höhlen verbracht worden sind, ob der Tempel erst zu dieser Zeit zerstört worden ist oder ob er womöglich schon viel früher, zur Zeit der ägyptischen Eroberungen, das Opfer einer ähnlichen Katastrophe war.

Ich bin aufgewachsen wie ein Palmbaum am Wasser

»Ich bin aufgewachsen wie ein Palmbaum am Wasser,
und wie die Rosenstöcke, die man zu Jericho zieht,
wie ein schöner Ölbaum auf freiem Felde;
ich bin aufgewachsen wie Ahorn.
Ich gab einen lieblichen Geruch von mir
wie Zimt und köstliche Würze
und wie die beste Myrrhe,
wie Galban* und Onyx* und Stakte*
und wie der Weihrauch im Tempel.
Ich breitete meine Zweige aus wie eine Eiche,
und meine Zweige waren schön und lustig.
Ich sproßte lieblich wie der Weinstock,
und meine Blüte brachte herrliche und reiche Frucht.
Kommet her zu mir alle, die ihr mein begehrt,
und sättigt euch an meinen Früchten.
Mein gedenken ist süßer denn Honig
und mich haben süßer denn Honigseim.
Wer von mir ißt, den hungert immer nach mir,
und wer von mir trinkt, den dürstet immer nach mir.«

So preist sich die Weisheit bei Jesus Sirach (Jesus Sirach 24, 18 – 29). Die Göttin spricht eigenständig und personhaft aus diesem Text. In Gestalt vieler Bäume und in allen Heiligen Hainen wird sie verehrt. Sie hat viele Namen. Jeder Stamm, jeder Stadtstaat hat SIE, die Große Göttin der matriarchalen Kultur, mit einem eigenen Namen angerufen. Nur wenige Göttinnen sind uns heute noch namentlich bekannt.

Tamar, die Palmengöttin, ist seit altersher in vielen Ländern eine Große Göttin. Sowohl hinsichtlich der *zeitlichen Dauer* wie der *räumlichen Ausdehnung* ihres Kultes ist Tamar eine bemerkenswerte Göttin. Sie verdankt ihre Verbreitung dem Klimagürtel, in dem sie beheimatet ist. Sie ist die Oasengöttin der Wüste. Ihre Heimat reicht von Sumer, Phönizien und der judäischen Wüste bis nach Anatolien, Griechenland und zur Nordküste Afrikas.

Der Raum, der zur Wiege der europäischen Kultur geworden ist, reicht *im Osten* bis zum Zweistromland. Dort, auf einem Friedhof in Ur, ist ein Spielbrett ausgegraben worden, dessen Intarsien* das Motiv von Ziegenböcken verwenden, die sich an einer Palme aufrichten. Das Fundstück gehört in die Zeit der ersten Dynastie, etwa um 2600 v. u. Z. (Moortgat 1949, 5, Abb.5). Das Motiv geht auf Vorlagen zurück, die sich im Zweistromland auf Rollsiegeln schon seit Jahrhunderten finden. Wieweit der Bildgedanke in die Vergangenheit reicht, können wir nur ahnen. Ur war die Heimat des Mondgottes Sin. In der Bibel gilt Ur als Heimatstadt Abrahams, dessen Vater Tarah ebenfalls in den Kreis der orientalischen Mondgötter gehört.

Im Westen erinnert die afrikanische Athene an die Göttin mit dem Ziegenbock; denn das Ziegenfell war ihre ursprüngliche Kleidung. Als sie am Tritonsee in Nordafrika von der Weisheitsgöttin Metis geboren wurde, ahnte Athene von Zeus noch nichts. Bei ihrer Wanderung nach Griechenland hat sie ihr ältestes Gewand aus der afrikanischen Heimat mitgebracht. Ohne Zustimmung der Frau hätte es für jeden Mann den Tod bedeutet, die Aigis, den Ziegenfellkeuschheitskittel, aufzuheben.

Der Mythos berichtet, Athene habe sich nach einem Kampf mit der Gorgo mit deren abgezogener Haut bekleidet. Dabei übernahm die Gorgonenhaut die schützende Symbolik des Ziegenfells. Später schlüpfte Athene in die wallenden Gewänder des antiken Griechenland. Aber noch immer blieb der magisch abwehrende und schützende Charakter ihrer Kleidung erhalten. Athene trägt nahezu auf allen Statuen das Gorgonenhaupt – pars pro toto: als Sinnbild für die Aigis, die Ziegenfell-Gorgonenhaut – am Kleid oder am Kopf (Weiler 1985, 139 ff.). Über die religionsgeschichtliche Entwicklung hinweg bewahrte Athene die Erinnerung an ihre archaische Verbindung mit dem Bock.

Im griechischen Theben wurde ein orientalisch beeinflußtes Rollsiegel gefunden, das die Steinböcke am Lebensbaum zeigt.

Parrot meint dazu, dies zeige, wie früh und wie weit nach Westen die orientalische Bildkunst das Motiv des Steinbocks mit dem Kultbaum getragen habe (Parrot 1969, 25, Abb. 51). Vielleicht läßt sich gar nicht mit Sicherheit behaupten, die Griechen hätten die »Göttin mit dem Steinbock« aus dem vorderen Orient übernommen. Der nordafrikanische Kulturraum kommt für dieses Erbe ebenso in Betracht.

Als Bildmotiv findet sich der Steinbock mit dem Lebensbaum noch in der keltischen Kunst. Am Bieler See in der Schweiz wurde eine Schwertscheide, die ins erste Jahrhundert v. u. Z. datiert wird, gefunden, die in einem winzigen Oval von nur 1,1 cm Höhe zwei Steinböcke am Lebensbaum zeigt. Das Schwert sei einer Wassergöttin als Weihgabe dargebracht worden (Schmökel 1957/58, 378), glaubt Hartmut Schmökel. Sicher ist, daß es kultischen Zwecken gedient hat.

»Spielend«, meint Schmökel, habe das Motiv » Ziegen am Lebensbaum« bei seiner Wanderung Raum und Zeit überwunden, die Alpen überschritten und das Abendland durchmessen. »Über Völkerstürme und Zeitenwandel hinweg behaupteten sich die Themen der Kunst ... siegreich weiter.« (Schmökel 1957/58, 376) Ziegen am Lebensbaum tauchen im 11. und 12. Jahrhundert als Motiv auf Seidenstoffen auf. Holzschnitzer verwenden das Thema als Ornament. Am Chorgestühl des Naumburger Doms aus dem 15. Jahrhundert präsentieren sich zwei symmetrisch angeordnete gehörnte Tiere am Lebensbaum. Dazu sagt Hartmut Schmökel:

»Durch dieses Bindeglied erhellt sich uns ein Weg, den das Motiv durch die Jahrtausende nahm. Er führt in einzigartiger Beharrlichkeit von den tempelnahen Werkstätten altsumerischer Siegelschneider über antike Gemmenkünstler und keltische Schwertschmiede im römischen Gallien bis zu den Holzschnitzern des spätmittelalterlichen Naumburg und bildet in sich selbst eine beweiskräftige Verkörperung dessen, was der Bildgedanke »Ziegen am Lebensbaum« ursprünglich ausdrücken wollte: Ewiges, unzerstörbares Leben über das tägliche Sterben und Vergehen hinweg.« (Schmökel 1957/58, 378)

Allerdings hat der Schnitzer des Chorgestühls am Naumburger Dom, auf das hier angespielt wird, vielleicht eher an Hirsche gedacht, als er das traditionsträchtige Motiv der beiden Tiere am Lebensbaum gestaltete (Schmökel 1957/58, 377, Abb. 12).

Der »Weg, den das Motiv durch die Jahrtausende nahm«, scheint mir durch dieses »Bindeglied« nicht zureichend »erhellt«. Noch fehlt der Nachweis einer spirituell-religiösen Basis, auf der dieser Bildgedanke transportiert worden ist. Die Thealogie ewigen, unzerstörbaren Lebens, die Religion der Großen Göttin, konnte im Mittelalter nur in der Subkultur überleben. Gotische Künstler gestalteten die »Ziegen am Lebensbaum«, weil sich das symmetrische Motiv für dekorative Zwecke eignete.

Hartmut Schmökel übersieht, daß ursprünglich die *»Frau mit dem Bock«* es war, welche die gleiche Thealogie vermittelt hat: den Glauben an ewiges, unzerstörbares Leben. Wo immer aber der Baum durch die nackte Frauengestalt symbolisiert wird, hat die gotische Kunst das Weibliche dämonisiert.

Die Göttin war allmächtig, solange sie Eines war: schützende Himmelsgöttin, die im Baum gegenwärtig war, und tröstende Herrin über das Reich des Todes. Zerlegt in ihre »Aspekte«, wurde die Göttin angreifbar. Das Christentum zerschlug auch noch die Reste jener transzendenten Macht des Weiblichen, die sich seit Jahrtausenden vom vorderen Orient bis nach Europa ausgebreitet hatten. Das Baummotiv bedeutete nicht mehr viel, nichts als ein hübsches Muster auf Teppichen, Seidenstoffen und Chorgestühlen.

Die Hoffnung, »ewiges, unzerstörbares Leben über das tägliche Sterben und Vergehen hinweg« zu garantieren, wollte allein die Kirche bieten. Das Christentum prallte bei seinem »Siegeszug« durch Europa mit der »Göttin und ihrem Kulttier« zusammen, und hier hat sich jener Prozeß abgespielt, bei dem die Göttin zur »Hexe« wurde.

Der nachstehend abgebildete Keramikständer trägt einen Zweig mit dem weiblichen Schoßdreieck. Beide Symbole sind Formeln für Leben und Wiedergeburt; beide sind zeichnerische »Kürzel« für die Göttin, wie sie überall auf der Welt gebräuchlich gewesen und verstanden worden sind. Eine Inschrift fehlt. Da wir wissen, daß Ischtar mit der Palmengöttin synkretistisch verschmolzen ist, kann dies ebenso ein Kultobjekt für Ischtar selbst wie für eine ihrer weniger bekannten Schwestern sein.

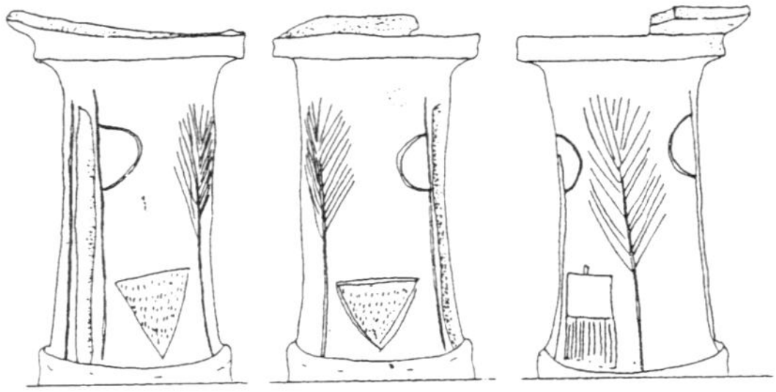

a *b* *c*

Abbildung 26
Keramikständer aus Ur
Frühdynastische Zeit, 2600 – 2300 v. u. Z.

Auf der Teilansicht c ist ein »Kamm« zu sehen, der als Webkamm gedeutet wird. Das Symbol zeigt die Göttin als Herrin der Webkunst. Im spirituellen Verständnis webt und spinnt sie die menschlichen Schicksale. Jedem Kind, das geboren wird, webt sie ein Gewand, mit dem es leben muß, das Gewand der Zukunft, in dem goldene und dunkle Fäden miteinander verschlungen sind.

Die Göttin wird in unterschiedlichen Symbolen repräsentiert: Wenn wir den Ständer in unserer Vorstellung langsam drehen, kommt auf der Teilansicht a zunächst der Kultpfahl links ins Bild, ein Göttinnensymbol, das uns in den sogenannten »Ascheren« der Bibel begegnet. Anschließend das bekannte Schoßdreieck, das die schöpferische Potenz der Göttin ausdrückt. Die Teilansicht b wiederholt den Palmzweig von a, um zu vermitteln, daß es sich um eine Palmengöttin handelt. Noch einmal erscheint das Schoßdreieck, bevor das Kultpfahlmotiv, symmetrisch angeordnet, ein zweites Mal ins Bild kommt. Auf der Teilansicht c schließlich wieder die bekannten Motive Webkamm und Palme.

Wird der Ständer noch ein wenig gedreht, so daß der Kultpfahl gegen die Bildmitte rückt, läßt sich deutlich erkennen, wie er von den beiden Zeichen flankiert wird, die allgemein als »rätselhafte Symbole« (Schroer 1987, 206) gelten, welche sich der Deutung entzögen. Indessen erinnert die *symmetrische Zuordnung* an Kulttiere, die eine Göttin flankieren: Capriden*, Stiere und Widder werden rechts und links von der Göttin angeordnet. Die Tiere

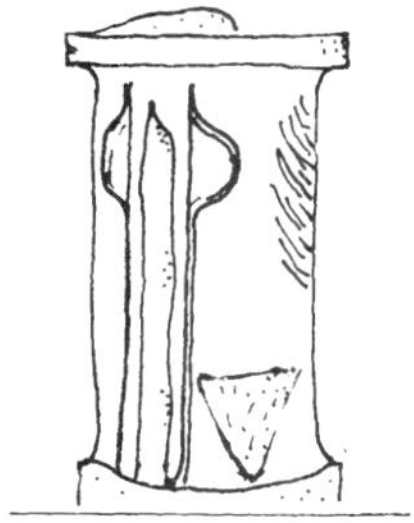

Abbildung 27
Detail des Keramikständers
Kultpfahl mit symmetrisch angeordneten Symbolen

richten sich am Baum auf, in dem die Göttin inkarniert ist. Es ist naheliegend, in den beiden Stäben abstrahierte Symbole totemistischer Kulttiere zu sehen, ebenso wie die Baumgöttin durch den Pfahl abstrahiert dargestellt ist. Die Kulttiersymbolik kommt selbst in der Sprache durchaus abstrakt vor. So hat der Gott Amurru eine Capride als Namensattribut, das ihn erst als »Gott« definiert (vgl. Winter 1983, 425, Anm. 1120).

Interessanterweise besteht eine bemerkenswerte Ähnlichkeit zwischen diesen »rätselhaften Symbolen« und der altägyptischen Hieroglyphe für nṯr gleich »Gott«.

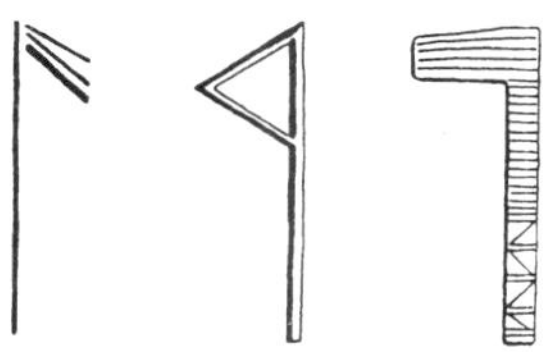

a b c
Abbildung 28
altägyptische Hieroglyphen für «Gott«

Wir wissen nicht, wie das konsonantisch notierte Wort ntr vokalisiert worden ist. Es legt sich indessen nahe, den ersten Wortteil nt mit Nut zu übersetzen. Das Wort ṯr heißt im Phönizischen Stier. Zwischen Phönizien und Ägypten bestanden bereits in prähistorischer Zeit Handelsverbindungen. Das Wort ṯr (schtr) ist ohnehin ein völkerübergreifender Begriff. Stern, star und Stier leiten sich aus ihm ab. Der Stiergott steht im Sternbild des Stieres am Himmel. Die Söhne der Ascherat sind Stiergötter als Venussterne: der aggressive Morgenstern und der friedliche Abendstern. Osiris erscheint in der Gestalt des Sternbildes Orion. Das Wort nṯr könnte zusammengezogen sein zu nutstir im Sinn von Nut und Stier. Der »Gott« ist also der starke Stier, der Sohn und der Geliebte seiner Mutter Nut.

Dabei muß mitbedacht werden, daß der Gottesbegriff des 3. Jahrtausends v. u. Z. keinen »Gott« gekannt, sondern das Totem der Göttin gemeint hat. Im Lauf der religionsgeschichtlichen Entwicklung wandelte sich der Gottesbegriff, und nṯr erschien schließlich »in den zweisprachigen Dekreten der ptolemäischen Zeit … im Austausch mit dem griechischen theos« (Hornung 1971, 31).

Das ägyptische nṯr-Zeichen ist mit Bändern umwickelt. Vielleicht ist damit die Kunst der Mumifizierung angedeutet, in der sich die Wiedergeburtshoffnung konkretisiert. Noch in der Spätzeit, als der ägyptische König göttliche Allmacht für sich beansprucht, gibt er sich im Tod in die Hände der webenden, spinnenden Göttin. Ihre Priesterinnen vollziehen die Totenrituale.

Dieser vom Tell Adschul stammende Goldblechanhänger zeigt den ägyptischen Einfluß auf die Kunst im antiken Israel. Die Göttin trägt die Frisur der Hathor, womit sie sich als Himmelsherrin vorstellt. Ihre Brüste sind zart angedeutet. Aus ihrem Nabel wächst ein Palmenzweiglein: Sie ist zugleich die Baumgöttin. Das Schoßdreieck als Sinnbild weiblicher Wiedergeburtsvollmacht ist auffällig betont, und darüber deutet auch hier ein kammartiges Gebilde auf den Webkamm als Attribut der kulturbringenden Weisheitsgöttin.

Abbildung 29
Goldanhänger vom Tell el-Adschul
15. Jahrhundert v. u. Z.

Die Göttin als Lebensbaum – allein oder gemeinsam mit ihrem Kulttier – ist das »Musterbeispiel eines alle Perioden überdauernden Bildgedankens« (Moortgat 1949, 3). Als Bildgedanke ist die Göttin mit ihrem Kulttier – wie Anton Moortgat aus einer Siegelabrollung aus Susa zeigt (Moortgat 1949, 3) – bereits in frühgeschichtlicher Zeit belegt.

So verbreitet die Palmengöttin mit dem Steinbock in den Oasen der Wüstengebiete des »fruchtbaren Halbmondes« um das östliche Mittelmeer ist, so erstaunlich ist die lange Dauer ihres Kultes. Aus der Mittelsteinzeit stammen erste Hinweise auf ihren Kult.

Abbildung 30
Felskritzelei aus Vaschta, Phönizien

Die nebenstehende Kritzelzeichnung stammt von einer Felswand aus Vaschta in Phönizien. Ihr Alter ist nicht sicher zu bestimmen. Die Sinnbilder der Göttin, das Fruchtbarkeit verheißende Schoßdreieck und die Palme als Lebensbaum, werden hier ebenso schlicht nebeneinandergestellt, wie sie auch miteinander verflochten sind: Die Schoßhaare sind durch Palmzweige gebildet.

Dieser Siegelabdruck (Abb. 31) stammt aus Jericho, einer Stadt, deren Kultur bis in die Mittelsteinzeit, ins 10. Jahrtausend v. u. Z. zurückreicht. Jericho liegt nur etwa 20 km nördlich von En Gedi am Rand der judäischen Wüste. Die gehörnte Palmengöttin auf dem Siegel darf als typisch für die Oasenstädte am Toten Meer gelten. Sie ist nackt, das Schoßdreieck ist auch hier stark betont. Zwei Palmenzweige flankieren die weibliche Gestalt. Die Göttin hat besonders große Ohren, ein Attribut,

Abbildung 31
Siegelabdruck aus Jericho um 1750 v. u. Z.

das ausdrücken will, daß sie die Gebete ihrer Gläubigen bereitwillig erhört. Mit ihrem Steinbock ist sie geradezu verschmolzen; denn sie trägt die Bockshörner doppelt zur Spirale gedreht am Kopf.*

Abbildung 32
Siegelabdruck aus Samaria

Ein konisch geformtes Siegel aus Samaria zeigt einen anbetenden Menschen – diesmal vor einem stilisierten Baum mit dem Steinbock. Auf einer reliefierten Keramikscherbe aus En Gedi zeigt Sylvia Schoer ein vergleichbares Motiv, einen Menschen, der dem Palmbaum seine Verehrung erweist (Schroer 1987, 212).

Das vielleicht berühmteste Kunstwerk, welches die Thematik »Baum und Göttin« zum Gegenstand hat, ist eine kostbare Schnitzerei auf einem Elfenbeinkästchen aus Ugarit, 14. – 13. Jahrhundert v. u. Z. (Frontispiz, S. 2). Die Göttin mit nacktem Oberkörper sitzt auf einem Felsen und füttert zwei Capriden mit Palmrispen. Daß sie den Tieren Palmzweige darreicht, legt die Deutung nahe, die Göttin selbst als Baumgöttin zu sehen. Der Baum ist Symbol für die Göttin, und die Göttin lebt im Baum. (May 1939, 252 f.)

---

* Für LeserInnen, die sich gründlicher mit der Thematik beschäftigen wollen, gebe ich hier weitere Literatur an: Winter 1983, Abb. 451, 452; Keel 1986, Abb. 8-11, 43-45., 61-63, 88; Schroer 1987, Abb. 14, 16, 19, 22, 27; Moortgat 1949, 140; Danthine 1937 passim; Schmökel 1958, passim

Abbildung 33
Rollsiegelabdruck
um 1000 v. u. Z.

Abbildung 34
Rollsiegelabdruck
um 800 – 750 v. u. Z.

Der Siegelabdruck aus Ta'anach (Abb. 33) stammt aus dem 10. Jahrhundert v. u. Z. Die stilisierten Symbole auf dem Siegel vom Tell Fara-Süd (Abb. 34) aus dem 8. Jahrhundert v. u. Z. wurden hier eleganter ausgeführt. Gestalt und Bewegung der Steinböcke sind mit wenigen Strichen ausgezeichnet getroffen.

Abbildung 35
Krugmalerei
vom Tell Fara-Süd

Ebenfalls vom Tell Fara-Süd stammt die Krugmalerei aus der späten Bronzezeit, die sechs Steinböcke an der Palme zeigt. Der sehr stilisierte Baum steht über einer Quelle, wie die Fische zeigen. Der Baum ist durch ein Punktdreieck unterlegt: Durch das Schoßdreieck der Göttin wird der Baum zum Lebensbaum.

In Megiddo sind zwanzig Kulturschichten ausgegraben worden. Die älteste führt bis in die Jungsteinzeit zurück. Die Grabungen bringen die Kultur des Chalkolithikums* mit ihrer fast zweitausendjährigen Geschichte Kanaans wieder ans Licht. Sie dokumentieren die jüdische Geschichte bis zur Epoche der Perser, Griechen und Römer. Megiddo war Mittelpunkt des Handels zwischen Afrika, Ägypten, dem Zweistromland und Asien. Die Stadt liegt am Wadi Ara, einem Paß, über den die Heere aller Völker seit altersher gezogen sind. Wandernde Stämme benutzten diese von der Natur geschaffene Straße.

Neben dem stilisierten Lebensbaum deutet ein Fisch auf einem Rollsiegel aus Megiddo die Wasserstelle an, die – als Voraussetzung für jedes Leben – zum heiligen Ort der Göttin gehört. Eine Beterin oder ein Beter wendet sich der Göttin zu. Auf der linken Bildseite ist eine Hand der Göttin segnend erhoben. Frucht- und Gestirnsymbole oben im Bild deuten die umfassende kosmische Weisheit der Göttin an, deren Kraft allem Geschaffenen innewohnt.

Abbildung 36
Ziegen am Lebensbaum
Rollsiegelabdruck aus Megiddo

Noch eindeutiger verschmilzt bei dieser Darstellung die Metapher »Lebensbaum« mit der kosmischen Göttin, die eine »Mutter alles Lebendigen« genannt wird. Die Siegelschneiderin hat die Einheit von Göttin, Leben und Baum thematisiert: Einmal ist der Kopf der Göttin unmittelbar links neben dem Stamm des Baumes zu sehen, der von zwei Steinböcken flankiert wird; zugleich bildet die nackte Göttin als Herrin der Tiere das eigentliche Zentrum des Bildes. Hirsch, Stier und Löwe – Ausdrucksformen ihres Totems – liegen friedlich zu ihren Füßen. Rechts über dem Löwen hat die Göttin selbst Tiergestalt angenommen und ist mit ihren Flügeln Symbol für ihre kosmisch umgreifende Machtfülle. Auf diesem Detail ist sie die Himmelsgöttin selbst. Die Köpfe der Göttinnen gleichen sich; dieselbe Nase findet sich bei allen drei Ausführungen, das Auge wird durch einen feinen Strich abgedeutet; die Kopfbedeckung der Göttinnen hat überall den gleichen Wulst, und alle drei blicken in dieselbe Richtung. Mit diesem Stilmittel drückt die Künstlerin die Identität aus, welche die verschiedenen Aspekte der Göttin zu einer einzigen Gestalt machen. Die Flügel, die auf den kosmischen Charakter der Göttin hindeuten, sind auf diesem Rollsiegel wie Zweige gestaltet. Umgekehrt läßt sich sagen, daß die Zweige des Baumes den kosmischen Charakter der Göttin symbolisieren. Die Flügel der Göttin werden von den Siegelschneiderinnen oft noch deutlicher als Zweige gestaltet (Winter 1983, Abb. 191, 192, 194, 201).

Ich spreche bewußt von einer *Künstlerin oder Siegelschneiderin.* Durch nichts ist widerlegt, daß es Frauen gewesen seien, welche die Siegel geschnitten haben, deren Motive dann in weichen Ton gedrückt worden sind. Die patriarchale Wissenschaftssprache geht leichtfertig und mit selbstverständlicher Überheblichkeit davon aus, daß selbst die Symbole der Göttin von Siegelschneidern und Künstlern gestaltet worden seien. Ich grenze mich gegen die vereinnahmende Redeweise ab, die suggeriert, es könnten nur Männer schöpferische Leistungen erbringen. Obwohl bis in historische Zeiten die Töpferei und der Umgang mit Ton den Frauen vorbehalten ist, wird stillschweigend unterstellt, die Bemalung und künstlerische Ausgestaltung der Vasen, Krüge, Töpfe und Schalen sei die Sache von Männern gewesen. Der wissenschaftliche Sachverhalt spricht dafür, daß Frauen die Kunstwerke selbst geschaffen haben, zumal der Umgang mit Ton in vielen archaischen Gesellschaften für Männer tabuisiert war.

Zwei Steinböcke flankieren eine Lotosblume. Oder sollte der Ziegenbock rechts im Bild so göttinunfürchtig sein, daß er die Lotosblume anknabbert? Die Gravierung auf dem Wasserkrug aus dem 6. Jahrhundert v. u. Z. stammt aus einer Zeit, welche die Göttin allmählich herabstuft. Die Lotosblüte, ein von Indien bis Ägypten verbreitetes Symbol für die Göttin, wird widersprüchlicherweise zum Symbol für den Schöpfergott selbst: Zunächst ist es der Sonnengott, der allmorgendlich auf dem Blütenteller aus dem Wasser gehoben wird. Er ist der Gott auf der Blüte, die einst vor aller Zeit »aus dem Urwasser entstanden ist« (Erman 1900, 24, 25, Anm. 2). Der patriarchale Anspruch, der die schöpferische Potenz für das Männliche allein in Anspruch nimmt, wandelt die Lotosblüte zum Weltenschöpfer, der »am Anfang der Welt« der »Herrscher des großen Sees« war (Yoyotte 1959, 54 ff.).

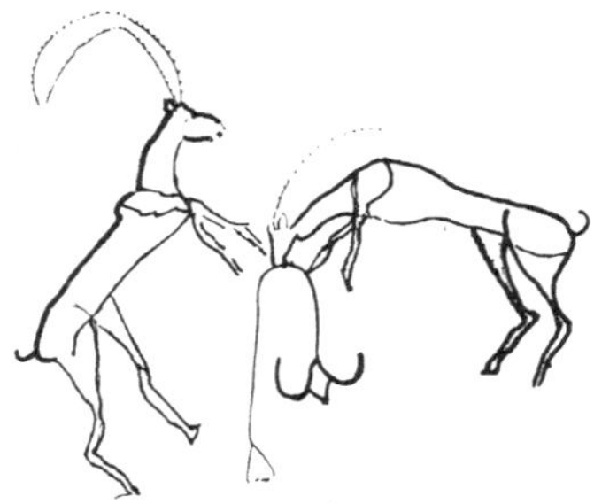

Abbildung 37
Steinböcke an der Lotosblüte
Lachisch, 6. Jahrhundert v. u. Z.

Auf dem nebenstehenden Kunstwerk fällt die exakt symmetrische Gestaltung und die äußerste Stilisierung des Motivs auf. Die Göttin ist zum einen im Baum und zum anderen im Kultpfahl gegenwärtig. Wenn das Objekt gedreht wird, zeigt sich, daß die gleichen Steinböcke den Kultpfahl ebenso wie den Baum flankieren.

Abbildung 38
Rollsiegelabdruck aus Lachisch
späte Bronzezeit

Abbildung 39
Räuchergefäß aus Bronze
2. Jahrhundert v. u. Z.

Die Vorderseite zeigt das Modell eines Hauses oder Tempels, vor dem ein Steinbock steht, der als Griff dient.

Alle Funde des Bildmotivs »Steinböcke – oder anderer Tiere – am Lebensbaum« sind an heiligen Orten gemacht worden. Die Göttin mit ihrem Kulttier ist ins Unbewußte verdrängt worden. Dem schöpferischen Bewußtsein ist sie nicht verlorengegangen.

Der Glaube an *die Weisheit der Göttin* ist in der Jungsteinzeit schriftlos durch Symbole belegt: Ihre Vollmachten werden sichtbar im Lebensbaum, der Quelle, Fischen und dem Webkamm. Aus der Bronzezeit sind Ritualtexte bekannt, die von der Weisheit der Göttin und der sinnvollen Anpassung aller Menschen an die der Natur innewohnende Ordnung sprechen. Frühe Weisheitstexte sind aus Ägypten bekannt. Der Baumkult, der die Weisheit als Göttin in einem Baum, der eine Brunnenstelle beschattet, wiedererkennt, ehrt die heiligen Bäume am Rand der Wüste, am Eingang ins Totenreich. Inschriftlich und ikonographisch belegt ein Wandgemälde im Grab Totmosis III. (1490 – 1436 v. u. Z.) in der 18. Dynastie einen regelrechten Baumkult. Obwohl der Baumkult hier eindeutig offiziellen Charakter hat, nennt ein Ägyptologe den »Gedanken selbst altes Volksgut« (Bonnet 1971, 82). Wissenschaftler unterscheiden oft voreilig zwischen offiziellem Kult und Volksglauben. Sie verdunkeln damit, wie häufig matriarchale Kulte von Königen und Fürsten gefeiert und mit dem offiziellen Kult verschmolzen worden sind.

Im Lauf der Jahrhunderte war die Weisheit Ägyptens von der Urgöttin und Mutter aller Götter zur Tochter des Gottes Re herabgestuft worden. Im ägyptischen Denken büßte sie ihre Integrationsfähigkeit ein. Allmählich verlor sie den Charakter der allgegenwärtigen Ordnung, die der Natur *innewohnt.* Sie wurde der Rechtsprechung *aufgesetzt.* Die Mächtigen des Staates bedienten sich ihrer.

Ikonographisch läßt sich der Verlust ihrer Selbständigkeit daran ablesen, daß die frei schreitende ägyptische Weisheitsgöttin des alten Reiches (2600 – 2300 v. u. Z.) schon in der 18. Dynastie (1552 – 1306 v. u. Z.) als kniendes Votivfigürchen dargestellt wird, das der König seinem Gott im Gebet darbringt. *Die Weisheit steht dem Mann nicht mehr souverän gegenüber! Er handhabt sie.*

In Israel kommt die Göttin als Weisheit erst im zweiten vorchristlichen Jahrhundert zu Wort, und sie ist von ihrem ersten Auftreten an Staatsgöttin. Sie ist die Weisheit der Könige, sie steht im Dienst patriarchaler Ordnungen und Gesetze, sie spricht auf öffentlichen Plätzen und richtet sich nur an Männer. Sie warnt vor dem »Weib ohne Zucht« und vor dem Wein im Glas. Sie rät, vor der Ehefrau das Geld gut zu verwahren und die Rute bei der Erziehung des Sohnes nicht zu schonen. Solche Sprüche geben Anweisungen, die Erfolg im Leben versprechen. Aus ihnen spricht nicht die Göttin.

Aber da und dort leuchtet aus den Sprüchen eine Weisheit auf, die an die Göttin erinnert, eine Weisheit, die das Leben in seinen vielschichtigen Erscheinungen alle Tage neu begreifen lehrt, die ehrfürchtig macht vor dem anderen und vor der Liebeserfahrung. In den Texten von Jesus Sirach ist die Weisheit als Baum- und Himmelsgöttin noch deutlich zu spüren. Wenn Jesus Sirach sie auch aus dem »Munde des Höchsten« hervorgehen läßt, so weiß er doch, daß die Weisheit »von Anfang an da war und ewig bleiben wird«. Er weiß, daß sie »über den Wolken schwebte« und in allen Dingen wohnte, im Meer mit seinen Gezeiten, auf der Erde in allen Pflanzen und Tieren. Und wenn sie nun auch auf den Marktplätzen dahinschreitet und sich den Menschen feilbietet, die sie nicht hören wollen, so ist sie doch immer noch im Baum gegenwärtig, der seine Zweige schützend über die Menschen breitet.

III

Das Ur-Bild

Reise in die Vergangenheit

Der Mondtempel bei den Quellen von En Gedi

»Meine Geschichte ist erfunden,
Was soviel bedeutet wie wiedergefunden,
Und das heißt auch, er-innert:
Aus dem Innern hervorgeholt.« (Francia 1986, 9)

Mit Mariann, meiner Schweizer Freundin, bin ich zum Tempel hinaufgestiegen. Wir wählten den Weg, der über die Quellen führt. So stiegen wir nicht den bequemen Weg bergan, sondern kletterten durch die Schlucht, die von den Wassern ausgesägt worden ist, denen die Oase ihre Fruchtbarkeit verdankt.

Unermüdlich haben sich jahrtausendelang die Wasser in den Fels gegraben und Becken um Becken ausgehöhlt. Manche Mulden sind so tief, daß Menschen darin baden oder schwimmen können. Der Fischreichtum in den Wassern von En Gedi ist seit altersher bekannt. Schon der Prophet Hesekiel erinnert sich, daß die Fischer hier ihre Netze spannnten.

Die Kaskaden fallen von einem Becken ins nächste, füllen Stufe um Stufe, fließen über und ergießen sich in die nächste, tiefer liegende Mulde. Ein schmaler Pfad windet sich zu dem Wasserfall hinauf, der durch die »Davidsquelle« gespeist wird, die hoch oben zwischen den Felsen entspringt. Über dem großen Wasserfall verliert sich der Pfad im Gestein, und der Rest des Anstiegs führt fast senkrecht im Fels aufwärts.

Die Höhle oberhalb der »Davidsquelle« ist fast unzugänglich. Dort habe David sich einst – als er noch ein Jüngling war – verborgen, um auf Saul zu warten. Er war sich gewiß, daß Saul, der mit seinen Soldaten in der Gegend war, zu den Quellen kommen mußte, um zu trinken. David dachte, daß Saul vor der größten Mittagshitze in der Höhle Schutz suchen würde. Als Saul dann wirklich in die Höhle kam und dort vor Müdigkeit einschlief, schnitt David dem König ein Stück des Mantels ab. Nachdem nun Saul wieder aus der Höhle gegangen war, lief David ihm nach, zeigte ihm von ferne den Zipfel des Mantels, den er abgeschnitten hatte, und sagte:

»Siehe, heutigentags sehen deine Augen, daß dich der Herr in meine Hand gegeben hat in der Höhle. Und es ward mir gesagt, ich solle dich erwürgen. Ich aber habe dich geschont; denn ich sprach: Ich will meine Hand nicht an den Gesalbten meines Herrn legen.« (1. Samuel, Kapitel 24)

Dieser biblischen Legende verdanken Quelle und Höhle ihren Namen: Sie heißen heute »Davidsquelle« und »Davidshöhle«. Die Quelle, die – Ursprung lebendigen Lebens – Sinnbild der kosmischen Göttin gewesen ist, und die Höhle, der Ort, an dem die Phantasie matriarchaler Menschen die Geburtsmythen ihrer Götter angesiedelt hat, haben einst andere Namen getragen …

Bevor wir das Tempelheiligtum auf dem Hochplateau erreichen, erwartet uns eine Überraschung: Der Pfad zur »Davidsquelle« zweigt nach rechts ab und führt noch weiter hinauf in die Felsen. Auf einem kleinen, handgeschriebenen Schild steht der Name einer uns unbekannten zweiten Wasserstelle, der »Sulamith-Quelle«. Wir folgen einem Pfeil, der uns nach links weist.

Unter einem mächtigen Dornenstrauch und zwischen baumhohem Schilfdickicht strömt das Wasser hervor. Ebenmäßige Aushöhlungen in einem Felsblock lassen auf eine urzeitliche Tränke schließen, und wenige Meter über der »Sulamith-Quelle« ist die Hochfläche erreicht, die sich wie eine mächtige Bühne über dem Toten Meer erhebt.

Die Ruinen des Mondtempels lagern stumm, der Sonne preisgegeben. Steinböcke ziehen furchtlos vorüber und suchen den Weg zur »Sulamith-Quelle« – heute wie seit Tausenden von Jahren. Die Tempelanlage von En Gedi ist etwa 6000 Jahre alt. Sie stammt aus dem Chalkolithikum*.

In der Mitte des Heiligtums liegt der Mondstein, ein weißes, rundes Felsstück wie aus anderen Welten. Ein aus Steinen locker zusammenfügtes Becken im Tempelhof erinnert an eine Opferstelle. Spuren von Feuer sind nicht zu erkennen, obwohl dieses in der Mitte vertiefte Rund kaum einem anderen Zweck als dem Opfer gedient haben kann.

Archaische Kultanlagen waren meist nach Osten ausgerichtet. Am Morgen der Frühlings- und Herbst-Tagundnachtgleiche fiel das Licht der aufgehenden Sonne durch einen nach Osten ausgerichteten Bogen oder ein Tor der Tempelanlage oder eines Steinkreises. So ließen sich Mond- und Sonnenjahr miteinander in Beziehung setzen. Der Kultplatz hier über dem Toten Meer scheint auf die Mulde zwischen den Bergen jenseits des tief eingeschnittenen Grabens ausgerichtet zu sein.

Ich möchte feststellen, ob dort der genaue Ostpunkt liegt. Unter dürren Büschen liegt vertrocknetes Holz. Dort finde ich einen gerade gewachsenen Zweig, stecke ihn in die Erde und berechne aus seinem Schattenwurf und der auf den örtlichen Längengrad berichtigten Uhrzeit den genauen Ostpunkt über den Bergen Jordaniens. »Am Tag des Frühlingsanfangs,« sage ich, »geht die Sonne nicht im Schnittpunkt der beiden Berge auf.« Ich bin enttäuscht. Die Mulde zwischen den Bergen liegt weiter nördlich.

»Genau zwischen den Bergen«, mutmaßt Mariann, »geht der Mond während seiner höchsten Kulmination auf, die alle neunzehn Jahre nach der Wintersonnenwende zu beobachten ist; da er dann einen größeren Bogen beschreibt als die Sonne, geht er ostnordöstlich auf. Das läßt sich am besten am Tag vor dem Dunkelmond beobachten. Dann ...«, sagt Mariann und läßt sich auf die mythenträchtige Stimmung des heiligen Ortes ein, »zieht der Mond die Sonne hinter sich her und, gebeugt vom Gewicht seiner Bürde, nimmt er die Gestalt einer Sichel an.«

Es fällt mir ein, daß auch die Hochsommersonne an diesem ostnordöstlichen Punkt, etwa 22 Grad nördlich der genauen Ostrichtung, aufgeht. Ich denke an den berühmten Steinkreis von Stonehenge, in dessen »Osttor« die Sonne am Morgen der Sommersonnenwende aufgeht. Aber Mariann wendet ein, daß dies doch der Tempel eines Mondgottes sei.

»Fällt es dir nicht schwer zu akzeptieren«, fragt sie, »daß der

Mond in En Gedi ein männliches Symbol war? Die Steinbock-Standartenköpfe, die im Nahal Mishmar-Tal hier in der Nähe gefunden worden sind, beweisen das. Die Betonung der Hörner bei den männlichen Kulttieren, die der Großen Göttin heilig gewesen sind, fällt beim Steinbock besonders auf. Seine weit geschwungenen Hörner haben die Form von Mondsicheln.«

»Von meinem Gefühl her hätte ich gern, daß der Mond weiblich wäre. Aber überall im vorderen Orient, in Sumer, Ägypten, auf Kreta und in der frühen griechischen Kultur ist der Mond männlich. Der ägypische Menes und der kretische Minos – m.n.! – sind die Mondsöhne der kosmischen Himmelsgöttin. Nachdem ich das erkannt hatte, mußte ich anders fragen: Was hat ein männlicher Mond für das matriarchale Bewußtsein bedeutet?«

»Die Himmelsgöttin, die ihre Geschöpfe überwölbt und schützt, sie überdacht wie ein Baum – das Symbol gefällt mir auch für uns Frauen«, gesteht Mariann. »Der Mond vollzieht mit seinem Rhythmus den ewigen Wandel, Kommen und Gehen, Werden und Vergehen. Wenn der Mond männlich ist, verlangt er vom Mann, Geborenwerden und Sterbenmüssen als die beiden Pole anzunehmen, in die menschliches Leben eingespannt ist. Wie kein anderes Symbol vermittelt der Mond, der Sohngeliebte der Himmelsgöttin, ein Bild matriarchaler Männlichkeit: Der matriarchale Mann ist mit der Natur identisch und will sie nicht beherrschen. Er ist zur Hingabe an die Frau fähig.«

»Patriarchales Bewußtsein«, fährt Mariann fort, »hat ein gespaltenes Verhältnis zu Geburt und Tod. Der Gedanke an den Tod wird verdrängt. Der Tod wird zum dunklen Tor, das ins Nichts führt. Wer dem männlichen Allmachtsrausch verfallen ist, will nicht gern daran erinnert sein, daß er von einer Frau geboren worden ist. Darum der neurotische Zwang, Geburten zu kontrollieren und die Frau zu beherrschen. Darum aber auch die patriarchale Philosophie, die Leben aus dem Nichts entstehen läßt: Wir gehen ins Nichts, also kommen wir auch aus dem Nichts. Dahinter wird die Herkunft aus dem Schoß der Frau gegenstandslos. Unser Leben spielt sich nicht mehr im Spannungsfeld zweier Pole zwischen Geborenwerden und Sterbenmüssen ab.«

»Wenn wir die patriarchalen Allmachtsphantasien kritisieren, ist es wichtig, uns auf matriarchale Männlichkeit zu besinnen. Aber wir haben verlernt, uns den Mond männlich zu denken, wir haben vergessen, daß Christus ein Mondgott ist. Christen bekennen ... ›Niedergefahren zur Hölle und *am dritten Tage* wieder auferstanden von den Toten.‹ Christus ist eingebettet in die Mondmythologie. Er weilt drei Tage in der Unterwelt, wie der Mond während seiner unsichtbaren Phase. Mit der Mondsymbolik hat Christus auch die Kornsymbolik assimiliert – eine Theologie, die schon im Osiris-Mythos vorgegeben ist. Mondgott und Korngott: Beide sind dem Naturprinzip anheimgegeben, beide werden von der kosmischen Göttin zu neuem Leben geboren. Jesus identifiziert sich mit dem Samenkorn, das in die Erde muß, um wiedergeboren zu werden.«

Wir Heutigen haben die männliche Mondsymbolik tief verdrängt. Nur noch aus dem Unbewußten, als künstlerischer Impuls, tritt sie hervor: Ich habe kürzlich eine besonders wertvolle Ausgabe der Haggada*, eines liturgischen Lesetextes zur Feier des jüdischen Passah-Festes, die vom Herderverlag in Freiburg neu aufgelegt worden ist, in der Hand gehabt. Das hebräische Manuskript aus der Mitte des 15. Jahrhunderts, ursprünglich für die jüdische Gemeinde in Worms aus dem Englischen übersetzt, ist in tiefblaues Leinen gebunden, das die Farbe des sternenhellen Nachthimmels hat. Der Titel, in leuchtendem Silber geprägt, spiegelt die Farbe des Mondes.

Zwei Tore führen aus dem Tempelbereich zu den Quellen, das eine Tor öffnet sich zur nahe gelegenen »Sulamith-Quelle«, das andere in Richtung auf die etwas weiter entfernte »David-Quelle«. »Tamar-Stadt, das ist En Gedi.« En oder Ein* gleich Quelle, Gedi gleich des Steinbocks – es besteht kein Zweifel, daß die Oase ihren Namen den *beiden* Quellen verdankt, der Ein-Tamar und der Ein-Gedi.

Unsere Phantasie sprengt die Zeitgrenzen. Wir geben den Quellen ihre ursprünglichen Namen zurück: »Sulamith-Quelle, du sollst wieder ›Tamar-Quelle‹ heißen, und du, Davidsquelle, dich nennen wir wieder ›En Gedi‹, ›Quelle des Steinbocks‹.« Eine kosmische Himmelsgöttin mit ihrem Geliebten ist wieder in ihre kultischen Rechte an diesem Heiligtum eingesetzt.

Ger, der so früh Verstorbene, kann – seinem Kulturkreis entsprechend – einst nur der Mondgott in Gestalt des Steinbocks gewesen sein, der Geliebte der Tamar, der an jedem Neumond drei Tage in der Unterwelt weilt. Der Wächter von En Gedi in der Nacht, der Beschützer der Menschen und Tiere. Und sollte nicht »Ger« der Name des Gottes von En Gedi gewesen sein? Die Hörner des Steinbocks winden sich wie eine Spirale. Die Spirale gilt dem archaischen Denken als heiliges Symbol. Verschlüsselt sie doch das paradoxe Nebeneinander des Kreislaufs und des Weiterschreitens der Zeit. Die Spirale zieht kosmische Energien an. Göttinnen und Götter, die über diese Kräfte verfügen, tragen spiralförmige Kopfbedeckungen.

Die leichten Tücher, mit denen wir unsere Köpfe gegen die intensiven Sonnenstrahlen geschützt haben, werden zu Priesterinnengewändern. Vor unseren Augen steigen die Priesterinnen und Priester den Pfad von den Quellen empor. Die Wintersaat ist reif, es ist die Zeit der Weizenernte, heilige Zeit. Eine Priesterin tanzt den Schleiertanz.

Tanze, Tamar, tanze!
Tanze, daß wir dich schauen!
Wie schön sind deine Schritte in den Sandalen,
Du Fürstentochter,
Deine Augen leuchten wie Doppelquellen
Im Fruchtland inmitten der Wüste.
Dein Wuchs gleicht dem Palmbaum
In der Oase von En Gedi.
Deine Haare brennen wie Feuer,
Das zu Neujahr über die Berge springt.
Dein Anblick ist lieblich.
Ger ist in deine Fesseln verstrickt.

Tamar und Ger feiern ihre Liebe. In ihren kultischen Gewändern, die Standarten mit den Steinbocksymbolen in den Händen, schreiten die Priester zum Heiligtum empor, das von den Priesterinnen der Tamar verwaltet wird. Die Hohepriesterin richtet ihre Augen auf den Priester.

Feierlich geben wir dem Mondgott von En Gedi seinen Namen zurück. Die Worte, die von der Priesterin der Tamar gesprochen worden sind, treten aus unserem Innern hervor. Wir er-innern uns. Auch Verse können wiedergeboren werden. Strophen einer längst vergangenen Zeit entstehen neu und lebendig in unseren Herzen. Tamar, die Hohepriesterin, wirbt um ihren Geliebten. Sie nennt ihn beim altvertrauten Namen:

»Komm, Ger, du sollst mein Gatte sein,
Schenk mir deine Liebe.
Ich will deinen Wagen bespannen lassen
Mit goldenem Zaumzeug,
Mit Hörnern von Mondstein
Soll er geschmückt sein.
Überreich will ich ihn beladen
Mit dem Ertrag des Gebirges,
Den Früchten des Landes.
Drillinge wird die Steinziege werfen,
Und Zwillinge tragen die Schafe.
Doppelt stürzen die Quellen zu Tal,
Jubelnd begrüßt von der Erde.
Komm, Ger, du sollst mein Geliebter sein,
Mein Weinstock im Tal von En Gedi.«

Mariann klettert weiter hinauf, um die Tempelruine von oben zu sehen, und sie entdeckt auf der Kuppe des Zwillingshügels eine aus Steinen gelegte Spirale. Hier mögen Frauen ein Ritual gefeiert haben zur Ehre der Göttin. Der heilige Ort inspiriert zu Fest und Feier, zu Meditation und Stille.

Das Tote Meer liegt gleißend im Sonnenlicht unter uns. Im Osten stehen dunkel die Berge der Moabiter, das heutige Jordanien.

Der Tempel auf dem Zion

Von En Gedi kommend, biegen wir bei Qumran in nordwestlicher Richtung ab und fahren durch die Juda-Wüste auf Jerusalem zu. Der Jordangraben und das Tote Meer liegen 400 Meter unter dem Meeresspiegel. Von dort steigt die Straße beständig an. Hinter einer Wegbiegung geben die Berge den Blick nach Westen frei. Unvermittelt taucht Jerusalem am Horizont auf. Das Felsmassiv erhebt sich zu beeindruckender Höhe, als sei die Stadt an den Toren des Himmels gebaut.

Eine Melodie geht mir durch den Sinn: »Jerusalem, du hochgebaute Stadt!« Aber ich denke dabei an kein »Neues Jerusalem«, wie es der Text dieses christlichen Liedes suggerieren will, nicht an Jerusalem, das der Liedtext als Metapher benutzt für ein spiritualisiertes Reich der Christen, das sich – wie in diesem Lied – hoch erhaben dünkt über den Glauben des jüdischen Volkes. Ich überlasse mich dem Erlebnis dieses Augenblicks, dem Eindruck der hohen Mauern, die sich auftürmen zu der »hochgebauten Stadt«, die den Menschen, die dort wohnten, seit Jahrtausenden heilig gewesen ist. Menschheitsgeschichte, die bis in matriarchale Vorzeit zurückreicht, sieht mich an. Es ist ein überwältigender Anblick.

Aus der Ferne ist die Stadt mit ihren modernen Bauten noch nicht im einzelnen auszumachen. Aus diesem Abstand, der den Überblick über das gesamte Bergmassiv erlaubt, drängt sich – auch ohne historisches Wissen – das Gefühl auf, daß Jerusalem eine geschichtliche Dimension hat, die wir nur ahnen können. Dieses Land war Heiliges Land, bevor es die Stadt Davids trug, lange bevor dort Salomo seinen Tempel erbaute.

Wie bewegt mögen einst die frommen Wanderer vom ersten Eindruck Jerusalems gewesen sein, wenn sie anläßlich der heiligen Feste zu Fuß oder auf dem Esel der heiligen Stadt entgegengezogen!

Ich weiß von jüdischen Rückwanderern, von Menschen, die zu Bürgern des modernen Staates Israel geworden sind, daß sie angesichts von Jerusalem, das sie zum ersten Mal im Leben sahen, in Tränen ausgebrochen sind.

Mancher christlicher Pilger mag die altehrwürdigen Straßen heraufgezogen sein – überwältigt von dem Anblick der tausendjährigen Stadt. Mit dem Bewußtsein, Jerusalem sei alleiniges Heiligtum der christlichen Kultur, vereinnahmen Christen die jüdische Tradition. Der Islam beansprucht Jerusalem für sich in der Glaubensüberzeugung, Mohammed sei mit seinem Pferd Buraq vom Felsenberg in den Himmel entrückt worden.

»Urusalim« war schon um 4000 v.u.Z. besiedelt. Tamar, die Palmengöttin, ist schon in der Jungsteinzeit in der Gegend von Jerusalem heimisch gewesen. Die frühesten Siedlerinnen und Siedler wohnten damals am Hang über dem Tal Kidron an der Gihon-Quelle zwischen dem Ölberg und dem Tempelberg, eingebettet in die Mulde zwischen den beiden heiligen Bergen, geborgen wie an den Brüsten der Großen Mutter. Noch heute wachsen dort viele Palmen, und die Vorstellung einer Palmengöttin an der lebenspendenden Quelle mag der früheste Zugang gewesen sein, den die Menschen dieser wasserarmen Landschaft zum Transzendenten gehabt haben, und auch Jerusalem könnte einst eine Tamarstadt gewesen sein, wie ich vermutet habe.

Die »Höhen und Berge« der matriarchalen Kulte steigen meist sanft aus ihrer Umgebung zu eindrucksvollen Erhebungen auf, die schon aus weiter Ferne durch ihr Profil auffallen. Als sei die Landschaft der Körper einer Frau, an den sich anzuschmiegen den Menschen seit der Frühzeit ein Bedürfnis gewesen ist, so siedeln die Ortschaften in ihrer Umgebung. Archäologische Zeugnisse bestätigen das Alter Jerusalems, doch von der Vorgeschichte der Stadt wissen wir nicht viel.

»Deiner Herkunft und Geburt nach stammst du aus dem Land der Kanaaniter, dein Vater war ein Ammoniter, deine Mutter eine Hethiterin« (Hesekiel 16, 3),

weiß der Prophet Hesekiel über den Ursprung der Stadt Jerusalem zu berichten. Was er von der Geschichte der Stadt wußte, und auf welche geschichtlichen Ereignisse er mit diesem Text anspielt, darüber wird viel spekuliert. Sicher war Jerusalem eine kanaanitische Stadt. Die »Hethiterin« könnte auf Bath-Sheba anspielen, von der die Bibel sagt, sie sei eines Hethiters Frau gewesen.

Menschen kamen und gingen, und alle haben auf dem Berg, der heute die Stadt Jerusalem trägt, ihre Göttinnen und Götter verehrt. Die Namen der Göttinnen wechselten, aber die Göttin selbst blieb immer die gleiche: die Himmelsgöttin, die Mutter alles Lebendigen, die im Baum gegenwärtig war, ob der Heilige Baum nun als Feigenbaum, Granatapfelbaum oder Dattelpalme erlebt wurde. Die Kulte verschmolzen miteinander. Die Welt der matriarchalen Symbole wurde davon nicht beeinträchtigt. Symbole ergänzten, bestätigten und verstärkten einander. Granatäpfel, Datteln oder Feigen schenkte die nährende Göttin ihren Kindern. Der Stier oder der Bock verkörperte das totemistische Kulttier ihr zur Seite. Salomo trug den slm-Namen, der »Friedliche«. Schalom war der Sohn der Göttin Ascherat, der Friedliche, der Venusstern als Abendgestirn, der »slm«, von dem die Stadt Jerusalem ihren Namen ableitet.

Synkretistische Kultgedanken lassen sich bis in die prähistorische Zeit zurückverfolgen. Ein kleines, nur 2,6 cm hohes babylonisches Siegel, aus Schiefer geschnitten, zeigt eine Dattelpalme, die von zwei Menschen flankiert ist. Eine Schlange richtet sich links im Bild zu ihrer vollen Länge auf (Meyer, 1906, 159). Das Siegel wird auf die Zeit um 2000 v.u.Z. datiert. Meyer glaubt, auf eine babylonische Version der Versuchung Evas gestoßen zu sein. Nur gäbe es keinen keilschriftlichen Text, der diese Auffassung stütze …

Einen solchen Text kann es schwerlich geben. Denn die »Versuchung Evas durch die Schlange« ist eine patriarchale Idee. Meyer bleibt mit seinem Interpretationsversuch in den patriarchalen Deutungsmustern befangen, ein Beispiel für männlich beschränkte Wissenschaft, die den Interessen und Ergebnissen weiblicher Forschung in blinder Abwehr begegnet. Die Ideologie von der »Versuchung Evas« überlagert die kultische Bedeutung der Schlange, die selbst eine Göttin und Sinnbild der Weisheit, weiblicher Kraft und Wiedergeburtsvollmacht gewesen ist.

Eva, die Mutter alles Lebendigen, ist auf dem Zion noch zu Zeiten des Pharao Echnaton verehrt worden, nannte sich doch der Fürst von Jerusalem in seinen Briefen an den ägyptischen König »Abdi Hepa«, Knecht der Eva (Weiler 1989, 108 f.). Auch das Volk der Bibel hat die Schlangengöttin gekannt. Es heißt, Moses habe sie in der Wüste geschmiedet. Eine Schlangengöttin stand noch im siebten Jahrhundert v.u.Z. im Tempel von Jerusalem (Weiler 1989, 84).

Einem Gespür für die zeitlos mythologische Bedeutung des Ortes folgend, erzählt die Bibel, daß Abraham seinen Sohn Isaak auf dem Berg Morija, dem späteren Tempelberg, opfern wollte. Und von David heißt es, er habe kurz vor seinem Tod die heilige

Stätte auf dem Felsenberg dem jebusitischen König Aravna abkaufen wollen, um dort seinem Gott einen Altar zu errichten. Aber Aravna wollte David dies alles zum Geschenk machen.

»Mein Herr, der König, nehme und opfere, wie es ihm gefällt; siehe, da ist ein Rind zum Brandopfer und Schleifen und Geschirr vom Ochsen zu Holz.« (2. Samuel 24, 22)

Da der jebusitische König alles für die heilige Handlung bereit hatte, muß an diesem heiligen Ort bereits eine Opferstätte bestanden haben.

»Das alles gab Aravna, der König, dem König. Und Aravna sprach zum König: Der Herr, dein Gott, lasse dich ihm angenehm sein. Aber der König sprach zu Aravna: Nicht also, sondern ich will dir's abkaufen um seinen Preis; denn ich will dem Herrn, meinem Gott, nicht Brandopfer tun, das ich umsonst habe. Also kaufte David die Tenne und das Rind um fünfzig Silberlinge und baute daselbst dem Herrn einen Altar und opferte Brandopfer und Dankopfer.« (2. Samuel 24, 23)

Fromme Erzählungen über den Bau eines Altars zur Ehre Gottes dienen dazu, einen »heidnischen« Kultort zu jahwisieren. Gerade diese Geschichte legt einen solchen Schluß nahe: Denn auch Aravna ist ein »König«: »Das alles gab Aravna, der König, dem König!« heißt es. Ein König in Jerusalem *neben David*? Es kann sich nur um einen Priesterkönig gehandelt haben, der den jebusitischen Kult auf dem Zion verwaltet hat. Die Jebusiter hatten dort ihre heilige Stätte, und einer der altertümlichsten Texte der Bibel nennt Melchisedek als König von Salem (slm) – Jeru-Salem (1. Mose 14, 1).

Der Berg Morija, der spätere Tempelberg, legt schon von seiner Lage her die Vermutung nahe, daß auch hier im Heiligen Hain zur Ehre der Göttin Kulte gefeiert worden sind. Selbst der Tempel Salomos auf dem Zion ist noch keine Anbetungsstätte eines monotheistischen Hochgottes. Salomos Baumeister aus Tyros stattete den Tempel auf dem Zion mit allen Symbolen des matriarchalen Kultes aus, mit Stieren, Granatäpfeln, Löwen und Palmwedeln.

»Und der Granatäpfel in den Reihen umher waren zweihundert, oben und unten am Gitterwerk.« (1. Könige 7, 13)

Das einzige Erinnerungsstück an den Salomonischen Tempel, das bisher gefunden worden ist, ist ebenfalls ein matriarchales Symbol: ein kleiner Granatapfel, den das Israelmuseum ausgestellt hat. Die nur 43 mm große Elfenbeinschnitzerei trägt in althebräischer Sprache die Inschrift: »Besitztum des Gottestempels, heilig den Priestern.« Der Granatapfel ist innen ausgehöhlt und federleicht. Daher ist anzunehmen, daß er den Saum eines Priestergewandes geschmückt hat, wie es die Bibel von Aarons Kleidung fordert. Experten schätzen den Granatapfel auf ein Alter von ca. 3000 Jahren (Tagesspiegel, Berlin 31.8.1988). Das Fundstück hat eine abenteuerliche Reise gemacht, bis es endlich aus Privathand für 550.000 Dollar vom Israelmuseum erworben werden konnte.

Tamar, die Palme, bleibt Sinnbild des Transzendenten durch Jahrtausende hindurch. Ihre Zweige schmücken Salomos Tempel. Was sollte damit anderes ausgedrückt sein, als daß dem König von Jerusalem die Palme heilig war? Hesekiel, der Prophet der exilischen Zeit, kann sich den Tempel von Jerusalem nicht vorstellen ohne die Palmsymbolik. Von einer Vision ergriffen, erblickt er den neuen Tempel in Jerusalem: »... und am ganzen Hause herum waren Cherubim und Palmlaubwerk.« (Hesekiel 41, 18) Der Lebensbaum an der frischen Quelle inspiriert den Autor der Genesis, als er die Geschichte vom Paradies mit den ersten Menschen erdichtet.

Die Römer haben den Sieg über das kleine jüdische Volk im Jahre 70 u. Z. gefeiert, als hätten sie eine Weltmacht niedergerungen.

Den römischen Kaisern Vespasian und Titus muß der Sieg über Judäa, der mit der Zerstörung des zweiten Tempels auf dem Zion endete, so viel bedeutet haben, daß sie zum Gedenken an die Niederlage des kleinen Landes Münzen prägen ließen, die jahrzehntelang – bis zum Ende des ersten Jahrhunderts u. Z. – im Gebrauch waren. Eine der Triumphmünzen zur Erinnerung an den jüdischen Krieg zeigt das gefangene und besiegte Judäa in Gestalt einer trauernden Frau, die gefesselt unter einem Palmbaum sitzt. Gegenüber der Frauengestalt steht ein Römer mit der Waffe in der Hand, den Fuß besitzergreifend auf einen Stein gestemmt.

Abbildung 40
Römische Triumphmünze
geprägt anläßlich des Sieges über Judäa

Wie schmerzlich und erniedrigend müssen es die Juden empfunden haben, als ihnen von den Römern der Zutritt zu Jerusalem völlig untersagt wurde! Um sich für den Aufstand des Bar-Kochba* zu rächen, legte der römische Kaiser Hadrian im Jahr 135 die Stadt nicht nur in Schutt und Asche, sondern gab ihr den römischen Namen Aelia Capitolina. Er verbot den Juden bei Todesstrafe, den heiligen Boden zu betreten; und dieses diskriminierende Gesetz blieb auch nach seinem Tod noch fast zweihundert Jahre lang in Kraft.

Inzwischen dürfen die Juden den heiligen Boden wieder betreten. Und endlich wehrt sich eine Frau, Eveline Goodman-Thau, Dozentin für rabbinische Theologie an der Universität in Jerusalem und Mutter von fünf Kindern, gegen »die für Frauen geltenden Fesseln im Judentum«. Als orthodoxe Jüdin interpretiert sie die Bibel aus der Sicht von Frauen und reiht sich damit ein in »die jahrtausende alte Tradition der Juden: die immer wiederkehrende Rückbesinnung auf den Ursprung und die daraus folgende neue Auslegung.« Eveline Goodman-Thau reklamiert, daß bisher nur Männer eine Stimme hatten bei der Auslegung der Texte: »Deren Fragen sind aber nicht meine Fragen.« Mit einer Gruppe religiöser Feministinnen sang die jüdische Theologin laut an der Klagemauer. Zum Entsetzen ihrer Gegner zog sie sich den Tallit ihres Vaters an: »In diesem Augenblick empfand ich erstmals die

Bedeutung dieses Stücks Stoff. Ich trug plötzlich die Tradition meiner Väter und Vorväter.« (Klapheck, 1990, 24 f.) Eveline Goodman-Thau macht bewußt, wie schmerzlich Frauen es durch die Jahrtausende hindurch empfunden haben, von Religion, Geschichte und Weltdeutung ausgeschlossen worden zu sein. Denn die Welt, in der wir leben, ist nicht nur die Welt der Männer.

Noch immer ist die Palme das Symbol des jüdischen Landes. Ob den Römern die kultische Bedeutung der Dattelpalme bewußt war, läßt sich schwer beurteilen. Vielleicht war das Symbol zur Chiffre verflacht, zum sinnentleerten Bild, das die Eroberer gedankenlos benutzten.

Die Legende erzählt, die Leute von Jerusalem, die in Jesus den Retter und Erlöser erwarteten, hätten Palmzweige auf seinen Weg gestreut, als er in Jerusalem einzog. Das Johannes-Evangelium berichtet:

> »Als das Volk hörte, daß Jesus nach Jerusalem käme, da nahmen sie Palmzweige und gingen hinaus ihm entgegen.« (Johannes 12,13)

Die christliche Kirche hat die Palme als Symbol des Lebens übernommen, wenn sie am Sonntag vor Ostern Palmsonntag feiert. Losgelöst von der Bindung an eine mythische Gestalt ist Tamar, die Palme, ein unsterbliches Symbol. Sie wird in der christlichen Symbolik mit Frühling, Auferstehung und Leben in Verbindung gebracht.

… und noch heute tanzen jüdische Frauen in Israel nach einer einfachen Melodie, zu der sie sich wiegen wie die Zweige eines Palmbaumes in der Oase, den folkloristischen Tanz »Palmen im Wind«.

Metapatriarchale Erinnerung

Ich brauche die Göttin

Der Gedanke an die Göttin wird von der Kirche zurückgewiesen und als »Rückfall in krudes Heidentum« diffamiert. Wieso ist nahezu *jede* religiöse Idee mit dem Christentum vereinbar, während die Göttin als »heidnisch« stigmatisiert wird? Woher nimmt die Kirche das Recht, die Thealogie der Göttin mit dem Begriff »Neuheidentum« abzuwerten? Ist das Christentum nicht selbst eine heidnische Religion gegenüber dem Judentum? Die Kirche hat heidnische Kulte integriert, wenn es darum ging, Weltkirche zu werden. Seit die Kirche missioniert, ist sie bereit gewesen, »heidnisches« Brauchtum zu assimilieren. Das gilt seit Konstantin, es trifft für die europäische Mission ebenso zu wie für die Christianisierung afrikanischer oder fernöstlicher Gesellschaften.

Das »Heidnische« kann es also nicht sein, dem hier so heftig und emotional geladen widersprochen wird. Hinter der Abwehr, die das männliche Bewußtsein wie eine undurchdringliche Mauer gegen die Göttin aufbaut, verbirgt sich die Angst, die nicht bewußt werden darf. Das Argument, die Göttinnenreligion sei »heidnisch«, rationalisiert den unbewußten Widerstand gegen ein Weltbild, das den männlichen Herrschaftsanspruch radikal in Frage stellt. Die Männerlogik macht die Männerangst unsichtbar.

Psychologen sind nicht minder eifrig, das Weltbild der Göttin zu diffamieren. Die Besinnung auf matriarchale Werte sei ein Rückschritt auf eine längst überwundene psychologische Stufe. Der »heroische Kampf des Helden« gegen die Göttin, die »Herauslösung des männlichen Bewußtseins aus dem weiblich-mütterlichen Unbewußten« (Neumann 1974, erstmals 1956, 148) sei ein für die menschliche Kultur notwendiger Entwicklungsschritt gewesen.

Um dem Aufbegehren der Frau gegen ihre Unterdrückung den Stachel zu nehmen, wird ihr ein Platz im Patriarchat angewiesen: Sie darf sich an den männlichen Werken beteiligen – unter der Bedingung, daß sie das patriarchale Weltbild internalisiert hat, und unter weitestgehendem Ausschluß von den wirklich führenden und einflußreichen Positionen. Für eine Frau im kirchlichen Dienst hat die Göttin tabu zu sein.

Der Frau wird die Freiheit zuerkannt, wie ein Mann zu arbeiten, zu denken und zu forschen. Dabei läuft sie Gefahr, doch immer der unvollkommenere Mann zu bleiben. Die Tendenz, das patriarchale Weltbild für Alles zu halten, wird verstärkt. Die Eindimensionalität und der Absolutheitsanspruch des patriarchalen Bewußtseins engen uns noch mehr ein, und die Entfaltung spezifisch weiblicher Interessen wird beschränkt. Die Orientierung der Gesellschaft an weiblichen Lebenszusammenhängen wird behindert. Die Frau soll zugunsten der patriarchalen Bewußtseinsentwicklung die Selbstentfremdung auf sich nehmen und ihre »männliche Seite entwickeln, ohne welche eine Kulturleistung nicht möglich« sei (Neumann, 1953, 26).

Die Analytische Psychologie hält die Unterscheidungsfähigkeit von Gegensätzen für eine Erfindung des patriarchalen Bewußtseins, während das matriarchale Bewußtsein das Unbewußte repräsentiere, das zur Unterscheidung unfähig gewesen sei. C. G. Jung formuliert das wie folgt:

> »Es gibt keine Bewußtheit ohne die Unterscheidung von Gegensätzen. Das ist das Vaterprinzip des Logos, der sich in unendlichem Kampfe der Urwärme und der Urfinsternis des mütterlichen Schoßes, eben der Unbewußtheit, entwindet. Keinen Konflikt, kein Leiden, keine Sünde scheuend, strebt die göttliche Neugier nach der Geburt. Unbewußtheit ist die Ursünde, das Böse schlechthin für den Logos.« (Jung 1954, 116)

Diese logisch sein sollenden Argumente gegen das Weltbild der Göttin gelten heute unhinterfragt. Sie werden durch alle modernen Mittel der Indoktrination verbreitet, alltäglich gepredigt und verfestigt. Daher ist es nicht zu verwundern, wenn »der Mann auf der Straße« die Thealogie der Göttin als rückschrittliche Weltanschauung ablehnt.

Das »Vaterprinzip des Logos«, von dem C.G. Jung spricht, unterscheidet zwischen Gegensätzen, die miteinander im Kampf liegen: zwischen der »göttlichen Neugier« – und diese ist männlich – und der »Unbewußtheit als dem Bösen schlechthin« – und dieses ist weiblich. Jung geht von unvereinbaren Gegensätzen aus. Sein Weltbild ist dualistisch. Er sieht im Kampf des »Vaterprinzips« gegen die »Urfinsternis des mütterlichen Schoßes« den grundlegenden Widerspruch.

Matriarchales Bewußtsein erfährt Gegensätze als aufeinander bezogene Größen. *Zwischen den Polen unterschiedlicher Prinzipien besteht eine fruchtbare Spannung, die Leben erst ausmacht.* Dieses Denken möchte ich polar nennen. Da die polaren Prinzipien wesensgleich sind und zueinander in Beziehung stehen, bilden sie miteinander ein Ganzes, ist es ebenso richtig, das Weltbild der Göttin ganzheitlich zu nennen.

Wenn wir die Entwicklung vom polar-ganzheitlichen zum dualistischen Weltbild nachvollziehen, wird eine gerechte Einschätzung des matriarchalen Bewußtseins und der Thealogie der Göttin überhaupt erst möglich. Ich möchte daher – um das deutlich zu machen –, auf die heliopolitanische Theologie, auf den frühesten patriarchalen Schöpfungsmythos, der uns überliefert ist, zurückgreifen; denn hier begegnet uns der erste Ansatz zu dualistischem Denken, der erste Versuch, das Männliche absolut zu setzen und das Weibliche auszugrenzen.

Der Mythos, wonach der Ur-Gott Atum das erste Götterpaar durch Selbstbefriedigung geschaffen haben soll, fällt durch seine Perversion auf, die sich der bildlichen Darstellung widersetzt. Trotz des männlichen Anspruchs, Urgott und schöpferischer Vater der Götter zu sein, wird Atum durch weitere Jahrtausende hindurch als Skarabäus abgebildet, der an den Oberschenkeln der Himmelsgöttin Nut herunterkrabbelt. *Die Bildsprache siegt über die abstrakte Wortsprache.*

Die Theologie Atums ist in den Pyramidentexten des Alten Reiches überliefert. Zwar ist Atums theoretisches System in der

Vorzeit ausgebildet worden und »schon zu Beginn des Alten Reiches in seinen Grundzügen vorhanden« (Bonnet 1971, 543). Aber die abstrakte Idee eines einsamen Schöpfergottes ist nicht tragfähig. Ich habe gezeigt, daß die matriarchale Opposition Atums Allmachtsanspruch zurückgewiesen hat. Hathor, die oberägyptische Himmelsgöttin, die mit Nut synkretistisch verschmolzen ist, wird zur aktiven Partnerin Atums. Das Bewußtsein, daß die Göttin das eigentliche Schöpfungswerk vollbringt, siegt über die Vorstellung einsamer Männerschöpfungsherrlichkeit. Die »Hand« des Gottes, welche dieses Werk vollbracht haben soll, wird personifiziert, und Hathor, die Große Göttin, ist es, die Atums Phallus erregt. Im Mittleren Reich sind Atum und seine »Hand« als Götterpaar auf Särgen dargestellt worden.

Noch werden die Gegensätze des Männlichen und Weiblichen aufeinander bezogen. Sie erscheinen dem matriarchalen Bewußtsein als die beiden Pole, die sich zum Ureinen zusammenfügen. Es ist aber deutlich, daß das männliche Allmachtsstreben das Ureine zu sprengen sucht. Der erste und entscheidende Angriff richtet sich gegen die Göttin und ihre integrierende Kraft. *Alle dualistische Unterscheidung von Gegensätzen wurzelt im Kampf des Männlichen gegen das Weibliche.* Das patriarchale Bewußtsein wertet das Männliche auf und setzt das Weibliche herab. Damit wird das androzentrische Weltbild mit seinen dualistischen Werten geboren.

Der Name des alten ägyptischen Gottes von Heliopolis, Atum, bedeutet das »Alles« und zugleich auch das »Nichts« (Hornung 1971, 56). Mit Hilfe archaischer Reste in unserer eigenen Sprache können wir verstehen, daß polare Gegensätze ursprünglich als Einheit gedacht worden sind. Die Doppelsinnigkeit von Alles und Nichts hat sich im Deutschen in der Umgangssprache erhalten. Wir benutzen das Wort »alle«, mit dem wir üblicherweise die Fülle bezeichnen, um auszudrücken, daß nichts mehr vorhanden ist. Wir sagen dann: »Es ist alle« (Gebser 1973, 193). Auch die buddhistische Erlösungsidee des Nirwana ist ein Integrationssymbol für das Alles und das Nichts. Nirwana bedeutet das Verwehen, die Auflösung, das *Eingehen ins All.*

Der Gedanke »Atum« erfüllt sich unter dem Spannungsbogen der Gegensätze *Alles und Nichts*. Atum ist die leuchtende Sonne, die den Tag erhellt; in der Nacht verkörpert er das Nichts. Noch heute denken wir *Tag und Nacht* als Einheit, die 24 Stunden zählt. Die integrierende Kraft der Göttin fügt diese polaren Gegensätze zur Einheit: Wenn Atum, wie erwähnt, in der altägyptischen Bildsprache von der Himmelsgöttin als Chepre, als heiliger Käfer, geboren wird, um als Sonne, die das All erfüllt, seinen Himmelsweg zu ziehen, wenn er wieder zum Greis wird, den die Göttin am Abend verschluckt, so lenkt sie, die Große Göttin, den Kreislauf seiner Existenz. Ebenso ist die Göttin das Integrationssymbol für den Spannungsbogen zwischen dem *Weiblichen und Männlichen*: Sie führt auf dem Höhepunkt des Tages den Gott zu sich heran, sie vereint sich in Liebe mit ihm, um ihn, der sterben muß, wieder zu gebären. Der Gott des polaren Bewußtseins ist immer auch der sterbende Gott, der wiedergeboren wird, ein Wanderer zwischen beiden Welten. Alles und Nichts, Nacht und Tag, Weibliches und Männliches stehen einander *polar* gegenüber. Sie entsprechen und bedürfen einander, um eine Einheit zu sein. Der Gott bedarf der Göttin, um wiedergeboren zu werden.

Das dualistisch abwertende Denken spaltet das Alles vom Nichts. Atum verleugnet seine Geburt aus dem Schoß der Göttin. Er wird theologisch als »der aus dem Nichts Entstandene« gepriesen. Der Ort der Gottesgeburt wird durch das »Nichts« ersetzt, das Atum überwindet, um – im Widerspruch zu seinem Namen – nur noch das Alles zu verkörpern. Im Lauf der religionsgeschichtlichen Entwicklung wird der Gott, der das Alles vertritt, unsterblich. Er, der aus dem Nichts Geborene, der ewige und unsterbliche Gott, bedarf der Göttin nicht mehr – weder für seine Geburt noch für seine Wiedergeburt. Diese Theologie begründet ein Weltbild, welches das Weibliche schließlich mit dem Nichts gleichsetzt.

Bei der Entwicklung vom polaren zum dualistischen Denken versinken Tod und Dunkel im Nichts, welches das Alles kontrastiert. Indem das Weibliche nicht mehr polar zum Männlichen, sondern dualistisch abwertend betrachtet wird, kann die matriarchale Opposition allmählich geschwächt und schließlich überwunden werden. Wenn wir die mythologische, religionsgeschichtliche und kulturgeschichtliche Entwicklung von 5000 Jahren überblicken – etwa die Zeit von 3500 v. u. Z. bis 1800 u. Z. – erkennen wir, wie das Weibliche allmählich zum Unwert wird: Der Mann vertritt den Menschen im eigentlichen Sinn. Der Mann verkörpert das Alles, die Frau das Nichts. Jedoch das Ideal patriarchaler Männlichkeit ist mit Menschlichkeit niemals identisch gewesen.

Bereits in vorgeschichtlicher Zeit stufen patriarchale theologische Spekulationen die Große kosmische Göttin, die Weisheit des Ursprungs, in die Tochtergeneration herab. So wird zum Beispiel die Ma'at, ohne deren Ordnung kein Leben auf Erden möglich ist, zur Tochter des Sonnengottes Re. Mit der Machtergreifung des Mannes auf Erden ursurpiert der Gott selbst die Fähigkeit des Gebärens. Er will Vater und Mutter zugleich sein. Gott ist Alles. Die Göttin steht dem Gott nicht mehr polar gegenüber. Die zeugende Potenz des Gottes bildet mit der schöpferischen Potenz der Göttin nicht mehr zwei einander entsprechende Qualitäten.

Jahrtausendelang bemühen sich Priester und Philosophen, Könige und Inhaber männlicher Macht, die Göttin männlichen Interessen zu unterwerfen: Aus dem umfassenden kosmischen Charakter der Himmelsgöttin werden weibliche Aspekte abgespalten, die männlichen Interessen dienen. Die Göttin der Weltordnung wird zur Göttin des Krieges. Die Jungfraugöttin, die einst matriarchale, souverän sich selbst bestimmende Weiblichkeit vertreten hat, wird unterworfen. Männer fordern die patriarchale Jungfrau, die Unberührte, die virgo intacta. Die Liebesgöttin wird zur Göttin verführerischer Lust, die den Mann in den Abgrund zieht. Die gebärende Göttin wird unsichtbar im Schlagschatten männlicher Schöpferherrlichkeit. Konnte das matriarchale Bewußtsein Leben und Tod als Pole des Daseins sehen und der Göttin die Kraft zutrauen, den Tod durch die Liebe zu überwinden, so spaltet das patriarchale Bewußtsein den Todesaspekt ab. Der angeblich bedrohliche Charakter der Unterweltsgöttin rechtfertigt den Kampf gegen die »Große Mutter«. Die integrierende Kraft ganzheitlicher Weiblichkeit bleibt bei der Zerstückelung des Weiblichen auf der Strecke. In seine Aspekte zerlegt ist das Weibliche leichter auszugrenzen, abzuwerten und schließlich zu vernichten.

Die Tendenz des Männlichen, sich mit dem Alles zu identifizieren, findet ihren Ausdruck im Gigantismus – in Religion, Kunst und Politik. Patriarchale Herrscher bauen monumentale Dome und Paläste. Sie bilden ihre Götter und später sich selbst in monumentalen Plastiken ab, um sich unsterblich zu machen. Niemand soll sie vergessen. Sie sind Alles. Das Volk, das ihnen dient, ist namenlos. Es vertritt das Nichts. Die großen Einzelnen streben nach umfassender Weltherrschaft. Alles wollen, alles besitzen, alles beherrschen und alles in den Griff bekommen, ist das Ziel patriarchalen Strebens – einst und jetzt.

Auch die christliche Kirche strebt die Weltherrschaft an, indem sie fremde Kulte unterdrückt, Andersgläubige ausrottet oder missioniert. Und obwohl die wenigsten Christen den missionarischen Eifer mit seiner Nebenerscheinung, dem ausbeuterischen Kolonialismus, heute noch gutheißen, hofft der Papst, »daß Europa wieder geeint wird im siegreichen Zeichen des Kreuzes ...« (Prag, dpa vom 23.4.1990). Die Begeisterung des christlich-abendländischen Bewußtseins für vereinheitlichende Gesellschaftsmodelle ist noch immer beachtlich. Nach wie vor stehen Weltreiche, Weltfirmen und Supermächte, Weltreligionen und die Utopie einer Weltkirche im Vordergrund des öffentlichen Interesses.

Im Lauf der patriarchalen Bewußtseinsentwicklung wird das Leben immer eindeutiger als Kampf zwischen unvereinbaren Gegensätzen begriffen. Der Perser Zarathustra entwickelt die Theorie der unvereinbaren Gegensätze zu einem vorläufigen Höhepunkt. Er betrachtet den Lauf der Welt als beständigen Kampf zwischen Licht und Finsternis, zwischen dem Guten und dem Bösen. Für Pythagoras soll die Begegnung mit Zarathustra die entscheidendste seines Lebens gewesen sein (Crescenzo 1985, 22). Wie Zarathustra versteht Pythagoras die Geschlechterdifferenz im Sinne unvereinbarer Prinzipien, die a priori gut oder böse, göttlich oder dämonisch sind:

»Es gibt ein gutes Prinzip,
das den Mann, das Licht
und die Ordnung geschafffen hat,
und ein böses Prinzip,
das die Frau, das Dunkel
und das Chaos geschaffen hat.«

Dunkel, Chaos, Tod und Hölle sind Erscheinungsweisen des Bösen, wohin das dualistische Denken das Weibliche abdrängt. Die Herrin des Himmels wird zur Dämonin der Hölle.

Unser modernes Weltbild ist von einem dualistischen Denken geprägt, welches das Weibliche noch immer auf der Negativseite männlicher Werte ansiedelt. Dabei bildet der Widerspruch zwischen männlich und weiblich das Grundmuster, dem alle anderen Gegensätze zugeordnet werden. Um deutlich zu machen, wie sehr diese ungleichgewichtige Wertung zu einem Bestandteil des kollektiven Unbewußten geworden ist, das gar nicht mehr hinterfragt wird, erwähne ich ein persönliches Erlebnis, das ich vor etlichen Jahren mit einer Arbeitsgruppe in der Volkshochschule hatte. Bei einer Übung sollten gewisse Gegensätze geordnet werden. Ohne zu zögern, wiesen die Teilnehmerinnen die angebotenen Begriffspaare dem männlichen beziehungsweise weiblichen Bereich zu:

männlich:	weiblich:
Himmel	Hölle
Tag	Nacht
Geist	Körper
oben	unten
Licht	Finsternis

Die Beziehung der Geschlechter ist zeitweise romantisch verklärt worden, ohne dabei das Weibliche aus seiner Schattenfunktion zu erlösen. Nur zwei Zeilen eines Gedichts von Eichendorff verdeutlichen das:

»Es war, als hätt' der Himmel die Erde still geküßt,
daß sie im Blütenschimmer von ihm nur träumen müßt ...«

Ein aktiv männlicher Himmel küßt die passiv hingelagerte Erde, die nun von ihrem Geliebten *träumt*. Der Mann ist der Himmel, er vertritt das »Oben«, er ist aktiv und wirkt in die Welt hinein.

Die Frau träumt. Die romantische Vision macht vergessen, daß ihre Träume in der Welt des Mannes wenig gelten. Die Träume der Frau machen nur des Mannes Nachtstunden angenehm. Die Frau vertritt das »Unten«, die Erde, den Körper, das Unbewußte und das Nichts.

Die Frau wird auf Gefühle reduziert, während der Mann Emotionen abwehrt. Ihre Passivität verurteilt die Frau, vor männlichen Wünschen zurückzuweichen und den Raum einzunehmen, der ihr angewiesen wird. Im Patriarchat werden Frauen in ihren Körpern wie in den dunklen Turm eines Gefängnisses eingesperrt. Ihr Lebenssinn erschöpft sich in Mutterpflichten, da der Körper sie dazu prädestiniere. Ohne obligatorische Mutterschaft hat eine patriarchale Frau ihr Leben verfehlt. Patriarchale Männer überlassen den Frauen jene Gefühle, die für die Gesellschaft unentbehrlich sind und weisen ihnen Aufgaben zu, die Zuwendung voraussetzen: Frauen sollen pflegen, trösten, zuhören und schweigen, zärtlich, gewährend und selbstlos sein, sich aufopfern und hingeben. Zorn, Haß und Wut, Abwehr, Ablehnung und Selbstbehauptung sei fern von ihnen.

Das Aufbegehren der Frau gegen die männlich definierte Eingeschlechtlichkeit der Gattung Mensch wird heute von Philosophen, Theologen und Psychologen gern dahingehend beschwichtigt, daß erklärt wird, im Mann sei die Frau mitgemeint. Sie ist »mitgemeint« – aber nur, solange sie bereit ist, den Schatten, zu verkörpern, den die männliche Lichtgestalt wirft.

Die Gleichsetzung des Menschen mit dem Mann löscht das Menschentum der Frau aus – in der Sprache, in der Geschichte, im Gottesbild ... Die Göttin ist aus dem Himmel vertrieben, die Frau ist in der patriarchalen Öffentlichkeit nicht präsent. Der Mann allein vertritt die Gattung Mensch. Er ist Alles. Die Frau ist zur Bedeutungslosigkeit degradiert, ins Nichts verbannt.

Licht und Ordnung, der Himmel und das Gute werden durch das Männliche repräsentiert. Der patriarchale Vatergott hat gesiegt. Das Christentum trägt zwei weitere männliche Komponenten ins Gottesbild hinein: Wir sollen in Jesus den *Sohn* Gottes anbeten. Die matriarchale Weisheit, die hebräische chochma, wie die hebräische ruach – im Hebräischen ist Geist weiblich –, sind zum »Heiligen Geist« geworden, der, obwohl er nun maskulin definiert ist, noch immer durch das heilige Tier der Weisheitsgöttin, die Taube, symbolisiert wird. Gott ist alles: Vater, Sohn und Heiliger Geist.

Wenn wir bekennen: »Gott wurde Mensch«, soll Jesus die *Gattung Mensch* verkörpern. Die Frau sei »mitgemeint«. Die Gattung Mensch wird jedoch allein durch den Mann vertreten. Auch die Menschwerdung Gottes in Jesus, dem Mann, wird zur Ausgrenzung der Frau mißbraucht, zur Begründung für ihre Unterordnung, Unterdrückung und Diffamierung. Ein schlimmes Beispiel ist die Bemerkung der Inquisitoren Institoris und Sprenger, die sagen, es habe Gott gefallen, im männlichen Geschlecht Mensch zu werden, daher habe er den Mann auch so sehr bevorzugt und vor Sünden bewahrt. Fünfhundert Jahre später antwortet Kardinal Höffner im Fernsehen auf die Frage, warum die katholische Kirche keine Frauen zum Priesteramt zulasse: Gott habe seinen Willen ausdrücklich darin kundgetan, daß er in einem *Sohn* Mensch geworden sei. Papst Johannes Paul II. begründete in seinem Apostolischen Schreiben «mulieris dignitatem« vom 15. August 1988 seine ablehnende Haltung zum Priesteramt der Frau mit der ewigen Schöpfungsweisheit Gottes, wie sie aus den ersten Kapiteln der Bibel spräche. Jesus habe den Willen seines Vaters im Himmel bestätigt, da er das Abendmahl exklusiv im Kreis von Männern eingesetzt habe. Obwohl der von Männern tendenziös geschriebene Text des Neuen Testaments kein Beweis für den Ausschluß der Frauen beim Abendmahl ist – denn Frauen haben Jesus sein Leben lang begleitet – will der Papst der Schrift entnehmen, Jesus habe das Priesteramt allein an Männer delegiert (vgl. Raming 1973, passim). Derartige Argumentationen bestätigen das androzentrische Weltbild: Die Kirche anerkennt die Menschwerdung Christi im Mann für eine Menschheit, die allein durch das Männliche repräsentiert ist.

Würde die Frau dem Männlichen polar, souverän und gleichwertig gegenüberstehen, müßte sich das Göttliche auch in einer Frau inkarnieren, um vollkommen Mensch geworden zu sein. Mit diesem Problem befaßt sich das Buch von Luisa Muraro über »Vilemina und Mayfreda – Die Geschichte einer feministischen Häresie« (Muraro 1987 passim). Vilemina, eine nach Mailand geflohene böhmische Fürstentochter, wird von ihren Zeitgenossen als Tochter Gottes verehrt. Ihr frommer Lebenswandel, ihre ungewöhnliche Bescheidenheit, ihre nie versiegende Liebe zu den Mitmenschen legen den Glauben nahe, daß sie von Gott gesandt sei. Vileminas Apotheose wird vor allem von den Mitgliedern eines Frauenklosters, dessen Äbtissin Mayfreda ist, gefördert. Luisa Muraro zeigt einen erschütternden Tatbestand auf: Frauen, die nach weiblichen Manifestationen des Göttlichen suchen und sich als Subjekt in die Kultur einbringen, sind des Todes!

Manche Theologen – und Theologinnen – diskutieren eine andere Rede von Gott und bieten die Integration des Weiblichen ins patriarchale Gottesbild an. Sie glauben, der Frau weit entgegenzukommen, wenn sie Gott mit den Worten »Gott, unser Vater und unsere Mutter« anreden. Die theologische Argumentation, Gott sei Vater und Mutter zugleich, war schon vor 4 000 Jahren Teil einer Strategie, das Weibliche zu vereinnahmen. Wenn das Christentum diesen Gedanken heute wieder aufgreifen möchte, will es Gott, den Vater, den Sohn und den heiligen Geist, nun auch noch um die Dimension der Mütterlichkeit bereichern.

Das Weibliche wird auch nicht von seiner Schattenfunktion im Patriarchat befreit, wenn Maria eine *Beteiligung am Erlösungswerk* bescheinigt wird, zumal »Erlösung« den patriarchalen Sündenbegriff voraussetzt, der philosophisch, theologisch und psychologisch vom Weiblichen als der Repräsentation des »Bösen« ausgeht.

Frauen können sich nicht mit einer beschwichtigenden dogmatischen Korrektur zufriedengeben. Es bleibt vergessen, daß es einst die Göttin gewesen ist, die ihren Sohn aus der Unterwelt zur Wiedergeburt erlöst hat. Die Göttin ist die Unteilbare. Sie ist nicht die patriarchale Jungfrau, nicht Verführerin des Mannes und keine bedrohliche Todesfalle. »Maria, die geheime Göttin im Christentum« (Mulack 1985) hat – trotz der dogmatischen Reduktion auf patriarchale Weiblichkeit – in manchen Bildern die ungeschmälerte kosmische Kraft matriarchaler Weiblichkeit bewahrt, wenn sie als Sonnengöttin vor dem Strahlenglanz erscheint, wenn sie majestätisch über der Weltenkugel steht oder als Schutzmantelmadonna die Schöpfung in sich birgt.

Die integrierende Kraft der Göttin wird gefürchtet; denn mit ihrer Anerkennung müßte das Männliche begreifen, daß es nicht Alles ist. »Der Mensch ist zwei« (Diotima 1989). Von dieser Tatsache geht eine Gruppe von Philosophinnen in Verona aus. Die Spiritualität der Menschen ist nicht nur weiblich und männlich, sondern unendlich vielfältig. Spiritualität kann nicht durch Dogmen eingeengt und reglementiert werden.

Das patriarchale Einheitskonzept dagegen geht davon aus, daß alle Menschen gleich seien. Auch zwischen Frau und Mann bestünde kein seelischer Unterschied. Daher müsse die Frau die unbewußten Männlichkeitsanteile in ihrer Psyche aktivieren, während der Mann sich seiner unbewußten Weiblichkeit bewußt werden soll. *Aber das Männliche in der Frau hat nichts zu tun mit der Gewalttätigkeit patriarchaler Männlichkeit. Und das Weibliche im patriarchalen Mann ist durch Wunschbilder und Angstphantasien charakterisiert, die mit der Frau nichts zu tun haben. Denn es handelt sich gerade um diejenigen Phantasien, welche die Frau mit den dunklen Aspekten des Daseins und mit dem Nichts identifiziert haben.*

Die Geschlechterdifferenz zu leugnen, hat zur Folge, daß das Weibliche vom patriarchalen Bewußtsein absorbiert wird. Um Menschlichkeit zu definieren, muß das Menschentum der Frau aus dem Schatten hervortreten und zu einem eigenständigen Wert werden, der dem Männlichen gegenübertritt. *Es kann daher nicht darum gehen, die Geschlechterdifferenz zu leugnen, sondern darum, das androzentrische Denken zu überwinden.* Der androzentrische Allmachtsanspruch hebt die Spannung zwischen den polaren Gegensätzen auf. Als mann-männliche Menschheit rasen wir – *der fruchtbaren Spannung, die Leben erst ausmacht, beraubt* – in ein »schwarzes Loch«, in die Vernichtung, in den Tod, ins Nichts. Der Mann wird seinen Anspruch, das Alles zu verkörpern, mit dem Fall ins Nichts bezahlen müssen.

Ich brauche die Erinnerung an die Göttin. Ob wir Frauen eine Vergangenheit haben, unsere Geschichte und matriarchale Religion wiederentdecken, beeinflußt unser Selbstbewußtsein, unsere Befindlichkeit in dieser Welt hier und heute. Welche Schöpfungsmythen wollen wir unseren heranwachsenden Töchtern erzählen, wenn wir die Göttin des Ursprungs vergessen? Wie wollen wir die integrierende Kraft der Liebe wiederentdecken ohne die Erinnerung an die Göttin?

Die Göttin ist Metapher für ein Weltbild, in dessen Zentrum der Wiedergeburtsgedanke und der Glaube an die Kraft des weiblichen Blutes steht, Metapher für die Vollmacht des Weiblichen, den Tod zu überwinden. In überschäumender Lebenslust entläßt die Göttin »alles« aus sich heraus. Sie gebiert die Sonne, den Mond und die Sterne. Der Tod ist weder böse noch das Nichts, er ist der andere Pol des Dasein, Durchgangsstufe zu neuem Leben.

Ich brauche die Göttin. Sie ist Metapher für den Schutz der heranwachsenden Töchter gegen den sexuellen Zugriff des Mannes, Metapher für die Selbst-Verständlichkeit, aus der heraus die Frau frei über ihr Leben und über ihren Körper verfügt, ihre Sexualität feiert, ihre Umwelt aktiv gestaltet und mitwirkt, menschliche Kultur zu erschaffen, zu gestalten und zu verändern. Sie ist Metapher für eine Welt, in der Frauen sich selbst überschreiten: Sie transzendieren ihre stoffliche Existenz in alle Richtungen. Sie sind schöpferisch im umfassenden Sinn. Die Göttin beflügelt die Kreativität von Frauen. Sie macht uns Mut, in die Öffentlichkeit hineinzuwirken und das patriarchale Bewußtsein zu überwinden. Sie entzieht dem männlichen Allmachtsanspruch seine Legitimationsgrundlage.

Ich brauche die Göttin. Sie ist Metapher für die Überzeugung, daß Weibliches und Männliches Gegensätze sind, die wesenhaft zusammengehören. Sie ist die Metapher für die Weisheit, daß polare Spannung die Voraussetzung für Leben ist. Die Göttin ist Metapher für den rücksichtsvollen Umgang mit anderen Menschen, für die Achtung vor anderen Völkern und vor der Natur. Sie vertritt ein Weltbild, in dem die Beherrschung und die Unterdrückung von Frauen und Kindern durch den Mann oder die rücksichtslose Ausbeutung der Natur geächtet sind. Die Göttin bedeutet eine Herausforderung für Religion und Gesellschaft, Unterdrückte wieder in ihre Rechte einzusetzen und die Geschlechterdifferenz ebenso wie die Differenz der Völker und Rassen zu akzeptieren.

Ich brauche die Göttin. Die Bereitschaft des polaren Denkens, die Überzeugungen anderer zu respektieren, andere Lebensformen gelten zu lassen, jeden Versuch von Mission zu unterlassen, ist heute überlebensnotwendig. Die Neugier auf Kenntnisse, Fähigkeiten und Überzeugungen anderer Menschen und Völker schafft den Reichtum lebendiger Vielfalt, der die Basis für jegliches Leben – und Überleben – ist.

Alle Richtungen, in die wir durch das patriarchale Bewußtsein gesteuert werden, erweisen sich als Sackgassen. Das Patriarchat ist eine irrationale Realität. In schlichtem Deutsch: Es ist die unvernünftige Wirklichkeit, mit der wir leben (müssen?). Das Weltbild der Göttin ist von höchster politischer Brisanz. Denn wir werden den Allmachtsrausch des Männlichen überwinden und eine nachpatriarchale Welt ohne Bevölkerungs- und Wirtschaftswachstum, ohne Umweltzerstörung und Ressourcen-Verschleiß aufbauen müssen. Nur wenn die Göttin wieder ins Licht des Bewußtseins rückt, kann das Patriarchat, diese chronische Krankheit der menschlichen Kultur, überwunden werden.

Befreites Bewußtsein

Patriarchales Bewußtsein setzt unserem Denken willkürlich und autoritär Grenzen. Es verbietet die Erinnerung an metapatriarchale Vergangenheit. Die Geschichte biblischer Exegese ist beispielhaft dafür. Sie verbietet, die vorgegebenen männlichen Denkstrukturen zu überschreiten:

»Exegese treiben heißt, einen Text so verstehen, wie er verstanden sein will … es geht hier allein um ein möglichst adäquates Verständnis des vom Text Gemeinten.« (Bernhardt 1961, 246)

Hinter der scheinbaren Objektivität verbirgt sich der patriarchale Machtanspruch; denn Gott wird relativ, und die Große Göttin wird wieder sichtbar, wenn wir das patriarchale Schrifttum in

Frage stellen. Deshalb soll die Auslegung der Bibel mit dem Schöpfungsbericht beginnen:

»Einen Text von seiner Vorgeschichte her zu interpretieren, ist in jedem Falle gewagt, besonders aber, wenn man diese Vorgeschichte nur aus Indizien erschließen kann.« (Bernhardt 1961, 250)

Wenn die theologische Wissenschaft gezwungen wird, über die Erkenntnisse der Väter nicht hinauszudenken, stagniert das Denken. Die patriarchalen Vorstellungen werden zum Prokrustesbett*, in das die Forschung gezwängt wird. Die Gelehrten kommen in die mißliche Lage, daß ihre Wissenschaft nicht Wissen schafft, sondern Wissen behindert. Forschung ist unerwünscht, wenn sie die gesellschaftlich verordnete Denknorm sprengt. Da den Exegeten verboten wird, einen Text neu zu interpretieren, versteht sich von selbst, daß alle Auslegung und Erkenntnis

»in einigen wesentlichen Zügen gleich geblieben (ist), von der Zeit des Neuen Testaments und der Zeit der Kirchenväter an bis in die Gegenwart.« (Westermann 1982, Bd. I, 3)

Frauen dürfen zwar innerhalb dieser fest umrissenen Grenzen ausbrechen aus dem Käfig verordneter Nur-Weiblichkeit, sie dürfen sich bilden und die Universitäten besuchen, sie dürfen berufstätig sein und Politikerinnen werden. Aber dies alles unter einer Bedingung: Sie dürfen die Männerwissenschaft nicht ideologiekritisch angehen, sie müssen ihre Töchter einem an den Interessen von Männern und der Lernstruktur der Knaben orientierten Unterricht aussetzen, sie können nur in eine männliche Berufswelt hineinwachsen, und in der Politik müssen sie männlichen Machtinteressen dienen.

Denn die Erinnerung an matriarchale ganzheitliche Frauenkraft lauert als Angst in der Tiefe der patriarchalen Psyche. Angst blockiert den Zugang zu den seelischen Tiefenschichten, die jenseits patriarchaler Erinnerung beheimatet sind – auch bei den Frauen. Sie fürchten, zu Außenseiterinnen der Gesellschaft zu werden. Sie fürchten Liebesverlust. Und sie fürchten die modernen Scheiterhaufen; denn sie werden beruflich zum Scheitern verurteilt. Deshalb internalisieren sie das patriarchale Weltbild und machen sich zu Verkünderinnen patriarchaler Werte und Gesetze.

Was es bedeutet, ein Tabu verinnerlicht zu haben, wissen wir aus der »Zeit der Verzweiflung«. Wir wissen es auch aus der Ethnologie: Wer ein internalisiertes Tabu bricht, tötet sich selbst durch unbewußte Selbstbestrafung oder er wird vom Kollektiv getötet.

Nichts wird vom patriarchalen Bewußtsein mehr gefürchtet als die Überschreitung seiner Grenzen. Nichts wird so erbittert verteidigt wie das Weltbild der Männer mit seinen Wertsetzungen. Die christliche Dogmatik tabuisiert die Möglichkeiten metapatriarchaler transzendenter Erfahrung. Sie benutzt die Wissenschaften, um patriarchale Ideologie herzustellen.

Frauen jedoch, die sich auf die Suche nach einer eigenen Spiritualität und nach selbstbestimmten Weiblichkeitsbildern begeben haben, überschreiten die Grenzen des patriarchal verordneten Denkens. Wenn sie Mythos und Geschichte interpretieren, begeben sie sich auf die Suche nach ihren Wurzeln und *müssen sich daher weigern, »einen Text so zu verstehen, wie er – von seinem männlichen Autor – verstanden sein will.«*

Wenn die Frau als *Subjekt* in der Kultur handelt, wird sie das Recht fordern, Maßstäbe zu setzen, die an *ihren Lebenszusammenhängen* gemessen werden. Sie wird einen grundlegenden Paradigmawechsel bewirken. Das befreite Bewußtsein der Frauen ist die Kraft, die den Sprung in eine metapatriarchale Zukunft vorbereiten und erleichtern wird.

Ich bin Tamar – eine Aretalogie*

Ich habe Tamar nicht gesucht. Sie ist auf mich zugekommen. Die Strophen von Genesis 38, Kommentare, die mir der Zu-Fall in die Hand spielte, Studentinnen, die sich die Frauen der Bibel zum Thema gewählt hatten und sich an unbeantwortbaren Fragen wundrieben, das alles wurde mir zur Herausforderung, Tamar wiederzuent-decken, ihre matriarchale Göttinnengestalt zu er-innern; denn ihr Bild wollte ausgetragen und wiedergeboren werden.

Die Erinnerung an die Palmengöttin ist im Laufe der christlich-abendländischen Kulturentwicklung verdrängt worden. Tamar und ihr Kulttier, den Steinbock, von der Überlagerung durch das patriarchale Bewußtsein zu befreien, ist für mich eine langwierige und mühsame Arbeit gewesen. Die Widersprüche in den biblischen Texten und das intuitive Erspüren weiblicher Lebenszusammenhänge führen zu den überlieferten Bildern und Texten von der Baumgöttin, vom Lebensbaum, in dem die Himmelskönigin gegenwärtig ist, lassen uns Tamar, die Große Göttin, wieder lebendig werden. Die kreative Phantasie von Frauen ist fähig, ihre Gestalt, ihren Charakter, ihre Kultgeschichte zu er-innern.

Die Analyse der biblischen Legende befreit Tamar von ihrem patriarchalen Charakter unterworfener Weiblichkeit. Sie ist wieder die Urgöttin. Und Frauen, die sich mit ihr identifizieren, finden zurück zu ihrem Recht, frei über sich selbst zu verfügen. Die schöpferische Kraft eines von den verordneten Denkzwängen befreiten Bewußtseins macht die weiblichen Urbilder lebendig und verwurzelt uns Frauen in einer Vergangenheit, in der wir eine

---

* Von griechisch Arete = Tugend, Tüchtigkeit; Selbstrühmungshymne einer Göttin oder eines Gottes; Hymne in der Ich-Form. Ich wähle bewußt die Form der Aretalogie. Diese kultische Sprechweise kommt bereits im prädynastischen Ägypten vor. Die Göttin Neith rühmt sich selbst: »Was da ist, was da sein wird und was gewesen ist, bin Ich. Meinen Chiton hat keiner aufgedeckt. Die Frucht, die Ich gebar, war die Sonne.« Die Göttin sagt: »Ich!« Mit dieser auf matriarchalen Vorbildern beruhenden Gedichtform widerlege ich die Behauptung der Kulturpsychologen, wonach die matriarchale Psyche kein Ich-Bewußtsein gehabt habe.

Heimat haben. Der Ursprungsmythos von Tamar ist in mir lebendig geworden wie eine metapatriarchale Er-Innerung. Wo alle Spuren ausgelöscht, vom patriarchalen Weltbild verdrängt, zugedeckt und verschüttet worden sind, nehme ich mir das Recht zu kreativer Er-Innerung. Denn wir müssen unsere verlorene Vergangenheit wiederherstellen, damit wir unseren Töchtern nicht mehr die verordneten Vätergeschichten weitergeben müssen, sondern eigene weibliche Ursprungsmythen erzählen können.

Ich bin Tamar

Ich bin Tamar,
Die von Anfang war.
Bevor die erste Geburt geschah,
Da war Ich.
Ich bin, die Ich bin:
Die Göttin des Ursprungs,
Unzerstörbare Kraft
Seit Weltenbeginn.

Ich bin der Sinn, bin die Weisheit der Schöpfung,
Bin Haus, Schutz und Himmelszelt über der Welt.
Aus eigener Vollmacht gebar ich den Mondgott,
Den herrlichen Ger, der das Dunkel erhellt.

Ger ist der Hüter des ruhigen Schlafes,
Der Wächter am Himmel, der Liebenden Schutz,
Er tröstet die Seelen und führt sie zum Frieden.
Ger ist das Zeitmaß, das wachsende Licht.

Ger ist Mein Sohn, ist Mein Bruder, Mein Alles,
Der Steinbock ist Er, auf der Höhe der Kraft.
Ger ist der Starke, der Held seiner Mutter,
Er ist Mein Geliebter, Mein Augenstern.

Ger gab Ich Leben in herrlichster Blüte;
Ger ist die Saat und das Korn und die Frucht.
Ger muß wieder altern, wird welken und sterben.
Ger ist das Siechtum, und Ger ist der Tod.

Ich führe ihn tief in die Höhle Adullam,
Ins Dunkel, zum Todesort unter der Welt.
Ich will ihn erretten nach drei schwarzen Nächten:
Mein bleibt das Geheimnis der Wiedergeburt.

Ich bin die Göttin, die Herrin des Himmels,
Die uranfängliche Mutter des Lichts.

Ich bin seit ewigen Zeiten die Eine:
Die Mutter der Sonne, die Herrin des On.

Im Osten geboren, ist On noch ein Knabe,
On ist der Mittag im steigenden Licht.
On ist die Kraft und der Liebling der Frauen,
On altert und stirbt, wenn er untergeh'n muß.

Ich bin Tamar, die Herrin der Zeiten,
Ich regele Tage, Monat und Jahr.
Auch gebot Ich den Wolken, am Himmel zu ziehen
Und Regen zu spenden dem dürstenden Land.

Ich bin die Mutter der leuchtenden Sterne
Und weise ihre nächtliche Bahn.
Ich kenne das Gestern und weiß um das Morgen,
Ich bin das Heute, die Zukunft bin Ich.

Ich bin Tamar, die Herrin des Meeres,
Das alles feste Land umfließt.
Gnade gab ich den fruchtbaren Tälern.
Ich schuf das judäische Hügelland.

Ich ließ die ewigen Wasser des Lebens
Den Spalten der Felsen entspringen:
Vom Hermongebirge
Herab fließt der Jordan
Mit unversiegbarer Kraft.
An seinen Ufern

Erblüht die Wüste
Zu fruchtbarem Land.

Ich schlug mit der Hand
An den Fels von Engedi
Und lockte sprudelnde
Quellen hervor.

Ich schuf die Oase inmitten der Wüste:
Die Palme wächst dort mit mächtigem Haupt,
Irdisches Abbild des ewigen Himmels,
Zeichen Meiner Göttinnenkraft.

Töchter gebar ich nach meinem Bilde
und verlieh ihnen heilige Göttinnenkraft.
Sie sind beauftragt, Mich zu verehren:
Denn jede Frau ist auch Priesterin,

Die Meine Ordnung auf Erden verwirklicht
Und Mein gedenkt im Rhythmus der Zeit.
Sie wird meine Liebe mit Liebe vergelten,
Wird schützen und schonen das Werk meiner Kraft.

Ich lehrte die Frauen, Mir Lieder zu singen
Und Pauken zu schlagen zum kultischen Fest,
Unterwies sie im Spiel der Sistren und Flöten
Und war ihnen nah im ekstatischen Tanz.

Ich bin Tamar. Ich schuf die Menschen:
Shela, Perez, Serach und Kain,
Damit sie die Erde in Frieden verwalten,
Gab ich ihnen Wohnung, Heimat und Land.

Ich lehrte die Menschen, Feldfrucht zu pflanzen,
Ölbäume zu züchten und köstlichen Wein.
Ich lehrte sie, in den Gestirnen zu lesen,
Ich erdachte die Sprache und formte die Schrift.

Ich wählte die Könige, weise zu handeln.
Den kunstvollen Städtebau lehrte ich sie.
Sie bauten Mir kultische Palmenstädte
Zu Meiner Ehre, der Göttin zur Lust.

Ich liebte den Fürsten, den Herrn von Adullam,
Und gab ihm das Priesteramt in dieser Stadt.
Wo einst Ich dem Mondgott das Leben gegeben,
Preisen die Frommen nun Mutter und Sohn.

Dort, wo die Quellbäche zwiefach entspringen,
Baute der Fürst die Stadt Enajim.
Er ordnete an, daß Engedi entstünde,
Er baute den Tempel zu Ehren des Ger.

Ich bin Tamar, die Herrin der Menschen,
Mir Tempel zu bauen, lehrte Ich sie,
Zu schmücken die Wände mit Palmlaub und Lilien,
Mit kunstvoll gerichtetem Gitterwerk,

Dran Hunderte schöner Granatäpfel hängen,
Kultäpfel der Liebe, Heilige Frucht,
Gabe der Priesterin an ihren Liebsten
Am Tage der Hochzeit, zum Heiligen Fest.

Ich lehrte die Menschen, mit Feuer zu schmieden,
Symbole zu schaffen zum Gleichnis der Welt,
Die Schöpfung in Bildern sich faßbar zu machen,
Die Welt zu begreifen als Werk Meiner Hand.

Ich bin Tamar, die Mutter des Lebens,
Die Weisheit des Kosmos, die Seele des Alls.
Ich bin die Ordnung, der Sinn und die Liebe,
Ich bin die Wahrheit, Ich bin die Kraft.

Ich bleibe in ewiger Wandlung die Eine:
Bin Jungfrau, Geliebte und Mutter zugleich.
Lebenden bin ich Weg, Ziel und Weisung,
Sterbenden schenke ich Hoffung und Trost.

Anhang

Literaturverzeichnis

AISTLEITNER, Josef: Die mythologischen und kultischen Texte aus Ras-Schamra, Budapest 1964

ASTOUR, Michael C.: Tamar, The Hierodule, in: Journal of Biblical Literature – Bd. 85/1966

BAL, Mieke, DIJK VAN HEMMES, Fokkelien, VAN GINNEKEN, Grietje: Und Sara lachte ..., Münster 1988

BECKER, Gabriele, BOVENSCHEN, Silvia, BRACKERT, Helmut u.a.: Aus der Zeit der Verzweiflung – Zur Genese und Aktualität des Hexenbildes, Frankfurt/Main 1977

BEHRINGER, Wolfgang: Vom Unkraut unter dem Weizen. Die Stellung der Kirchen zum Hexenproblem, in: Dülmen 1987, S. 15-47

BEN-CHORIN, Schalom: Narrative Theologie des Judentums anhand der Pessach-Haggada – Jerusalemer Vorlesungen, Tübingen 1985

BERNHARDT, Karl-Heinz: Das Problem der altorientalischen Königsideologie im Alten Testament, Leiden 1961

BLOCH, Alice: Scenes from the Life of a Jewish Lesbian, in: Heschel 1983, S. 171-176

BOCHNIK, Peter A.: Die mächtigen Diener – Die Medizin und die Entwicklung von Frauenfeindlichkeit und Antisemitismus in der europäischen Geschichte, Reinbek bei Hamburg 1985

BONNET, Hans: »Baumkunst« und »On«, in: Reallexikon der ägyptischen Religionsgeschichte, Berlin, New York 1971^{2}, S. 82-87, 543-545

BOOR, de: Die deutsche Literatur im späten Mittelalter, in: Geschichte der deutschen Literatur Bd. 3, München 1967^{3}

BUREN, Douglas van: The Rod and The Ring, in: Archiv Orientální 17, II, Prag 1949

CAMES, Gérard: Allégories et symboles dans l'Hortus deliciarum, Leiden 1971

CANTOR ZUKOFF, Aviva: The Lilith-Question, in: Lilith Magazine, No. 1 – abgedruckt in: Heschel 1983
CHARPENTIER, Louis: Die Geheimnisse der Kathedrale von Chartres, Köln 1981[7]
CHICAGO, Judy: The Dinner Party, Frankfurt/Main 1987
COLLINS, Sheila: A Different Heaven and Earth, Valley Forge/Judson Press, 1974
CRESCENZO, Luciano, de: Geschichte der griechischen Philosophie, Zürich 1985
CROWLEY, Aleister: Das Buch Toth – Ägyptischer Tarot, München 1985
DANTHINE, Hélène: Le palmier-dattier et les arbres sacrés dans l'iconographie de l'Asie occidentale ancienne, 2. Vol. (textes et planches) Paris, 1937
DIE BIBEL oder die ganze Heilige Schrift des Alten und Neuen Testaments nach der Übersetzung Martin Luthers. Stuttgart 1964
DINKELMANN, Doris: Tarot – in den Bildern der andern Seite des Spiegels lesen, Bielefeld, ohne Jahresangabe
DIOTIMA, Philosophinnengruppe aus Verona: Der Mensch ist zwei – Das Denken der Geschlechterdifferenz, Wien 1989
DÜLMEN, Richard van: Imagination des Teuflischen. Nächtliche Zusammenkünfte, Hexentänze, Teufelssabbate, in: Ders. (Hrsg.): Hexenwelten – Magie und Imagination vom 16.-20. Jahrhundert, Frankfurt/Main 1987, S. 94-130
DUERR, Hans Peter: Sedna oder die Liebe zum Leben, Frankfurt/Main 1984
EILERS, Wilhelm: Die Gesetzesstele Chamurabis – Gesetze um die Wende des 3. Jahrtausends, in: Der Alte Orient Bd. 31, Leipzig 1932
EISSFELD, Otto: Die Komposition der Samuelisbücher, Leipzig 1931
ENCYCLOPAEDIA JUDAICA, Vol. 15, Jerusalem 1971
ERMAN, Adolf: Gebete eines ungerecht Verfolgten, in: Zeitschrift für ägyptische Sprache und Altertumskunde Bd. 38, Leipzig und Berlin, 1900
EURINGER, Sebastian: Ein unkanonischer Text des Hohenliedes (Cnt. 8, 15-20) in der armenischen Bibel, in: Zeitschrift für alttestamentliche Wissenschaft – Bd. 33/1913
FALKENSTEIN, Adam/VON SODEN, Wolfgang: Sumerische und akkadische Hymnen und Gebete, Zürich 1953
FAVIER, Jean: Das Universum von Chartres, Stuttgart 1989
FRANCIA, Luisa: Mond, Tanz, Magie, München 1986
FREIRE, Palo: Pädagogik der Unterdrückten, Stuttgart 1972
FRICKE, Weddig: Standrechtlich gekreuzigt, Buchschlag bei Frankfurt 1986
FUCHS, Eduard: Die Frau in der Karikatur, München 1906

GARDINER, Alan H.: Egyptian Grammar – Being an Introduction to The Study of Hieroglyphes

GEBSER, Jean: Ursprung und Gegenwart – Fundamente der aperspektivischen Welt, München 1973

GINZBERG, Louis: The Legends of the Jews, 7 Vol., Philadelphia 1946 – 1961

GOLDENBERG, Naomi: Changing of the Gods, Boston 1979

GOMBERT, Hermann: Das Münster »Unser Lieben Frau« in Freiburg im Breisgau, München/Zürich 1977

GRABNER-HAIDER, Anton: Hexen und Ketzer aus religionswissenschaftlicher Sicht, in: Grabner-Haider, Anton, Weinberber, Ota u. Weinke, Kurt (Hrsg.): Fanatismus und Massenwahn. Quellen der Verfolgung von Ketzern, Juden und Außenseitern, Graz, Wien 1987, S. 35-72

GRIGSON, Geoffrey: Aphrodite, Göttin der Liebe, Bergisch Gladbach 1978

HAGGADA – Ein hebräisches Manuskript aus der Mitte des 15. Jahrhunderts, geschrieben und illustriert von Joel Ben Simeon Feibusch Aschkenasi, mit einem Kommentar, zugeschrieben Eleazar Ben Juda aus Worms, neu aufgelegt Freiburg 1985

HALKES, Katharina: Wenn Frauen ans Wort kommen – Stimmen zur feministischen Theologie, Reinbek bei Hamburg 1987

HARTMANN, Benedikt: »Mögen die Götter dich behüten und unversehrt bewahren«, in: Festschrift Walter Baumgartner, Leiden 1967

HARTMANN, Richard: Zu Genesis 38, in: Zeitschrift für alttestamentliche Wissenschaft – Bd. 33/1913, S. 76-77

HAUSCHILD, Thomas: Die alten und die neuen Hexen – Die Geschichte der Frauen auf der Grenze, München 1987

HAUSER-SCHÄUBLIN, Brigitta: Frauen in Kararan – Zur Rolle der Frau bei den Iatmul am Mittelsepik, Papua, New Guinea, Basler Beiträge zur Ethnologie, Bd. 18, 1976, Dissertation Basel 1975

HESCHEL, Susannah (Hrsg.): On Being a Jewish Feminist, New York, 1983

— Dies.: Jüdischer Feminismus ist eine Analyse der Realität, aus der wir handeln müssen. Interview durch Renate Rieger, in: Schlangebrut, Heft 16, Köln 1987, S. 6-9.

HONEGGER, Claudia (Hrsg.): Die Hexen der Neuzeit – Studien zur Sozialgeschichte eines kulturellen Deutungsmusters, Frankfurt/Main 1978

HORNUNG, Erik: Der Eine und die Vielen, Darmstadt 1971

HURWITZ, Emanuel: Bocksfuß, Schwanz und Hörner, Zürich 1986

INSTITORIS, Heinrich, und SPRENGER, Jakob: Malleus Maleficarum (Der Hexenhammer), Köln 1487, zum ersten Mal ins Deutsche übertragen und eingeleitet von J.W.R. Schmidt, Berlin 1906, Nachdruck 1974

JEWISH ENCYCLOPAEDIA, Vol. XII, New York/London 1905
JIRKU, Anton: Die Ausgrabungen in Palästina und Syrien, Graz 1970[2]
JUNG, Carl Gustav: Von den Wurzeln des Bewußtseins, Zürich 1954
— Ders.: Der Mensch und seine Symbole, Olten 1968, 1980[12] , 4. Auflage der Sonderausgabe
KEEL, Othmar: Das Hohelied, Zürich 1986
KINET, Dirk: Ugarit – Geschichte und Kultur einer Stadt in der Umwelt des Alten Testamentes, Stuttgart 1981
KLAPHECK, Elisa: Jüdischer Feminismus, mit Beiträgen von Eveline Goodman-Thau, Susannah Heschel, Julius Carlebach, (dargestellt) von Elisa Klapheck, in: Materialdienst Evangelischer Arbeitskreis Kirche und Israel in Hessen und Nassau, Jg. 1990, H. 2, S. 24-26.
KLEIN, Charlotte: Theologie und Anti-Judaismus – Eine Studie zur deutschen theologischen Literatur der Gegenwart, München 1975
KLEMPERER, Viktor: Lingua Tertii Imperii (LTI) – Notizbuch eines Philologen, Halle 19573
KOLMAR (CHODZIESNER), Gertrud: Weibliches Bildnis – Gedichte, München 1987
KRUSE, Ingeborg: Unter dem Schleier ein Lächeln – Neue Frauengeschichten aus dem Alten Testament, Stuttgart 1986
KUBOWSKY, Iris: Die Percht in Volksglaube, Sage und Brauchtum und der Begriff des weiblichen Selbst in der Analytischen Psychologie nach C.G. Jung – Beispiele der Verdrängung/Verschleierung/Verzerrung/Aufspaltung/Inbesitznahme/Ausbeutung/Entleerung/Auslöschung des Selbst-Seins von Frauen im Patriarchat, Dissertation an der Naturwissenschaftlichen Fakultät der Universität Salzburg, 1987
KÜHN, Jutta D.: Wenn ein Lehrstuhl für Theologie am Jungfernhäutchen hängt. Anmerkungen zum Fall Uta Ranke-Heinemann, in: Schlangenbrut, Heft 18, Köln 1987, S. 45
LABOUVIE, Eva: Hexenspuk und Hexenabwehr. Volksmagie und volkstümlicher Hexenglaube, in: Dülmen 1987, S. 49-93.
LAJARD, Félix: Recherches sur le Culte public et les Mystères de Mithra en Orient et Occident, Paris 1847
LANCRE, Pierre de: Tableau de l'inconstance des mauvais Anges et Démons, Paris 1612
LAPIDE, Pinchas: Mit einem Juden die Bibel lesen, Stuttgart 1982
— Ders.: Ist die Bibel richtig übersetzt? Gütersloh 1986
LUTHER, Bernhard: Die Novelle von Tamar und Juda und andere israelitische Novellen, in: Meyer, Eduard 1906
MALE, Emile: Die Gotik – Kirchliche Kunst des XIII. Jahrhunderts und Frankreich, Stuttgart/Zürich 1986

MAY, H.G.: The Sacred Tree on Palestine Painted Pottery, in: Journal of the American Oriental Society, Baltimore 1939/Nr. 59, S. 251 – 259
MEIER, Christel: Die Bedeutung der Farben im Werk Hildegards von Bingen, in: Frühmittelalterliche Studien 6/1972
MEYER, Eduard: Die Israeliten und ihre Nachbarstämme, Halle 1906
MOORTGAT, Anton: Tammuz, der Unsterblichkeitsglaube in der altorientalischen Bildkunst, Berlin 1949
MULACK, Christa: Maria – Die heimliche Göttin im Christentum, Stuttgart 1985
MURARO, Luisa: Vilemina und Mayfreda – Die Geschichte einer feministischen Häresie, Freiburg 1987
NEUMANN, Erich: Zur Psychologie des Weiblichen, Zürich 1953
— Ders.: Ursprungsgeschichte des Bewußtseins, München 1974[2]
— Ders.: Die Große Mutter, Olten 1974 (erstmals 1956)
NOTH, Martin: Geschichte Israels, Göttingen 1956
OHLY, Friedrich: Diamant und Bocksblut – Zur Traditions- und Auslegungsgeschichte eines Naturvorgangs von der Antike bis in die Moderne, Berlin 1976
— Ders.: Schriften zur mittelalterlichen Bedeutungsforschung, Darmstadt 1977
PARROT, André: Sumer/Assur – Ergänzung, München 1969
PATAI, Raphael: Gates to The Old City – A Book of Jewish Legends, New York 1980
— Ders. und RANKE-GRAVES, Robert von: Hebräische Mythologie, Reinbek bei Hamburg 1986
PHILLIPS, John A.: Eva – Von der Göttin zur Dämonin, Stuttgart 1987
PLASKOW, Judith: Christian Feminism and Anti-Judaism, in: Cross Currents, West Nyack, New York 1978 Nr. 26
PUSCH, Luise F. (Hrsg.): Schwestern berühmter Männer – Zwölf biographische Portraits, Frankfurt 1985
PUUKKO, A.F.: Die Leviratsehe in den altorientalischen Gesetzen, in: Festschrift Hrozny und in: Archiv Orientální 17, II , Prag 1949
QUIBELL, James Edward: Hierakonpolis – Plates of discoveries in 1898. London 1900 – 1902
RAD, Gerhard, von: Das erste Buch Mose, in: Das Alte Testament Deutsch, Göttingen 1972
RANKE-GRAVES, Robert von: Griechische Mythologie – Quellen und Deutung, 2 Bd., Reinbek bei Hamburg 1960
— Ders.: Die weiße Göttin – Sprache des Mythos, Berlin 1981
RAMING, Ida: Der Ausschluß der Frauen vom priesterlichen Amt – Gottgewollte Tradition oder Diskriminierung? Eine rechtshistorisch-dogmati-

sche Untersuchung der Grundlagen von Kanon 968, 1 Codex Juris Canonici, Kath. Dissertation WS 1969, Köln/Böhlau 1973

RIECK, Christine: Begegnung mit Thamar, in: Religio. Das ökumenische Magazin über Religion in Gesellschaft, Kirche und Kultur für Schulen, Kirchen, Sozialarbeit und Erziehung, hrsg. v. Horst Heinemann, 2. Jg. 1988, H. 2, S. 15

RIEGER, Eva: Frau, Musik und Männerherrschaft – Zum Ausschluß der Frauen aus der deutschen Musikpädagogik, Musikwissenschaft und Musikausübung, Frankfurt/Main, Berlin, Wien 1985

ROBINSON, Theodore H.: The Origin of The Tribe of Judah, in: Amicitiae Corolla – Festschrift Harris zum 80. Geburtstag

RUETHER, Rosemary Radford: Frauen für eine neue Gesellschaft, München 1979

— Dies.: Nächstenliebe und Brudermord – Die theologischen Wurzeln des Antisemitismus, München 1978, Original: Faith and Fratricide – The Theological Roots Of Anti-Semitism, New York 1974

SCHARFF, Alexander: Frühe Vorstufen zum Kornosiris, in: Forschungen und Fortschritte 1947 Bd. 21/23

SCHIRMER, Eva: Müttergeschichten – Frauen aus dem Alten Testament erzählen von ihrem Leben, Offenbach/Main 1986

SCHMÖKEL, Hartmut: Ziegen am Lebensbaum, in: Archiv für Orientforschung, Graz, Bd.18, 1957/1958

SCHRADE, Hubert: Die romanische Malerei, Köln 1963

SCHROER, Silvia: Jerusalem – Texte – Bilder – Steine, Festschrift zum 100. Geburtstag von Hildi und Othmar Keel-Leu, in: Novum Testamentum et Orbis Antiquus, Freiburg/Schweiz und Göttingen 6/1987

SCHÜNGEL-STRAUMANN, Helen: Tamar – Eine Frau verschafft sich ihr Recht, in: Bibel und Kirche, hrsg. v. kath. Bibelwerk Stuttgart 4/1984

— Dies.: Vorwort zu Trible 1987

SCHWAIGER, Georg, Das Ende der Hexenprozesse im Zeitalter der Aufklärung, in: Ders. (Hrsg.): Teufelsglaube und Hexenprozesse, München 1987, S. 150-179

SIEGELE-WENSCHKEWITZ, Leonore (Hrsg.): Verdrängte Vergangenheit, die uns bedrängt, München 1988

SIMON, Erika: Die Götter der Griechen, München 1985[3]

SORGE, Elga: Religion und Frau, Stuttgart 1987[2]

SPEISER, Ephraim Avigdor: The Anchor Bible – Genesis, New York 1964

STAMM, Johann Jacob: Beiträge zur hebräischen und altorientalischen Namenskunde, Fribourg/Schweiz 1980

STAUCH, Liselotte: »Bock«, in: Reallexikon zur deutschen Kunstgeschichte, hrsg. v. Schmitt, Otto, Stuttgart 1948, II. Bd. S. 963-970

STEMBERGER, Günter (Hrsg.): 2000 Jahre Christentum – Illustrierte Kirchengeschichte in Farbe, Neuss 1987

TRIBLE, Phillis: Mein Gott, warum hast du mich vergessen! – Frauenschicksale im Alten Testament, Gütersloh 1987

VAUX, R. de: L'installation des Israélites dans le sud palestinien et les origines de la tribu de Juda, 5. World Congress of Jewish Studies I 1972

VIROLLEAUD, Charles: Die Große Göttin in Babylonien, Ägypten und Phönizien, in: Eranos-Jahrbuch 1938, Zürich 1939

WACKER, Marie-Theres (Hrsg.): Theologie feministisch

WEILER, Gerda: Ich verwerfe im Lande die Kriege – Das verborgene Matriarchat im Alten Testament, München 1984

— Dies.: Das Matriarchat im Alten Israel, Stuttgart 1989. Überarbeitete Fassung von Weiler 1984

— Dies.: Der enteignete Mythos – Eine feministische Revision der Archetypenlehre C.G. Jungs und Erich Neumanns, Königstein/Ts. 1996, Erstausgabe München 1985

WESTERMANN, Claus: Biblischer Kommentar zum Alten Testament 3. Teilband, Neukirchen-Vluyn 1982

WILDUNG, Dietrich: Imhotep und Amenhotep – Gottwerdung im alten Ägypten, München/Berlin 1977, sowie in: Münchner ägyptologische Studien H. 36, zugleich Habil. Schrift v. 1973 der Univ. München Phil. Fakultät

WINTER, Urs: Frau und Göttin – Exegetische und ikonographische Studien zum weiblichen Gottesbild im alten Israel und in dessen Umwelt, Fribourg 1983

WISEMANN, D. J.: Zwischen Nil und Euphrat, Wuppertal-Vohwinkel 1959

WISSELINCK, Erika: Hexen – Warum wir so wenig von ihrer Geschichte erfahren und was davon auch noch falsch ist, München 1986

YOYOTTE, Jean, und SAUNERON, Serge: La naissance du monde selon l'Egypte ancienne, in: Orientalia I, 1959

ZACHARIAS, Gerhard: Der dunkle Gott – Die Überwindung der Spaltung von Gut und Böse – Satanskult und Schwarze Messe, Wiesbaden/München 1982[3]

Glossar

ÄQUINOKTIUM, plural: Äquinoktien, Tag- und Nachtgleiche

ALLEGORESE, gleichnishafte Auslegung in bildhafter Sprache, Auslegung einer religiösen Schrift, die hinter dem Wortlaut einen verborgenen Sinn sucht.

AMPHIKTYONIE, kultisch-politischer Verband von Nachbarstämmen oder -staaten mit gemeinsamem Heiligtum

APOKRYPHEN, die vom Kanon nicht anerkannten Schriften des Alten und Neuen Testaments – einige, wie auch das Buch Tobias, finden sich in der Lutherbibel. Luther sagt von diesen Texten, es handle sich um »Bücher, die der heiligen Schrift nicht gleich gehalten, und doch nützlich und gut zu lesen sind«.

APOKRYPH, unecht, unterschoben

BAR KOCHBA, Der Name Simon bar Koseba, wurde zu »Kochab« – Stern. Auf ihn wurde die Prophezeiung bezogen: »Es ist ein Stern aus Jakob aufgegangen und wird zerschmettern die Fürsten der Moabiter.« Viele hielten ihn für den messianischen König. Sein Widerstand wurde 135 u. Z. gebrochen.

CAPRIDEN, Gattung der Steinböcke

CHALKOLITHIKUM, späte Jungsteinzeit, in der Kupfer und Blei bereits bekannt waren.

DEUTERONOMIUM, von deutoros, der zweite, die sogenannte »zweite Gesetzgebung«, die im 5. Buch Mose niedergeschrieben worden ist.

DEUTERONOMISTISCHES SCHRIFTTUM, das 5. Buch Mose und das von der gleichen theologischen Schule verfaßte biblische Geschichtswerk

EN oder EIN, Quelle

GALBAN, ONYX und STAKTE, bei Jesus Sirach, 24. 21, natürliche Heilmittel: Galban wird aus dem Milchsaft persischer Doldenblütler gewonnen, Onyx ist ein Quarzprodukt, das zerpulvert gegen Entzündungen wirkt.

GILEAD, Bergland östlich des Jordan

HÄRESIE, von der Kirche abweichende Gruppe, »Irrlehre« aus der Sicht des Christentums

HÄRETISCH, vom Standpunkt des Christentums einem falschen Glauben anhängend

HAGGADA, ursprünglich eine Sammlung jüdischer Predigttexte zur Deutung der Heiligen Schrift. Im jüdischen Sprachgebrauch wird jedoch unter Haggada im engeren Sinn das Textbuch zur Hausliturgie bei der Feier des Passah-Festes verstanden. Der zentrale Inhalt jüdischer Befreiungstheologie kommt in der Erinnerung an den Exodus, den Auszug Israels aus Ägypten, zum Tragen. Diese Haggada schel Pessach existiert in über 4000 unterschiedlichen Ausführungen (sh. ein Beispiel im Literaturverzeichnis), die jeweils für den Gebrauch in einheitlichen, räumlich zusammenhängenden jüdischen Gemeinden verfaßt und kommentiert worden sind. Für die übrige erzählende Predigt des Judentums, eine unsystematische Sammlung von Legenden, Fabeln, Sagen und Gleichnissen, ist die Bezeichnung Aggada gebräuchlich.

HAMMURABI, 1728 – 1686 v. u. Z. König der ersten Dynastie von Babylon, eroberte das gesamte Zweistromland bis zum Persischen Golf. Auf einer Stele, die heute im Louvre steht, ist ein großer Teil seiner Gesetze, der sogenannte »Codex Hammurabi«, erhalten.

HEIDEN, Luther übersetzte das hebräische Wort »goi/gojim« (fremdes Volk, nichtjüdische Völker) mit »Heide/Heiden«, so z.B. im Psalm 80.9: »Du hast einen Weinstock aus Ägypten geholt und hast vertrieben die Heiden und denselben gepflanzt.« Die ersten christlichen Gemeinden werden unterschieden nach Judenchristen, die hauptsächlich in Jerusalem gewirkt haben, und Heidenchristen, deren Apostel vor allem Paulus gewesen ist. Erst die Abwertung »Ungläubiger«, die Intoleranz gegenüber Nichtchristen, hat im Verlauf der christlich abendländischen Bewußtseinsentwicklung eine Begriffsverschiebung mit sich gebracht, so daß der Begriff »Heide« in abfälligem Sinn gebraucht wird.

HELIOPOLIS, griechische Bezeichnung für die ägyptische Stadt On an der nördlichen Spitze des Nildelta, prädynastisches Kultzentrum in der Nähe des heutigen Kairo.

HELIOPOLITANISCHE THEOLOGIE, Theologie von der »Götterneunheit«, an deren Spitze der Schöpfergott Atum steht. Von ihm heißt es: »Er nahm seinen Phallus in die Faust und erzeugte Lust und spukte aus Shu und Tefnut.« Dieses ersterschaffene Götterpaar zeugte die Himmelsgöttin Nut und den Erdgott Geb, die ihrerseits wieder die Eltern von Isis, Nephtis, Osiris und Seth sind. Nach der heliopolitanischen Theologie zeugten Isis und Osiris ihren Sohn Horus, während sie noch im Mutterleib der Nut wohnten.

HETERODOX, andersgläubig, im Gegensatz zu orthodox, von der herrschenden Lehre abweichend

HETERODOXIE, Andersgläubigkeit, vom Standpunkt sogenannter Rechtgläubigkeit: Irrlehre

IKONOGRAPHIE, wissenschaftliche Bestimmung von Bildnissen des Altertums

INTARSIA, plural: Intarsien, Einlegearbeit in Holz mit andersfarbigen Holzarten, Elfenbein oder Metall

KATHARER, aus dem Griechischen: die »Reinen«, über den Balkan und Oberitalien nach Südfrankreich eingedrungene Gruppe der Manichäer*, Hauptsitz in Albi, daher auch die Bezeichnung Albigenser.

KATHARSIS, ursprünglich kultische Reinigung, körperliche und seelische Heilung, in der christlichen Religion Läuterung der Seele von Leidenschaften, in der modernen Psychologie seelische Aufarbeitung traumatischer* Erlebnisse durch Bewußtmachung und durch Abreagieren.

MANICHÄISMUS, religiöse Lehre, nach ihrem Begründer, Mani (216 – 276), benannt, einem gebildeten Intellektuellen, der die Wahrheiten aller Religionen zusammenfassen wollte und sich selbst als letzten Propheten verstand, der die Prophetie aller seiner Vorgänger erfüllen wollte. Diese Religion breitete sich in der westlichen Welt und im Osten bis nach China aus, wo sich Reste bis ins 14. Jahrh. hielten.

MITHRAS, ursprünglich indoiranischer Naturgott, verschmolz in Babylon synkretistisch mit Schamasch, dem Sonnengott, und erhielt schließlich in der Begegnung mit der griechischen Kultur Züge Apolls und des Helios. Wurde zum Symbol für Keuschheit und Reinheit im schärfsten Gegensatz zum »Bösen«, war als Gott der Krieger zum Erlöser in einem Mysterienkult geworden und stellte besonders im römischen Reich des 1. – 3. Jahrhunderts u. Z. die stärkste Konkurrenz für das aufkommende Christentum dar. Die in den Mithraskult Eingeweihten erlangten Erlösung durch ein dem Gott dargebrachtes Stieropfer.

MINYAN, die beschlußfähige Anzahl von zehn Personen (eigentlich ausschließlich von Männern), um einen Gemeindegottesdienst zu gestalten.

NUMEN, Gottheit, göttliche Macht, göttliches Wesen ohne persönlichen Umriß

NUMINOS, von der Gottheit ausgehende Macht, unbegreiflich, Schauer und Vertrauen zugleich erweckend

ONTOLOGIE, griechisch: »die Lehre vom Seienden«, in der abendländischen Metaphysik die Problematik von Sein und Werden, Sein und Erkennen (Sinneserkenntnis und Denken), die Idee vom Sein »an sich«, die vor dem Werden der Dinge existiert hat.

ONTOLOGISIEREN, aus dem Seinsgrund der Dinge ableiten, der Idee des metaphysischen Seins zuordnen

PERCHT, Perchta, Perchtrababa, Berchtra, Berta – Göttin der Alpenregionen, trägt Züge der ägyptischen Isis, Göttin des Alls und Quelle der Weisheit, Baumgöttin, Spenderin des Kalenderwissens – heute nur noch eine volkstümliche Dämonin der Faschingszeit (vermummte Gestalten mit geschnitzten Percht-Masken). Die elf Rauhnächte der Percht erinnern noch an den Göttinnen-Auftrag, das Mondjahr (354 Tage) mit dem Sonnenjahr (365 Tage) in Übereinstimmung zu bringen (ausführlich bei: Kubowsky 1987).

PROKRUSTESBETT, Schema, in das etwas gewaltsam hineingepreßt wird. Sinnbildliche Bezeichnung für eine unbequeme, unerträgliche Lage. Prokrustes ist ein Räuber der griechischen Sage, der ein sehr langes und ein sehr kurzes Bett besitzt und seine Opfer dadurch tötet, daß er kleine Menschen in dem langen Bett überdehnt, während er große Menschen in das kurze Bett legt und die überstehenden Glieder abhackt.

PARTHENOGEN, ohne Befruchtung entstanden, durch Jungfrauengeburt

PARTHENOKARPIE, Entstehung von samenlosen Früchten ohne Befruchtung

PRÄDYNASTISCHES ÄGYPTEN, vor der 1. ägyptischen Dynastie, die um 2850 v. u. Z. angesetzt wird.

RE-LIGIO, wird von mir – unabhängig von der theologischen Spezialisierung des Begriffs – im eigentlichen Sinn des Wortes »religare« gleich zurückbinden verwandt: Bindung an den Ursprung, an die Göttin, an die kosmischen Bedingungen, denen wir unterworfen sind.

SARDER-ROT, von Sardonix, einem rot-weiß gestreiften Halbedelstein, Abart des Quarzgesteins Chalzedon

SYNKRETISMUS, Vermischung verschiedener Religionen, Philosophien und Weltanschauungen, Verschmelzung mehrerer Gottheiten zu einer Gestalt, Übernahme der Eigenschaften einer Gottheit durch eine andere. Synkretistische Verschmelzungen können nur entstehen, wenn eine innere Übereinstimmung gegeben ist.

THAUMATOLOGIE, Lehre von den Wundern

TOTEMISMUS, totemistisch, Der Begriff »Totem« stammt aus der Sprache der Algonkin-Indianer und bezeichnet ein Stammesidol – meist in Tiergestalt – das als Schützer und Helfer verehrt wird. Das Wort ist seit dem Ende des 18. Jahrhunderts in Europa gebräuchlich. Das christlich-abendländische Denken will im Totemismus die Religion sogenannter »Naturvölker« sehen, gegen welche sich die »Kulturvölker« im Sinne einer Weiterentwicklung und Reifung positiv abheben würden: Mensch und Tier sind unvereinbare (dualistische) Gegensätze, d.h. Tiere werden niedriger gewertet als Menschen. Daher wird es als primitiv betrachtet, im Tier eine göttliche Schutzmacht zu vereheren. Ich betrachte Totemismus als Ausdruck des polaren Bewußtseins, das Mensch und Tier zwar als Gegensätze begreift, sie aber als wesensgleich aufeinander bezieht. Mensch und Tier sind verschiedene Pole der Schöpfung. Daher können die Menschen im Tier u.a. Fähigkeiten verehren, über welche sie nicht verfügen. In diesem Sinn spreche ich vom »totemistischen Kulttier der Göttin«. Alle altorientalischen Hochreligionen sind totemistisch gewesen. Trotz unserer überheblichen Denkweise sprechen wir von Christus als dem »Lamm Gottes«; und wir haben ihn bis ins 19. Jahrhundert Jesus »den wahren Ziegenbock« genannt.

TRAUMA, Verletzung, Wunde, seelischer Schock, starke seelische Erschütterung

TRAUMATISCH, verletzt, verwundet, schockiert

TRANSSUBSTANTIATION, Wesensverwandlung, nach katholischer Lehre die Wandlung von Brot und Wein in Leib und Blut Christi im Meßopfer

WALDENSER, Anhänger der Büßergemeinde des Petrus Waldes. Einst ein reicher Lyoner Kaufmann, verwarf Waldes die Hierarchie und den Reichtum der Kirche und zog als Wanderprediger durchs Land. Trotz Verfolgungen durch die Inquisition waren die Waldenser noch im Spätmittelalter weit verbreitet, verschmolzen mit reformierten Gemeinden und zogen sich in die Alpentäler Südfrankreichs und Oberitaliens zurück, gründeten 1848 von Savoyen aus die italienische Waldenserkirche.

ZODIAK, Tierkreis, Zusammenfassung der beiderseits der scheinbar von der Sonne während des Jahres durchlaufenen Bahn liegenden zwölf Tierkreiszeichen, in deren Gürtel sich Sonne, Mond und die Planeten bewegen.

Bildnachweis

Frontispiz, Seite 2: Göttin aus Ugarit, Elfenbeinschnitzerei, aus: Metzger, Gottheit, Berg und Vegetation in der vorderasiatischen Bildtradition, in: Zeitschrift des deutschen Palästina-Vereins 99 / 1983, Abb. 1

Abb. 1: Felszeichnung aus: Kunst der Juden, S. 22 , Abb. 10

Abb. 2: Trankopfergefäß, Silber mit Gold belegt, 5. Jh. v. u. Z., aus: Kunst im Bild – Völker des Alten Orient

Abb. 3: Tarot-Karte XV, eigene Zeichnung nach Crowley: Das Buch Thoth, S. 112

Abb. 4: Rollsiegel, Mitannisch, aus: Winter: Frau und Göttin. Abb. 87

Abb. 5: Papyrus des Nesi-pa-ka-schuti, 19. Dynastie (1295 – 1188), Louvre, Paris, aus: Winter: Frau und Göttin, Abb. 466

Abb. 6: Synagoge und Ecclesia unter dem Kreuz aus dem Hortus deliciarum, Abb. aus Cames, Gérard: Allégories et symboles dans l'Hortus delicarum, Leiden 1971, Tafel XXVI

Abb. 7: Synagoge, Glasmalerei des Chores der Elisabethkirche zu Marburg – jetzt Universitätsmuseum, Marburg, Abb. aus Schrade, Hubert: Die romanische Malerei, Köln 1963, S. 119

Abb. 8: Voluptas, vom Münster »Unser Lieben Frau« zu Freiburg im Breisgau, Foto: Adrian Weiler
Abb. 9: Aphrodite mit dem Ziegenbock, Griechisches Terrakotta-Bild aus Gela an der Sizilianischen Küste, aus: Grigson, Aphrodite, Göttin der Liebe
Abb. 10: Aphrodite, auf dem Ziegenbock durch die Lüfte reitend, um 350 v. u. Z. Außenseite eines Klappspiegels, Louvre, Paris, aus: Erika Simon: Götter der Griechen, S. 252, Abb. 245
Abb. 11: Dürer, Die Hexe, aus: Stauch, Lieselotte, Reallexikon zur deutschen Kunstgeschichte, Stuttgart 1948, Spalte 966
Abb. 12: Teufel mit Hexe aus der Gerichtsszene, Abbildung aus Favier Jean: Das Universum von Chartres, S. 127
Abb. 13: Die Stämme Israels im 12. Jahrhundert v. u. Z., Landkarte gemäß der Vorstellungen des Buches Josua aus Moshe Aumann: Carta – Atlas zur Geschichte Israels, Vergangenheit und Gegenwart im Überblick, Jerusalem 1984
Abb. 14: Die Göttin als Dattelpalme, nahrunggebend, Ägypten, von einem Relief, XVIII. Dynastie, aus: Erich Neumann: Die Große Mutter, S. 231
Abb. 15: Nut in der Sykomore, aus: Frank Teichmann, Der Mensch und sein Tempel – Ägypten, Stuttgart 1978, S. 75
Abb. 16: Skarabäus, Palmengöttin, Mitte des 2. Jahrtausends v. u. Z., aus: Winter 1983, Abb. 153
Abb. 17: Skarabäus, Palmengöttin, 1750 – 1700, aus: Winter 1983, Abb. 151
Abb. 18: Palmengöttin, nahrunggebend – Steinrelief aus Karatepe, um 700 v. u. Z., aus: Winter 1983, Abb. 411
Abb. 19: Gebärende Göttin, von zwei Ziegen flankiert, Bronzener Nadelkopf aus Luristan, Iran, um 700 v. u. Z., aus: Winter 1983, Abb. 394
Abb. 20: Shen-Ring/Felszeichnung, eigene Kopie
Abb. 21: Granitvase aus: Edward James Quibell, Hierakonpolis, in: Zeitschrift für ägyptische Sprache und Altertumskunde, Leipzig und Berlin, 35/4
Abb. 22 : Vergrößertes Detail der Ritzzeichnung auf der Granitvase
Abb. 23: Die Göttin hält einem Beter den Ewigkeitsring entgegen, Rollsiegel aus Kültepe, babylonisch, 1850 – 1750, aus: Winter 1983, Abb. 87
Abb. 24: Oberteil der Stele Hammurabis, Louvre, Paris
Abb. 25: Standartenkopf aus: Kunst im Bild – Völker des Alten Orient, a.a.O.

Abb. 26: Keramikständer aus Ur, frühdynastische Zeit, 2600 – 2300 v. u. Z. aus: Silvia Schroer, Jerusalem, S. 204, Abb. 5

Abb. 27: Detail des Keramikständers, Zeichnung: Hermann Weiler

Abb. 28: altägyptische Hieroglyphe für nṯr gleich »Gott«, aus: Erik Hornung: »Der Eine und die Vielen«, Darmstadt 197, S. 21

Abb. 29: Goldanhänger vom Tell el-Adschrud – Gaza – 15. Jh. v. u. Z., aus: Othmar Keel: Das Hohelied, Abb. 97a

Abb. 30: Felskritzelei aus Vaschta, Phönizien, aus: Silvia Schroer, Jerusalem, S. 213, Abb. 29

Abb. 31: Siegelabdruck aus Jericho aus der Mittelbronze-Zeit um 1750 v. u. Z., aus: Silvia Schroer, Jerusalem, S. 204, Abb. 3

Abb. 32: Siegelabdruck aus Samaria, aus: Silvia Schroer, Jerusalem, S. 213, Abb. 27

Abb. 33: Siegelabdruck aus Ta'anach, aus: Othmar Keel, Das Hohelied, Abb. 9

Abb. 34: Siegelabdruck aus Tell Fara-Süd, aus: Othmar Keel, Das Hohelied, Abb. 9

Abb. 35: Krugmalerei vom Tell Fara-Süd, aus: Urs Winter, Frau und Göttin, Abb. 451

Abb. 36: Ziegen am Lebensbaum, Rollsiegelabdruck aus Megiddo, aus: Silvia Schroer, Jerusalem, S. 209, Abb. 16

Abb. 37: Steinböcke, an einer Lotosblüte fressend, aus: B. Cecil Rot, Kunst der Juden, Frankfurt/Main 1963, Abb. 33

Abb. 38: Rollsiegelabdruck aus Lachisch, späte Bronzezeit, aus: Winter 1983

Abb. 39: Räuchergefäß, British Museum, London, aus: Kunst im Bild – Völker des Alten Orient, a.a.O.

Abb. 40: Römische Triumphmünze nach dem Jüdischen Krieg, aus: Werner Keller, Und wurden zerstreut unter alle Völker, München / Zürich 1966, gegenüber S. 33

Register

A

G

H

I

J

K

L

N

O

P

Q

R

S

T

Gerda Weiler–Werkausgabe

Eros ist stärker als Gewalt
Eine feministische Anthropologie I

Die Evolutionsgeschichte stellt ein kollektives Unterbewußtsein der Menschheit dar. Seine Erforschung galt bisher jedoch der Entwicklung der Männer, da Frauen angeblich nur der Reproduktion der Gattung dienten. Gerda Weiler zeigt, warum im patriarchalen Weltbild der Mann aus der Natur herausgelöst und zu ihrem Beherrscher verklärt wurde.
ISBN 3-927164-18-6

Der aufrechte Gang der Menschenfrau
Eine feministische Anthropologie II

Höhlenkunst und archäologische Funde erweisen den aufrechten Gang und die menschliche Sprache ebenso als eine Kulturleistung der Frau wie die Befreiung ihrer Sexualität aus den Fesseln der Brunst: Sexualität, die nicht mehr allein der Fortpflanzung diente, wurde im Ritual der Heiligen Hochzeit als Quelle umfassender kreativer Kräfte erfahren.
ISBN 3-927164-19-4

Der enteignete Mythos
Eine feministische Revision der Archetypenlehre C. G. Jungs und Erich Neumanns

Zwar räumt die ›Analytische Psychologie‹ die Möglichkeit einer Emanzipation des Weiblichen vom Patriarchat ein, doch stellt sie die Geschlechterhierarchie selbst nicht in Frage. Die »Archetypen des kollektiven Unterbewußtseins« basieren vielmehr auf patriarchal umgedeuteten Mythen, Projektionen männlicher Wünsche und Ängste auf das Weibliche.
ISBN 3-927164-02-X